Introduction to the World Trade Organization

世界贸易组织概论

薛荣久◎主编　屠新泉　杨凤鸣◎副主编

清华大学出版社
北京

内 容 简 介

世界贸易组织（WTO）是当今世界唯一专门协调和管理贸易问题的重要国际组织，为全球经济贸易活动建立了一套稳定和可预见的规则体制，对世界经济贸易发展起着不可替代的作用。WTO 也已经成为我国融入经济全球化、参与全球经济治理的重要平台。本书对世界贸易组织的相关知识进行了系统而全面的介绍。本书的体系：WTO 的历史渊源—WTO 的建立—WTO 的使用—WTO 成员—WTO 运作—WTO 协定与协议的演变—WTO 的业绩—中国与 WTO。

本书可作为高等院校相关课程教材，也可作为从事国际贸易相关研究、政策制定和实务工作的人员的参考用书。

本书封面贴有清华大学出版社防伪标签，无标签者不得销售。
版权所有，侵权必究。举报：010-62782989，beiqinquan@tup.tsinghua.edu.cn。

图书在版编目（CIP）数据

世界贸易组织概论 / 薛荣久主编. —北京：清华大学出版社，2018（2024.8 重印）
（21世纪经济管理精品教材. 国际贸易系列）
ISBN 978-7-302-50324-8

Ⅰ.①世…　Ⅱ.①薛…　Ⅲ.①世界贸易组织－概论－高等学校－教材　Ⅳ.①F743.1

中国版本图书馆CIP数据核字(2018)第114910号

责任编辑：张　伟
封面设计：李召霞
责任校对：宋玉莲
责任印制：宋　林

出版发行：清华大学出版社
网　　址：https://www.tup.com.cn, https://www.wqxuetang.com
地　　址：北京清华大学学研大厦 A 座　　邮　编：100084
社 总 机：010-83470000　　邮　购：010-62786544
投稿与读者服务：010-62776969，c-service@tup.tsinghua.edu.cn
质量反馈：010-62772015，zhiliang@tup.tsinghua.edu.cn
课件下载：https://www.tup.com.cn，010-83470332

印 装 者：三河市龙大印装有限公司
经　　销：全国新华书店
开　　本：185mm×260mm　　印　张：16.5　　字　数：395 千字
版　　次：2018 年 8 月第 1 版　　印　次：2024 年 8 月第 5 次印刷
定　　价：42.00 元

产品编号：067183-01

前言

在邓小平理论指导下,在党和国家几代领导人的领导下,经过15年漫长而艰苦的谈判,2001年12月11日,我国成为世界贸易组织(WTO)第143个成员。加入WTO对我国改革开放具有里程碑的意义。

加入WTO以来,我国在充分享受权利的同时,认真履行义务,外贸取得高速发展,社会主义市场经济体制加速建立和完善,综合国力大幅提升,国际地位显著提高,国际影响力加强,对世界经济贸易发展的贡献加大。与此同时,我国积极参与多哈回合谈判,在促进WTO实现其宗旨中做出了具大的贡献。

WTO是当今世界唯一专门协调和管理贸易问题的重要国际组织,为全球经济贸易活动建立了一套稳定和可预见的多边贸易体制,对世界经济贸易发展起着不可替代的作用。WTO已成为我国与其他WTO成员进行开放、公平和无扭曲竞争,获取双赢,构建开放型新体制,参与全球经济治理和建设全球人类命运共同体的重要平台。

WTO内容博大精深,已经成为我国对外经济贸易知识不可缺少的部分。为使对外经济贸易大学(以下简称对外经贸大学)学生了解和掌握WTO方面的理论和规则内容,经我提出,在国内大学中,对外经贸大学首先开设了WTO课程,我主编了相应的教材——《世界贸易组织(WTO)教程》,于2003年由对外经济贸易大学出版社出版。

与此同时,在对外经贸大学本科生基础上,相继为远程教育学生、研究生和博士生开设了世界贸易组织方面的课程,如世界贸易组织概论、世界贸易组织专题和世界贸易组织与中国,并培带国内首届世贸组织方向的博士研究生。

20世纪70年代初期,我有幸借调到对外贸易部国际小组(后为国际司),为邓小平参加第六届特别联合国大会准备发言稿资料,开始比较深入地接触《关税与贸易总协定》的内容,进而激发起研究的兴趣,并展开跟踪研究。

1986年,中国提出"复关"后,我的研究范围转向中国"复关"大计。1991年,经对外经济贸易部批准,在对外经贸大学校领导的支持下,创建关贸总协定研究会,我担任会长。1993年起,开始招收和培带国内第一批关贸总协定/世界贸易组织方向的博士研究生。1996年,关贸总协定研究会更名为世界贸易组织研究会,我任会长。2000年1月,对外经贸大学世界贸易组织研究中心建立。2000年8月,对外经贸大学世界贸易组织研究中心被教育部批准为全国高校人文社会科学百所重点研究基地之一,我先后担任主任和学术主任。

2003年,我与中国"复关"/入世谈判首席代表策划,成立中国WTO研究会。该组织成为民政部批准、由商务部主管的全国性社团组织,我一直担任副会长。

在对WTO研究中，我承担了国家教委"八五"重点课题，并于1997年出版《世贸组织与中国大经贸发展》，获1998年"安子介国际贸易研究奖"。2001年，出版专著《中国加入WTO纵论》；2004年，完成并出版对外经贸大学世界贸易研究中心重大课题"WTO多哈回合与中国"；2005年，完成教育部课题"新多边贸易体制下的世界市场竞争"；2011年，出版《关贸总协定/世贸组织卷》文集（耕耘第二卷）。2018年，出版专著《中国恪守WTO规则与砺进》、文集《WTO与中国改革开放》。

2017年，应邀为清华大学出版社编著面向本科生使用的《世界贸易组织概论》教材。在本教材编著中，力求做到以下几点。

（1）坚持以历史唯物主义和辩证唯物主义方法确立课程体系。该体系确立的思路是：WTO的历史渊源—WTO的建立—WTO的使命—WTO成员—WTO运作—WTO协定与协议的演变—WTO的业绩—中国与WTO。

（2）在内容上力求融会贯通、与时俱进、有所创新。第一，对以WTO为基础的新多边贸易体制进行了比较概括和深入的分析。第二，对WTO机制和运作进行归结式分析。第三，概括出WTO坚持的九大基本原则。第四，在WTO整体协定与协议基础上，做了层次、特点上的区分，明确它们之间的相互关系和发展情况。第五，对WTO成员的地位与作用进行了整体分析。第六，对WTO建立后的业绩做出全面总结。第七，从WTO与中国改革开放角度总结中国对WTO的恪守、产生的巨大红利和中国坚定支持WTO的立场。第八，纳入新的正式出版和发布的资料。

（3）力求对专有名词规范化。本书中出现机构、回合、协定与协议名词较多，有的名词较长，为此确定以下办法。第一，机构、回合不加引号，协定与协议加书名号。第二，上述名字先出中文全名，接着出现英文全名与缩名。第三，文中首次出现中文缩名或英文缩名后，文中延续使用。第四，专用名词加引号。

（4）为方便教学使用，本教材分为教材和电子平台。教材由十五章构成，每章开始，均有本章导读与学习目标；正文部分力求简明扼要，体例清楚；每章末有本章小结和思考题。最后有附录。其余部分，如相关重要材料、案例分析、题解等均在电子平台上纵深展开，用以辅助教学与研究。

在本教材编写过程中，得到副主编屠新泉、杨凤鸣的鼎力协助。薛艳女士进行部分协助。

恳请使用本教材的教师、研究人员和读者，提出宝贵的意见，以便进行修正。

薛荣久
对外经济贸易大学教授、博士生导师
中国世界贸易组织研究会副会长
2018年2月14日于耕斋

目 录

第一章　WTO 的历史渊源 ···1
　第一节　国际贸易组织筹建与夭折 ·····································1
　第二节　GATT 1947 的构成 ··3
　第三节　GATT 1947 的运行 ··6
　本章小结 ···8
　思考题 ··8

第二章　乌拉圭回合与 WTO 建立 ·····································9
　第一节　乌拉圭回合 ···9
　第二节　WTO 的建立 ···11
　第三节　WTO 与 GATT 1947 ···12
　第四节　WTO 新多边贸易体制特点 ·································14
　本章小结 ··18
　思考题 ···18

第三章　WTO 的宗旨、地位与职能 ··································19
　第一节　WTO 的宗旨与法律地位 ···································19
　第二节　WTO 的职能 ··21
　第三节　WTO 的组织机构 ···22
　第四节　WTO 预算的特色与来源 ···································27
　本章小结 ··28
　思考题 ···28

第四章　WTO 成员 ··30
　第一节　WTO 成员的资格与类型 ···································30
　第二节　WTO 中的发达成员 ··32
　第三节　WTO 发展中成员 ···34
　第四节　WTO 加入成员 ···37
　本章小结 ··40
　思考题 ···41

第五章　WTO 运作机制建立 ··42
　第一节　WTO 决策机制 ···42
　第二节　WTO 争端解决机制 ··44
　第三节　WTO 贸易政策审议机制 ···································53

  第四节 WTO 的谈判机制 ··· 55
  第五节 WTO 对外合作与沟通机制 ·· 58
  本章小结 ··· 64
  思考题 ··· 64

第六章 WTO 协定、协议与加入议定书 ··· 65
  第一节 协定与协议遵循的基本原则 ·· 65
  第二节 协定与协议确立的基础和类别 ·· 73
  第三节 协定与协议的构成 ··· 76
  第四节 协定与协议的积极作用与不足 ·· 79
  第五节 加入议定书与工作组报告书 ·· 82
  本章小结 ··· 84
  思考题 ··· 85

第七章 关税与关税减让谈判 ··· 86
  第一节 关税意义 ·· 86
  第二节 关税类别 ·· 88
  第三节 关税征收、减免与配额 ·· 91
  第四节 《海关估价协议》 ·· 94
  第五节 多边关税减让谈判做法 ··· 97
  第六节 GATT 1947 多边关税减让谈判成果 ································· 100
  第七节 关税减让谈判 ··· 103
  本章小结 ··· 109
  思考题 ··· 109

第八章 非关税与投资措施协议 ··· 110
  第一节 《实施卫生与植物卫生措施协议》 ······································ 110
  第二节 《技术性贸易壁垒协议》 ·· 114
  第三节 《装运前检验协议》 ··· 117
  第四节 《原产地规则协议》 ··· 120
  第五节 《进口许可程序协议》 ·· 122
  第六节 《与贸易有关的投资措施协议》 ·· 124
  本章小结 ··· 126
  思考题 ··· 127

第九章 公平竞争与补救措施协议 ·· 128
  第一节 《反倾销协议》 ··· 128
  第二节 《补贴与反补贴措施协议》 ·· 134
  第三节 《保障措施协议》 ··· 140
  本章小结 ··· 143
  思考题 ··· 144

第十章　特定领域产品贸易协议与规定··············145
- 第一节　《农业协议》··············145
- 第二节　《纺织品与服装协议》··············151
- 第三节　《政府采购协议》··············155
- 第四节　《民用航空器贸易协议》··············160
- 第五节　《信息技术协议》··············162
- 第六节　出口、国营贸易企业规则··············165
- 本章小结··············168
- 思考题··············169

第十一章　《服务贸易总协定》··············170
- 第一节　《服务贸易总协定》的产生··············170
- 第二节　国际服务贸易的概念与类别··············173
- 第三节　WTO 成员一般义务和纪律··············174
- 第四节　服务市场准入减让表··············177
- 第五节　GATS 管理、争端解决与执行··············178
- 第六节　GATS 后续谈判··············180
- 第七节　《服务贸易协定》构建··············182
- 本章小结··············185
- 思考题··············186

第十二章　《与贸易有关的知识产权协定》··············187
- 第一节　TRIPs 概述··············187
- 第二节　与贸易有关知识产权保护与获得··············191
- 第三节　知识产权实施义务与措施··············194
- 第四节　协定的实施、修订与发展··············197
- 本章小结··············200
- 思考题··············201

第十三章　《贸易便利化协定》··············202
- 第一节　协定的产生与架构··············202
- 第二节　有关整个贸易环节便利化的规定··············204
- 第三节　成员待遇和组织机构··············210
- 第四节　协定生效后的作用··············214
- 本章小结··············216
- 思考题··············216

第十四章　WTO 建立后的业绩··············217
- 第一节　维护和加强多边贸易体制··············217
- 第二节　通过有效机制，整合成员经贸关系··············219
- 第三节　促进发展中成员和新成员的发展与改革··············220
- 第四节　落实和拓展贸易规则··············222

第五节	发动多哈回合谈判	223
第六节	参与全球经济治理	227
本章小结		229
思考题		230

第十五章　中国与WTO ... 231
第一节	中国入世历程与法律文件的产生	231
第二节	中国入世后的权利、义务与履行	234
第三节	中国恪守WTO规则获取诸多红利	240
第四节	中国维护和拓展入世红利的途径	247
本章小结		250
思考题		251

参考文献 ... 252
附录 ... 253

第一章

WTO 的历史渊源

本章导读

第二次世界大战后期,美英等国开始谋划战后世界经济的复兴与发展,提出构建国际贸易组织的提案,得到联合国的赞同,并成立筹备委员会,达成《哈瓦那国际贸易组织宪章》。因美国国会未予批准,国际贸易组织的构想随之夭折。1948年临时生效的《关税与贸易总协定》成为"准国际贸易组织"。在其主持下,举行了8个回合的多边贸易谈判。在第8轮多边贸易谈判中,达成建立世界贸易组织的决定。1995年世界贸易组织(WTO)建立,取代原关税与贸易总协定成为新多边贸易体制的组织和法律基础。

学习目标

通过本章学习,应知悉WTO产生的历史渊源,了解国际贸易组织谋划的背景、夭折的原因,1947年《关税与贸易总协定》的临时生效和其"准国际贸易组织"性质,该协定的构成、基本原则和运行的轨迹。

第一节 国际贸易组织筹建与夭折

一、美国在第二次世界大战期间提出设想

1929年10月,资本主义世界爆发了规模空前的经济危机。为了转嫁生产过剩、企业倒闭和工人失业的危机,主要资本主义国家纷纷采取贸易保护主义。美国国会通过了《1930年关税法》(Tariff Act of 1930),又称《施穆特—霍利关税法》(Smoot Hawley Tariff Act),将关税提高到历史最高水平,其他国家纷纷效仿,引发关税战和贸易战,导致贸易保护政策盛行,加剧了资本主义经济危机。

为了缓解国内经济危机和恢复国外市场,美国国会于1934年通过了《1930年关税法修正案》(Act to Amend the Tariff Act of 1930),通常称为《互惠贸易协定法》(Reciprocal Trade Agreement Act),授权美国总统进行关税和贸易谈判。美国据此与31个国家签订了双边贸易协定,对缓和经济危机起到了重要作用。

第二次世界大战期间,美国提出了建立国际贸易组织(International Trade Organization,ITO)的设想,拟将它与国际货币基金组织

1-1 国际货币基金组织和中国

1-2 世界银行和中国

（International Monetary Fund，IMF）和国际复兴开发银行（International Bank for Reconstruction and Development，IBRD）共同构成第二次世界大战后世界经济三大支柱。

二、第二次世界大战末尾美英动议联合国构建国际贸易组织

1945 年 12 月，美国和英国联合提出召开国际贸易与就业会议的提案，同时提议各贸易国之间开展降低贸易壁垒谈判。

1946 年 2 月 18 日，在伦敦召开的联合国经济与社会理事会第一次会议作出决定，批准了美国关于召开国际贸易与就业会议的提案，任命澳大利亚、比利时、卢森堡、巴西、加拿大、智利、中国、古巴、捷克斯洛伐克、法国、印度、黎巴嫩、荷兰、新西兰、挪威、南非、苏联、英国和美国 19 国组成筹备委员会。其主要任务是达成关于实现和保持高水平稳定就业与经济活动的协定，关于影响国际贸易的管理、限制歧视的协定，关于限制性商业惯例的协定及关于政府间商品安排的协定，最后一项任务是建立一个作为联合国专门机构的国际贸易组织。

1946 年 10 月 15 日至 11 月 26 日，筹备委员会第一次会议在伦敦举行，委员会设立了关于就业和经济活动的协定，关于影响国际贸易的管理、限制歧视的协定，关于限制性商业惯例的协定，关于政府间商品安排的协定，管理组织 5 个工作委员会及工业发展联合委员会；与会代表对美国提交的宪章草案进行了讨论，形成了《联合国国际贸易组织宪章草案》；会议决定，筹备委员会第二次会议于 1947 年 4 月在日内瓦召开；会议还任命了起草委员会，负责对宪章草案进行修改，提交第二次会议讨论。

1947 年 1 月 20 日至 2 月 25 日，起草委员会在美国纽约联合国总部对宪章草案进行了修改与完善。该委员会第二次会议于 1947 年 4 月 10 日至 10 月 30 日在日内瓦举行，继续讨论宪章草案。

1947 年 11 月 21 日至 1948 年 3 月 24 日，联合国贸易和就业会议（United Nations Conference on Trade and Employment）在古巴首都哈瓦那举行，最终审议通过了《哈瓦那国际贸易组织宪章》（*Havana Charter for an International Trade Organization*），简称《哈瓦那宪章》；与会 56 国中的 53 个国家签署了包含一项建立国际贸易组织临时委员会（Interim Commission for an International Trade Organization，ICITO）的决议，该委员会由 52 国组成，负责处理国际贸易组织建立前的各项事务；委员会选举成立了一个由 18 国组成的执行委员会，由执行秘书担任行政长官，直到国际贸易组织建立。

《哈瓦那宪章》的目标是建立一个全面处理国际贸易和经济合作事宜的国际组织。该宪章共 9 章和 1 个附件，主要内容有：宗旨与目标，就业和经济活动，经济发展与重建，一般商业政策，限制性贸易措施，政府间商品协定，国际贸易组织的建立，争端解决，一般规定等。

三、GATT 1947 的形成

在联合国贸易与就业会议筹备委员会第一次会议期间，美国邀请筹备委员会成员就降低关税和非关税壁垒问题进行谈判，各成员接受了邀请。筹备委员会因此作出决议，

建议这一谈判在筹备委员会主持下进行，并作为筹备委员会第二次会议的组成部分。为指导磋商，筹备委员会制定了题为"关于通过筹备委员会成员国间达成关税与贸易总协定的方式使国际贸易组织宪章部分条款生效的程序"的文件。

1947 年初，起草委员会在修改完善宪章草案的同时，还起草了《关税与贸易总协定》（General Agreement on Tariffs and Trade，GATT）文本。该文本主要取自宪章中的贸易规则部分，作为一份工作文件提交筹备委员会第二次会议讨论。

在筹备委员会第二次会议召开的同时，各成员国之间开始进行关税减让谈判。实际上，关于宪章草案的讨论在 1947 年 8 月就已经接近尾声，而关税谈判一直延续到 10 月。在长达 7 个月的时间里，参加谈判的 23 个国家共达成 123 份双边协定，最终形成了 20 份减让表，涵盖 45 000 余项关税减让，涉及贸易额约 100 亿美元，这些减让表成为关贸总协定的组成部分。此轮谈判后被称为第一轮多边贸易谈判。

这些国家于 1947 年 10 月 30 日签署了包含《关税与贸易总协定》文本、附件、减让表在内的筹备委员会第二次会议最后文件。比利时、加拿大、卢森堡、荷兰、英国和美国还同时签署了最后文件之中的《关税与贸易总协定临时适用议定书》（Protocol of Provisional Application of the General Agreement on Tariffs and Trade，PPA），决定自 1948 年 1 月 1 日起临时适用总协定。参加谈判的其他国家后来也陆续签署了这一议定书。因此，澳大利亚、比利时、巴西、加拿大、锡兰（现斯里兰卡）、智利、中国、古巴、捷克斯洛伐克、法国、印度、黎巴嫩、卢森堡、荷兰、新西兰、挪威、巴基斯坦、南罗德西亚（现津巴布韦）、叙利亚、南非、苏联、英国和美国 23 个国家成为总协定的创始缔约国。1948 年 2 月至 3 月，缔约国在哈瓦那召开了第一届缔约国大会，国际贸易组织临时委员会承担起关贸总协定临时秘书处的工作，各国先后开始按照各自减让表降低进口关税。待《哈瓦那宪章》生效后，关贸总协定第一条和第二部分废止，由宪章中的有关条款取代。

《哈瓦那宪章》需由 56 个签字国的立法机构批准后方能生效，国际贸易组织才能成立。

美国参议院认为《哈瓦那宪章》中的一些规定限制了美国的立法主权，不符合美国的利益，拒绝批准该宪章。1950 年，杜鲁门总统最终宣布不再寻求国会批准《哈瓦那宪章》，美国国务院在 1950 年 12 月 6 日宣布国际贸易组织流产。受此影响，56 个《哈瓦那宪章》签字国，只有个别国家批准了该协定，国际贸易组织未能建立。由此，1947 年《关税与贸易总协定》一直以临时适用的形式存在下来。直到 1995 年 1 月 1 日 WTO 成立前，它一直肩负着某些国际贸易组织的职能，被称为"准国际贸易组织"，成为多边贸易体制的组织和法律基础。WTO 建立后，GATT 1947 演变为 GATT 1994，成为 WTO 负责实施管理的多边贸易协定。为表明两个关贸总协定关系，本书称前者为《1947 年关税与贸易总协定》（GATT 1947），称后者为《1994 年关税与贸易总协定》（GATT 1994）。

第二节　GATT 1947 的构成

一、协定构成

该协定初为 3 个部分 35 个条款，1964 年后加入第四部分 3 个条款，共为 4 个部分

38个条款。

第一部分包括2个条款,即"第一条 一般最惠国待遇""第二条 减让表"。

第二部分的条款,从第三条到第二十三条。

  第三条 国内税与国内规章的国民待遇
  第四条 有关电影片的特殊规定
  第五条 过境自由
  第六条 反倾销税和反补贴税
  第七条 海关估价
  第八条 规费和输出入手续
  第九条 原产国标记
  第十条 贸易条例的公布和实施
  第十一条 数量限制的一般取消
  第十二条 为保障国际收支而实施的限制
  第十三条 非歧视地实施数量限制
  第十四条 非歧视原则的例外
  第十五条 外汇安排
  第十六条 补贴
  第十七条 国营贸易企业
  第十八条 政府对经济发展的援助
  第十九条 对某种产品的进口的紧急措施
  第二十条 一般例外
  第二十一条 安全例外
  第二十二条 协商
  第二十三条 利益的丧失或损害

第三部分的条款,从第二十四条到第三十五条。

  第二十四条 适用的领土范围、边境贸易、关税同盟和自由贸易区
  第二十五条 缔约方的联合行动
  第二十六条 本协定的接受、生效和登记
  第二十七条 减让的停止或撤销
  第二十八条 减让表的修改
  第二十八条附加 关税谈判
  第二十九条 本协定与哈瓦那宪章的关系
  第三十条 本协定的修正
  第三十一条 本协定的退出
  第三十二条 缔约方
  第三十三条 本协定的加入
  第三十四条 附件
  第三十五条 在特定的缔约方之间不适用本协定

第四部分 贸易与发展。其条款从第三十六条到第三十八条。
　　第三十六条　原则和目的
　　第三十七条　承诺的义务
　　第三十八条　联合行动

二、GATT 宗旨、基本原则与例外条款

（一）GATT 宗旨与实现途径

GATT 宗旨为"提高生活水平、保证充分就业、保证实际收入和有效需求的巨大持续增长、扩大世界资源的充分利用以及扩大货物的生产与交换"。实现上述宗旨的途径是，各缔约方"通过达成互惠互利安排，实质性削减关税和其他贸易壁垒，消除国际贸易中的歧视待遇"。

（二）基本原则

1. 非歧视原则

该原则是 GATT 1947 的基石，主要体现在最惠国待遇和国民待遇两个方面。

2. 以关税作为保护手段

GATT 1947 不禁止对国内工业实行保护，但要求这些保护通过关税进行，而不要采取其他行政手段。

3. 贸易壁垒递减

缔约方之间通过谈判降低各自的关税水平，并将这些减让的税目列入各国的关税减让表，使其"约束"起来，从而为发展缔约方之间的贸易打下一个稳定和可预见的基础。由于列入减让表的已约束税率在 3 年内不得提升，3 年后如要提升也要同当初进行对等减让的缔约方协商，并对为其造成的损失给予补偿，因此约束后的关税难以发生回升现象。

4. 公平竞争

坚持缔约方之间进行公平的竞争，反对不公平贸易做法，不公平贸易做法主要指倾销和补贴措施。

5. 一般禁止数量限制

实行数量限制就是采用行政手段限制外国产品与本国工业进行竞争，在一般情况下，禁止采取数量限制的方式进行保护。

6. 对发展中国家予以特殊待遇

随着发展中国家数量的增加和力量的壮大，它们的利益在 GATT 中也得到相应的反映，GATT 专门设置第四部分予以保证。

（三）主要例外条款

所谓例外条款即不受基本原则约束的条款。

1. 禁止数量限制的例外

允许缔约方在其国际收支平衡发生困难时实行数量限制。

2. 保障条款

允许缔约方在其某一产业受到进口骤增的冲击造成严重损害，如严重开工不足、工

人失业、企业亏损等情况下实行临时性进口限制或提高关税。在实施中，保障行动一般持续3~4年。

3. 区域性贸易安排

允许缔约方在满足一定的严格标准的情况下，以关税同盟或自由贸易区的形式建立区域贸易集团。

4. 安全

允许缔约方为了维护国家安全和社会公德而禁止火药、武器、毒品和淫秽出版物等的进口。

第三节　GATT 1947 的运行

从1947年到1994年，GATT 1947共主持了8轮多边贸易谈判。前七轮多边贸易谈判的简况如下。

一、第一轮多边贸易谈判

第一轮多边贸易谈判于1947年4月至10月，在瑞士日内瓦举行。其主要成果是谈判者就123项双边关税减让达成协议，关税水平平均降低35%。

这轮谈判虽然在GATT生效之前举行，但仍视其为GATT的第一轮多边贸易谈判。

二、第二轮多边贸易谈判

第二轮多边贸易谈判于1949年4月至10月，在法国安纳西举行。这轮谈判的目的是，给处于创始阶段的欧洲经济合作组织成员提供进入多边贸易体制的机会，促使这些成员为承担关税减让做出努力。这轮谈判除在原23个缔约方之间进行外，还与丹麦、多米尼加、芬兰、希腊、海地、意大利、利比里亚、尼加拉瓜、瑞典和乌拉圭10个国家进行了加入谈判。这轮谈判总计达成147项关税减让协议，关税水平平均降低35%。

三、第三轮多边贸易谈判

第三轮多边贸易谈判于1950年9月至1951年4月，在英国托奎举行。这轮谈判的一个重要议题是，讨论奥地利、联邦德国、韩国、秘鲁、菲律宾和土耳其的加入。由于缔约方增加，缔约方之间的贸易额已占当时世界贸易总额的80%以上。在关税减让方面，美国与英联邦国家（主要指英国、澳大利亚和新西兰）谈判受到挫折。英联邦国家不愿在美国未作出对等减让承诺下，放弃彼此间的贸易优惠，因此美国与英国、澳大利亚和新西兰未能达成关税减让协议。这轮谈判共达成150项关税减让协议，关税水平平均降低26%。

四、第四轮多边贸易谈判

第四轮多边贸易谈判于1956年1月至5月，在瑞士日内瓦举行。美国国会认为，前几轮谈判，美国的关税减让幅度明显大于其他缔约方，因此对美国政府代表团的谈判权限进行了限制。在这轮谈判中,美国对进口只给予了 9 亿美元的关税减让,而其所享受的关税减让约 4 亿美元。英国的关税减让幅度较大。这轮谈判使关税水平平均降低 15%。

五、第五轮多边贸易谈判

第五轮多边贸易谈判于 1960 年 9 月至 1962 年 7 月,在瑞士日内瓦举行,共有 45 个缔约方参加。这轮谈判由于是美国副国务卿道格拉斯·狄龙倡议举行,又称为"狄龙回合"。谈判分两个阶段:前一阶段从 1960 年 9 月至 12 月,着重就欧洲共同体建立所引出的关税同盟等问题,与有关缔约方进行谈判;后一阶段于 1961 年 1 月开始,就缔约方进一步减让关税进行谈判。这轮谈判使关税水平平均降低 20%,但农产品和一些敏感性商品被排除在协议之外。欧洲共同体六国统一对外关税也达成减让,关税水平平均降低 6.5%。

六、第六轮多边贸易谈判

第六轮多边贸易谈判于 1964 年 5 月至 1967 年 6 月,在瑞士日内瓦举行,共有 54 个缔约方参加。这轮谈判由于是美国总统肯尼迪倡议举行,又称"肯尼迪回合"。美国提出缔约方各自减让关税 50% 的建议,而欧洲共同体则提出"削平"方案,即高关税缔约方多减,低关税缔约方少减,以缩小关税水平差距。这轮谈判使关税水平平均降低 35%。从 1968 年起的 5 年内,美国工业品关税水平平均降低了 37%,欧洲共同体关税水平平均降低了 35%。

这轮谈判首次涉及非关税壁垒。GATT 1947 第六条规定了倾销的定义、征收反倾销税的条件和幅度,但滥用反倾销措施的情况时有发生。这轮谈判中,美国、英国、日本等 21 个缔约方签署了第一个《实施〈1947 年关税与贸易总协定〉第 6 条》有关反倾销的协议,该协议于 1968 年 7 月 1 日生效。

为促使发展中国家的经济和贸易发展,在这轮谈判期间,还在 GATT 1947 原 35 个条款中新增"贸易与发展"的 3 个条款,规定了对发展中缔约方的特殊优惠待遇,明确发达缔约方不应期望发展中缔约方作出对等的减让承诺。

这轮谈判还吸收波兰参加,开创了"中央计划经济国家"参加 GATT 的先例。

七、第七轮多边贸易谈判

第七轮多边贸易谈判于 1973 年 9 月至 1979 年 4 月,在瑞士日内瓦举行。因发动这轮谈判的贸易部长会议在日本东京举行,又称"东京回合"。共有 73 个缔约方和 29 个非缔约方参加了谈判。

这轮谈判主要解决非关税壁垒和发展中国家待遇问题。谈判持续 5 年多,取得主要成果如下。

1. 按既定公式削减关税

开始实行按既定公式削减关税,关税越高减让幅度越大。从 1980 年起的 8 年内,关税削减幅度为 33%,减税范围除工业品外,还包括部分农产品。这轮谈判最终关税减让和约束涉及 3 000 多亿美元贸易额。

2. 出现诸边协议

所谓诸边协议是指只对谈判成果签字缔约方有效的一系列非关税措施协议,通常称为《东京回合守则》，其内容包括补贴与反补贴措施、技术性贸易壁垒、进口许可程序、政府采购、海关估价、反倾销、牛肉、国际奶制品、民用航空器贸易等。

3. 通过授权条款等特殊待遇

1964 年在联合国第二届贸易与发展会议上，通过发达国家给予发展中国家普遍优惠制的决议，其特点是普遍、非歧视、非互惠。为调节它与总协定非歧视原则的矛盾，这轮谈判通过了对发展中缔约方的授权条款，即允许发达缔约方给予发展中缔约方普遍优惠制待遇。此外，发展中缔约方可以在实施非关税措施协议方面享有差别和优惠待遇，发展中缔约方之间可以签订区域性或全球性贸易协议，相互减免关税，减少或取消非关税措施，而不必给予非协议参加方这种待遇。

1986 年 9 月到 1994 年 4 月，GATT 1947 主持举行第八轮多边贸易谈判，这次谈判后，WTO 建立，作为准国际贸易组织的 GATT 1947 退出历史舞台。

本 章 小 结

（1）第二次世界大战后期，美英等国开始谋划战后世界经济的复兴与发展，提出构建国际贸易组织的提案，得到联合国的赞同，并成立筹备委员会，达成《哈瓦那国际贸易组织宪章》。待各国立法机构批准后，国际贸易组织才能生效和运行。但是，美国国会对之非议，总统未能提交国会，受此影响，只有极少数国家立法机构通过该宪章，国际贸易组织随之夭折。1948 年临时生效的关贸总协定成为"准国际贸易组织"，肩负起国际贸易组织的某些职能。

（2）1948 年临时生效的关贸总协定是在国际贸易组织谋建中，参加筹备的成员相互就宪章中关税减让部分，通过谈判 1947 年达成《关税与贸易总协定》，于 1948 年临时适用，待 WTO 成立后，成为其所管辖协定的一部分。

（3）GATT 1947 有 4 个部分 38 个条款。基本原则包括：非歧视原则；以关税作为保护手段；贸易壁垒递减；公平竞争；一般禁止数量限制和对发展中国家予以特殊待遇。

（4）在 GATT 主持下，进行了 8 个回合的多边贸易谈判，坚持了基本原则，促进了缔约方的贸易发展。在第八轮多边贸易谈判中，达成建立 WTO 的决定，1995 年 WTO 建立。1948 年临时生效的关贸总协定更改为《1994 年关贸总协定》，成为 WTO 负责实施管理的多边货物贸易协定之一。

思 考 题

1. 第二次世界大战后期，美国等为何谋划成立 ITO？
2. ITO 谋划进行了哪些工作？
3. GATT 1947 为何称为准国际贸易组织？
4. GATT 1947 主持了多少轮多边贸易谈判？取得哪些成果？
5. GATT 1947 何时不再临时生效？

1-3 补充资料：GATT 的艰难诞生

第二章

乌拉圭回合与 WTO 建立

本章导读

在临时生效的 GATT 1947 主持下举行的乌拉圭回合中突出的成就是成立 WTO。WTO 继承了 GATT 1947 的成果，但二者有许多不同。GATT 1947 转化为 GATT 1994，成为 WTO 负责实施管理的多边货物贸易协定之一，不再具有"准国际贸易组织"的职能。与以 GATT 1947 为基础的旧多边贸易体制相比，以 WTO 为基础的新多边贸易体制更为完整，具有更强的可行性，更能持久，影响力更大。

学习目标

通过本章学习，了解 GATT 1947 成为"准国际贸易组织"的背景，WTO 建立的过程以及二者的关系；知悉乌拉圭回合启动的背景、目标和主要议题；掌握《马拉喀什建立世界贸易组织协定》(简称《建立 WTO 协定》)的基本内容和以 WTO 为基础的多边贸易体制的特点。

第一节 乌拉圭回合

乌拉圭回合（Uruguay Round）是 GATT 1947 第八轮多边贸易谈判的别名。本轮谈判从 1986 年 9 月启动，到 1994 年 4 月签署最终协议，共历时近 8 年。因发动这轮谈判的贸易部长会议在乌拉圭埃斯特角城举行，又称"乌拉圭回合"。参加这轮谈判的国家和地区，由最初的 103 个增加到 1993 年底谈判结束时的 117 个。这轮谈判时间长，议题多，是带有历史阶段性意义的一次多边贸易谈判。

一、乌拉圭回合概述

（一）举行背景

20 世纪 80 年代以后，以政府补贴、双边数量限制、市场瓜分等非关税措施为特征的贸易保护主义抬头。为了遏制贸易保护主义，避免全面的贸易战发生，各国普遍要求建立一个更加开放、持久的多边贸易体制，美国、欧洲共同体、日本等共同倡导发起了这轮多边贸易谈判。1986 年 9 月，各缔约方和一些观察员的贸易部长在乌拉圭埃斯特角城经过激烈争论，最终同意启动这轮谈判。

（二）乌拉圭回合目标与议题

启动乌拉圭回合的部长宣言提出这轮谈判的主要目标：一是通过减少或取消关税、数量限制和其他非关税措施，改善市场准入条件，进一步扩大世界贸易；二是完善多边贸易体制，将更大范围的世界贸易置于统一的、有效的多边规则之下；三是强化多边贸易体制对国际经济环境变化的适应能力；四是促进国际合作，增强 GATT 1947 同有关国际组织的联系，加强贸易政策和其他经济政策之间的协调。

乌拉圭回合的谈判内容包括传统议题和新议题。传统议题涉及关税、非关税措施、热带产品、自然资源产品、纺织品服装、农产品、保障条款、补贴和反补贴措施、争端解决等。新议题涉及服务贸易、与贸易有关的投资措施、与贸易有关的知识产权等。

（三）乌拉圭回合主要成果

经过近 8 年谈判，乌拉圭回合取得了一系列重大成果。其中包括：多边贸易体制的法律框架更加明确，争端解决机制更加有效与可靠；进一步降低关税，达成内容更广泛的货物贸易市场开放协议，改善了市场准入条件；就服务贸易和与贸易有关的知识产权达成协议；在农产品和纺织品服装贸易方面，加强了多边纪律约束；成立 WTO，取代 GATT 1947。

1. 货物贸易谈判成果

1）关税减让

发达成员承诺总体关税削减幅度在 37% 左右，对工业品的关税削减幅度达 40%，加权平均税率从 6.3% 降至 3.8%。

发展中成员承诺总体关税削减幅度在 24% 左右，工业品的关税削减水平低于发达成员，加权平均税率由 20.5% 降至 14.4%。

确定削减关税的实施期，工业品从 1995 年 1 月 1 日起 5 年内结束，减让表中另有规定的除外。无论发达成员还是发展中成员，均全面约束了农产品关税，并承诺进一步减让。农产品关税削减从 1995 年 1 月 1 日开始，发达成员的实施期为 6 年，发展中成员的实施期一般为 10 年，也有部分发展中成员承诺 6 年的实施期。

2）规则制定

制定的规则由 4 组协定与协议构成。

第一组是《1994 年关税与贸易总协定》，它包括 GATT 1947 中的各项实体条款，1995 年 1 月 1 日以前根据 GATT 1947 作出的有关豁免、加入等决定，乌拉圭回合中就有关条款达成的 6 个谅解，以及《1994 年关税与贸易总协定马拉喀什议定书》。

第二组是两项具体部门协议，即《农业协议》和《纺织品与服装协议》。

第三组包括《技术性贸易壁垒协议》《海关估价协议》《装运前检验协议》《原产地规则协议》《进口许可程序协议》《实施卫生与植物卫生措施协议》《与贸易有关的投资措施协议》7 项协议。

第四组包括《保障措施协议》《反倾销协议》《补贴与反补贴措施协议》3 项贸易救济措施协议。

2. 服务贸易谈判成果

乌拉圭回合之前，GATT 1947 谈判只涉及货物贸易领域。本轮达成《服务贸易总协定》。

3. 与贸易有关的知识产权谈判成果

知识产权是一种无形资产，包括专利权、商标权、版权和商业秘密等。随着世界经济的发展、国际贸易范围的不断扩大，以及技术开发的突飞猛进，知识产权与国际经济贸易的关系日益密切，但已有的国际知识产权保护制度缺乏强制性和争端解决机制，对知识产权未能实行有效保护。为加强知识产权制度，达成了《与贸易有关的知识产权协定》。

4. 完善和加强多边贸易体制谈判成果

根据国际贸易发展的切实需要，在谈判中突破原有谈判议题，达成《马拉喀什建立世界贸易组织协定》，以完善和加强多边贸易体制。这是乌拉圭回合取得的最为突出的成就。

第二节　WTO 的建立

一、建立 WTO 的动议

1986 年乌拉圭回合启动时，没有建立 WTO 的谈判议题，只设立了一个关于完善 GATT 1947 体制职能的谈判小组。在谈判中，谈判者日益感到重大议题的谈判成果很难在"先天不足"的 GATT 1947 框架内付诸实施，需要建立一个正式的国际贸易组织。欧洲共同体于 1990 年初首先提出建立一个多边贸易组织（multilateral trade organization，MTO）的倡议，得到其他谈判者的支持。

1990 年 12 月，布鲁塞尔贸易部长会议同意就建立多边贸易组织进行协商。经过 1 年的紧张谈判，1991 年 12 月形成了一份关于建立多边贸易组织协定的草案。时任 GATT 1947 总干事阿瑟·邓克尔（Arthur Dunkel）将该草案和其他议题的案文汇总，形成"邓克尔最后案文（草案）"，供进一步谈判。1993 年 12 月，根据美国的动议，把"多边贸易组织"改为"世界贸易组织"（World Trade Organization，WTO）。

1994 年 4 月 15 日，乌拉圭回合参加方在摩洛哥马拉喀什通过了《马拉喀什建立世界贸易组织协定》（Marrakesh Agreement Establishing the World Trade Organization），简称《建立 WTO 协定》。

二、《建立 WTO 协定》的构成

《建立 WTO 协定》由本身案文 16 条和 4 个附件组成。案文本身就 WTO 的结构、决策过程、成员资格、接受、加入和生效等程序性问题作了原则规定。有关协调多边贸易关系和解决贸易争端以及规范国际贸易竞争规则的实质性规定涵容在 4 个附件中。附件 1 由 3 个次附件构成，即附件 1A：货物多边贸易协定，其中包括 13 个协定与协议。它们是：GATT 1994，《农业协议》，《实施卫生与植物卫生措施协议》，《纺织品与服装协议》，

《技术性贸易壁垒协议》,《与贸易有关的投资措施协议》,《关于实施〈1994 年关贸总协定〉第 6 条的协议》,《关于实施〈1994 年关贸总协定〉第 7 条的协议》,《装运前检验协议》,《原产地规则协议》,《进口许可程序协议》,《补贴与反补贴措施协议》,《保障措施协议》。附件 1B:《服务贸易总协定》。附件 1C:《与贸易有关的知识产权协定》。附件 2:《关于争端解决规则与程序的谅解》。附件 3:《贸易政策审议机制》。附件 4:诸边贸易协议,其中包括《民用航空器贸易协议》《政府采购协议》《国际奶制品协议》《国际牛肉协议》。此外,还有部长决定与宣言等。

第三节　WTO 与 GATT 1947

一、WTO 对 GATT 1947 的继承

WTO 继承了 GATT 1947 的宗旨、职能、基本原则和规则等。GATT 1947 条款成为 GATT 1994 条款的基础。

二、WTO 与 GATT 1947 的区别

(一)法律地位不同

GATT 1947 仅仅是缔约方之间的一个多边协定,而 WTO 则是一个拥有成员的国际组织,是"为处理其成员间的贸易关系提供共同的组织机构"的国际法人。

(二)约束力不同

GATT 1947 允许缔约方保留国内原有与其不一致的法规。WTO 规定,所有成员必须接受其协定与协议,不允许保留国内原有与其不一致的法规。

(三)管辖领域不同

GATT 1947 只涉及货物贸易规则问题;WTO 不仅要处理货物贸易规则问题,还要处理服务贸易和与贸易有关的知识产权的规则问题。在货物贸易规则上,扩展到卫生与植物检疫和技术贸易壁垒方面。

(四)争端解决能力不同

GATT 1947 的争端解决机制采用"协商一致"的方式,即有一方不同意成立专家组,则专家组不能成立,为一方拖延争端解决找到机会;如一方违规,且不改正,采取的报复措施应是对应的。WTO 争端解决机制,采用"反向协商一致"原则,即在争端解决机构审议专家组报告或上诉机构报告时,只要不是所有的参加方都反对,则视为通过,从而排除了受诉方单方面阻挠报告通过的可能。如一方违规,且不改正,允许 WTO 受害成员采用交叉报复措施。

三、GATT 1947 的转化

GATT 1947 转化为 GATT 1994，成为 WTO 负责实施管理的多边货物贸易协定之一。GATT 1994 对 GATT 1947 作出的主要修正如下。

（一）称谓的修正

GATT 1994 对 GATT 1947 称谓的变化，见表 2.1。

表 2.1　称谓的对应变化

GATT 1947	GATT 1994
缔约方	成员
欠发达缔约方	发展中成员
发达缔约方	发达成员
执行秘书	WTO 总干事
缔约方全体联合行动	WTO

资料来源：作者据《乌拉圭回合多边贸易谈判结果最后文件》附件一（1）编制。

（二）条款内涵修正

GATT 1994 通过解释的谅解方式对 GATT 1947 的一些条款内涵作了修正。

1. 对第 2 条（减让表）第 1 款（乙）项的补充

核心内容是将该条款中所指的"其他税费"载入减让表，以使其有稳定性和透明度。

2. 对第 17 条（国际贸易企业）内容的修正

其主要加严了对国营贸易企业及其活动情况的通报要求。若成员发现其他方有不实通报，可自己反向通报。

对国营贸易企业，GATT 1994 确定的定义为"被授予包括法定的和宪法规定的权力在内的专营权或特殊的权利或特权的政府和非政府企业，其中包括销售局。这些企业行使这些权力时通过其购买或销售影响进出口的水平或流向"。

3. 对有关国际收支条款的谅解

谅解涉及的国际收支条款系指第 12 条（为保障国际收支而实施的限制）、第 18 条（政府对经济发展的援助）第 2 节和 1979 年关于国际收支措施的宣言。总的精神是严格使用国际收支条款的纪律和要求。它要求实施国际收支限制要尽快公布取消限制的时间表；实施国际收支限制要采取价格措施，如进口附加费和进口押金等，而不要采取新的数量限制措施；实施国际收支限制要负举证责任和说明理由，并明确进行限制的产品及这种限制的标准。对国际收支委员会主持的国际收支限制磋商，谅解也规定了一系列严格的要求。

4. 对第 24 条（适用的领土范围、边境贸易、关税同盟和自由贸易区）的修正

修正的主要内容是加严了建立关税同盟的纪律，包括重申第 24 条关于建立关税同盟引起约束关税变动，须履行第 28 条的谈判程序，以及建立关税同盟要有透明性；成立工作组对关税同盟和自由贸易区进行审议；关税同盟和自由贸易区组成成员应定期向

WTO 货物贸易理事会报告有关协议的执行情况。

5. 关于第 28 条（减让表的修改）的谅解

谅解的主要内容是：在修改或撤销关税减让时，若在出口国中占第一位的出口产品受到影响，则该出口国被视同有主要供应者一样的关税谈判权。谈判新产品的关税修改或撤销时，对新产品前身所在的税目享有初谈权的国家仍被视为有初谈权。

第四节　WTO 新多边贸易体制特点

一、多边贸易体制的含义

多边贸易体制（multilateral trade system）是"为各国相互处理贸易关系时必须遵守的一系列国际规则的集合"。[①]第二次世界大战结束前后谋划建立的国际贸易组织应是战后多边贸易体制的组织和法律基础，因其夭折，临时生效的 GATT 1947 成为多边贸易体制的组织和法律基础；1995 年 1 月 1 日 WTO 成立，GATT 1947 临时生效中止，WTO 成为新的世界多边贸易体制的组织和法律基础。以 WTO 为基础的新多边贸易体制弥补了以 GATT 1947 为基础的旧多边贸易体制的缺陷，强化和完善了多边贸易体制的机制。

二、新多边贸易体制特点

（一）体制更为完整

1. 历史使命高

GATT 1947 未明确提出建立多边贸易体制的目标，而 WTO 则把建立新的多边贸易体制作为它的主要目标。《建立 WTO 协定》在序言中指出，WTO 就是"决定建立一个完整的、更可行的和持久的多边贸易体制，以包含 GATT 1947，以往贸易自由化努力的结果以及乌拉圭回合谈判的全部成果"。[②]《1994 年 4 月 15 日马拉喀什宣言》进一步指出："WTO 的建立开创了全球经济合作的新纪元，反映了各国为其人民的利益和幸福而在更加公平和开放的多边贸易体制中运作的普遍愿望。"

2-1　1994 年马拉喀什宣言

2. 有法律地位保证

GATT 1947 只是临时性生效的多边贸易协定，没有明确的法律地位。而 WTO 是国际法人，是个永久性的国际组织，可订立一个总部协定。

3. 组织结构健全

GATT 1947 只有一个缔约方会议和秘书处。而 WTO 机构相当健全，最高权力机构是部长级会议，就 WTO 决策作出决定；下有总理事会，在部长级会议休会期间，代表部长级会议行使职能，还有处理解决争端的机构和贸易政策评审机构；在下设立货物贸

[①] 联合国贸易与发展会议/WTO 国际贸易中心、英联邦秘书处. WTO 企业指南（Business Guide to the World Trading System）[M]. 北京：企业管理出版社，2001：1.

[②] 对外贸易经济合作部国际经贸关系司. WTO 乌拉圭回合多边贸易谈判结果法律文本[M]. 北京：法律出版社，2000：4.

易理事会、服务贸易理事会和与贸易有关的知识产权理事会，履行各自协定和总理事会制定的职能；各理事会可设立附属机构。日常工作由总干事领导的秘书处负责，总干事由部长级会议任命。

4. 职能明确

《建立WTO协定》规定WTO有五大职能：应便利WTO建立协定和多边贸易协定的实施、管理和运用，并促进其目标的实现，还应为诸边贸易协定提供实施、管理和运用的体制；为WTO成员就多边贸易关系进行的谈判和进一步的谈判提供场所，并提供实施此类谈判结果的体制；管理《关于争端解决规则与程序的谅解》；管理《贸易政策审议机制》；酌情与国际货币基金组织和国际复兴开发银行及其附属机构进行合作。

5. 规则覆盖面宽

由于历史原因，GATT 1947只涉及货物贸易规则。前5个回合谈判均以关税减让谈判为主，第6回合和第7回合在关税谈判的基础上，开始涉及非关税壁垒规则。而WTO负责实施管理的贸易规则从货物的关税和非关税壁垒延伸到服务贸易、知识产权和投资领域。

6. 约束力较强

WTO成员，必须全部接受WTO负责实施管理的多边贸易协定与协议，强调WTO成员国内相关政策法规要与这些协定保持一致。《建立WTO协定》第16条规定，WTO"每一成员应保证其法律、法规和行政程序与所附各协定对其规定的义务相一致。""不得对本协定的任何条款提出保留。"①

7. 成员广泛

参加WTO的成员有国家，也包括单独关税区。《建立WTO协定》第12条明确规定："任何国家或在处理对外贸易关系及在本协定和在多边贸易协定规定的其他事项方面拥有完全自主权的单独关税区，可按它与WTO议定的条件加入本协定。"②

（二）宗旨与实现途径全面深刻

GATT 1947的宗旨是："提高生活水平、保证充分就业、保证实际收入和有效需求的大幅度稳定增长、实现世界资源的充分利用以及扩大货物的生产和交换"，实现目标的途径是"通过达成互惠互利安排，实质性削减关税和其他贸易壁垒，消除国际贸易中的歧视待遇"。③对欠发达缔约方的关心与待遇只字未提，1965年后才把有关欠发达缔约方的待遇通过第36～38条加进GATT的条款。

而WTO多边贸易体制的宗旨除包括GATT 1947的宗旨，还进行了实质性的扩大。第一，把服务的生产和贸易加进多边贸易体制。第二，把可持续发展的目标纳入多边贸易体制。第三，强调关注发展中成员特别是最不发达成员的贸易发展。第四，提出多边贸易体制的特点是：完整的、更可行的和持久的多边贸易体制。第五，明确提出WTO就是要维护多边贸易体制的基本原则的决心。

---

① 对外贸易经济合作部国际经贸关系司. WTO乌拉圭回合多边贸易谈判结果法律文本[M]. 北京：法律出版社，2000：14.
② 对外贸易经济合作部国际经贸关系司. WTO乌拉圭回合多边贸易谈判结果法律文本[M]. 北京：法律出版社，2000：12.
③ 对外贸易经济合作部国际经贸关系司. WTO乌拉圭回合多边贸易谈判结果法律文本[M]. 北京：法律出版社，2000：424.

《建立 WTO 协定》序言指出：成员在处理贸易和经济领域的关系时，应以提高生活水平、保证充分就业、保证实际收入和有效需求的大幅度增长以及扩大货物和服务的生产和贸易为目的，同时应依照可持续发展的目标，考虑对世界资源的最佳利用，寻求既保护和维护环境，又以与它们各自在不同经济发展水平的需要和关注相一致的方式，加强为此采取的措施，进一步认识到需要做出积极努力，以保证发展中成员，特别是其中的最不发达成员，在国际贸易增长中获得与其经济发展需要相当的份额，期望通过达成互惠互利安排，实质性削减关税和其他贸易壁垒，消除国际贸易关系中的歧视待遇，从而为实现这些目标做出贡献，因此决定建立一个完整的、更可行的和持久的多边贸易体制，以包含 GATT 1947，以往贸易自由化努力的结果以及乌拉圭回合多边贸易体制的全部成果，决心维护多边贸易体制的基本原则，并促进该体制目标的实现。①

（三）关注成员权利义务整体平衡

以 WTO 为基础的新多边贸易体制兼顾各方面的利益，求得整体的平衡。

（1）在 WTO 决策上，实行"协商一致"与投票表决相结合的办法。在 WTO 决策中，力求"协商一致"，在 WTO 成员协商不能一致的情况下，诉诸表决。在表决时，WTO 成员各拥有一票表决权。

（2）贸易自由化与正当保护并存。WTO 在鼓励 WTO 成员货物、服务自由化的同时，强调要加强对知识产权的保护；允许 WTO 根据经济发展水平、产业竞争能力、人民身体健康和环保的需要对成员本身市场实施正当的保护。

（3）多边贸易体制与地区经济一体化并存。WTO 在致力于建立"一个完整的、更可行的和持久的多边贸易体制"的同时，也允许经贸集团成员参加 WTO 或 WTO 成员相互成立经贸集团，其前提是不违背非歧视原则。

（4）履行义务与暂时中止义务相结合。WTO 要求 WTO 成员如实履行承诺的义务，但在履行义务过程中，如出现大量贸易逆差、国际收支赤字严重、产业受到严重伤害，也可通过谈判，采取保障措施，暂时中止义务的履行。

（5）允许 WTO 成员自愿加入与自愿退出。

（6）允许 WTO 成员相互采取"互不适用"办法，保留本身的意见。

以 GATT 1947 为基础的旧多边贸易体制这种协调做法不足。

（四）体制更能持久

1. 体制基础比较牢固

WTO 有如下的地位。第一，WTO 具有法人资格，WTO 每个成员均应给予 WTO 履行其职能所必需的法定资格。第二，WTO 每个成员均应给予 WTO 履行其职能所必需的特权和豁免。第三，WTO 每个成员应同样给予 WTO 官员和各成员代表独立履行与 WTO 有关的职能所必需的特权和豁免。第四，WTO 每个成员给予 WTO 官员及其成员代表的特权和豁免应与 1947 年 11 月 21 日联合国大会批准的《专门机构特权及豁免公约》所规

---

① 对外贸易经济合作部国际经贸关系司. WTO 乌拉圭回合多边贸易谈判结果法律文本[M]. 北京：法律出版社，2000：4.

定的特权和豁免相似。第五，WTO 可订立总部协定。①

2. 解决贸易争端能力强

GATT 1947 争端解决机制存在许多不足。第一，完成争端解决程序时间过长，一些案件久拖不决。第二，争端解决程序进行上障碍过多。由于采取"一致同意原则"，败诉方可以阻止专家小组报告的通过，使争端解决程序不通畅。第三，争端解决适用的规则不统一。在 GATT 1947 的第七轮（东京回合）谈判中，达成了 9 项新的协议和守则。后来在争端解决中，对是以 GATT 条款，还是以新守则的规定为准，缔约方经常发生争执。第四，争端解决局限于货物贸易领域，而且把纺织品和农产品排除在外。第五，未设置强有力的争端裁决执行机构。专家组的报告通过后，没有强制执行的效力。争端解决能力的软弱，使 GATT 1947 缔约方之间的贸易争端久拖不决。

WTO 中的贸易争端解决机制有所加强。第一，设立了争端解决机构，隶属于 WTO 总理事会，负责整个争端解决的事宜。第二，建立统一的争端解决程序，且覆盖到 WTO 负责实施管理的所有多边和诸边的贸易协定。第三，引入自动程序。WTO 争端解决机制对争端解决的各个阶段都确定了具体的工作时间。第四，增设上诉机构和程序。任一当事方均有上诉权，上诉机构可维持、修改或推翻专家组的结论。第五，加大了裁决的执行力度。第六，引入交叉报复的做法。第七，设立对最不发达成员的争端解决的特别程序。

3. 对成员的监督能力较强

为了加强运行机制，WTO 对成员贸易政策进行定期审议。其目的是了解成员在多大程度上遵守和实施多边协议（在可能的情况下，包括诸边协议）的纪律和承诺；提供更大的透明度，加强成员之间在贸易政策上的了解。

政策审议文件包括：由接受审议的成员准备的全面报告；由秘书处根据自己的职权准备的报告，报告中包括有关成员提供的情况及其他通过访问该成员得到的有关情况。贸易政策审议的频率取决于各成员在世界贸易中所占的份额。最大的四方每两年审议一次，接下来的 16 个成员每 4 年审议一次，其余成员每 6 年审议一次，最不发达成员审议间隔期限更长。

总理事会承担贸易政策审议机构工作。在审议结束后，公布成员报告及秘书处准备的报告及讨论的记录。

（五）影响力大

1. 有广泛的合作对象

WTO 与有关成员的政府和国际组织合作，提高新多边贸易体制的决策力和影响力。如 WTO 总理事会与国际货币基金组织和世界银行合作，以实现全球决策的更大的一致性。

2. 产生更多贸易利益

WTO 可以给成员带来十大利益。它们是：有利于 WTO 成员之间的经贸合作；WTO

---

① 对外贸易经济合作部国际经贸关系司. WTO 乌拉圭回合多边贸易谈判结果法律文本[M]. 北京：法律出版社，2000：8.

运行是基于规则而非强权，有利于发展中国家免受歧视性待遇；比较客观公正地解决 WTO 成员间的贸易争端，减少贸易战；有利于 WTO 成员比较优势的发挥，使资源得到合理配置；有利于知识产权的保护和科技成果的传播；有利于 WTO 成员之间展开"公开、公平和无扭曲竞争"，提高经济效益；有利于 WTO 成员实际收入的提高，使需求变成有效需求；使 WTO 成员的消费者成为真正的"上帝"；有利于 WTO 成员参与经济全球化；有利于 WTO 成员政府管理水平的提高。

本 章 小 结

（1）WTO 诞生前，GATT 1947 是协调、处理缔约方之间关税与贸易政策的主要多边协定。其宗旨是，通过彼此削减关税及其他贸易壁垒，消除国际贸易上的歧视待遇，以充分利用世界资源，扩大商品生产和交换，保证充分就业，增加实际收入和有效需求，提高生活水平。

（2）乌拉圭回合经过近 8 年谈判，取得了一系列重大成果：多边贸易体制的法律框架更加明确，争端解决机制更加有效与可靠；进一步降低关税，达成内容更广泛的货物贸易市场开放协议，改善了市场准入条件；就服务贸易和与贸易有关的知识产权达成协议；在农产品和纺织品服装贸易方面，加强了多边纪律约束；突出的成就是成立 WTO，取代临时生效的 GATT 1947。

（3）WTO 和 GATT 1947 有着内在的历史继承性。WTO 继承了 GATT 1947 的成果。但二者最大的不同是 GATT 1947 只是个协定，而 WTO 是国际法人，前者转化为 GATT 1994，成为 WTO 负责实施管理的多边货物贸易协定之一，不再具有"准国际贸易组织"的职能。

（4）多边贸易体制是"为各国相互处理贸易关系时必须遵守的一系列国际规则的集合"。与以 GATT 1947 为基础的旧多边贸易体制相比，以 WTO 为基础的新多边贸易体制更为完整，具有更强的可行性，更能持久，影响力更大。

思 考 题

1. 乌拉圭回合举行的背景是什么？
2. WTO 与 GATT 1947 是什么关系？
3. 以 WTO 为基础的新多边贸易体制有何特点？

2-2 补充资料

第三章

WTO 宗旨、地位与职能

本章导读

WTO 具有国际法人资格，其宗旨是提高生活水平，保证充分就业；扩大货物、服务的生产和贸易；坚持走可持续发展之路；保证发展中成员贸易和经济的发展；建立更加完善的多边贸易体制。根据宗旨，WTO 具有六大职能。为了履行职能，WTO 建立比较健全的组织机构。其决策机构是部长级会议或总理事会，最高长官是总干事。为保证 WTO 运行，设立预算并由成员分摊。

学习目标

通过本章学习，可以了解 WTO 宗旨，知悉其国际法人地位的内容，系统掌握 WTO 职能、履行职能的组织机构、预算开支的来源。

第一节　WTO 的宗旨与法律地位

一、WTO 的宗旨

《建立 WTO 协定》在序言中指出，成员方认识到处理它们"在贸易和经济领域的关系时，应以提高生活水平、保证充分就业、保证实际收入和有效需求的大幅稳定增长以及扩大货物和服务的生产和贸易为目的，同时应按照可持续发展的目标，考虑世界资源的最佳利用，寻求既保护和维护环境，又以与它们各自在不同经济发展水平的需要和关注相一致的方式，加强为此采取的措施。

进一步认识到需要做出积极努力，以保证发展中成员，特别是其中的最不发达成员，在国际贸易增长中获得与其经济发展需要相当的份额。

期望通过达成互惠互利安排，实质性削减关税和其他贸易壁垒，消除国际贸易关系中的歧视待遇，从而为实现这些目标做出贡献。

因此决定建立一个完整的、更可行的和持久的多边贸易体制，以包括含 GATT 1947、以往贸易自由化的结果以及乌拉圭回合多边贸易谈判的全部成果。

决心维护多边贸易体制的基本原则,并促进该体制目标的实现"。①

二、WTO 的法律地位

(一)国际组织具备法律人格条件

国际法院提出了国际组织具备法律人格的必要前提条件为 4 项。
(1)为达到共同目标而设立的比协调各国行为的中心更高级的组织。
(2)建立本身的机构(infrastructure)。
(3)具有特定的任务。
(4)独立于其成员,能表达其本身的意志。②

(二)WTO 具有国际法人的资格③

WTO 是经过《维也纳条约法公约》正式批准生效成立的,是一个常设性、永久性存在的国际组织。根据《建立 WTO 协定》第 8 条,WTO 的法律地位表现在以下几点。

(1)依据国际法采取行动。WTO 在国际上可以缔结条约,可以提起国际损害赔偿诉讼,可以在成员范围内订立契约、取得财产、处置财产和提起诉讼等。

(2)履行职能的特权与豁免权。WTO 每一成员均应给予 WTO 履行其职能所必需的特权与豁免;WTO 每一成员应同样给予 WTO 官员和各成员代表独立履行与 WTO 有关的职能所必需的特权与豁免;WTO 每一成员给予 WTO 官员及其成员代表的特权与豁免应与 1947 年 11 月 21 日联合国大会批准的《专门机构特权及豁免公约》所规定的特权和豁免相似。

3-1 维也纳条约法公约　　3-2 中国加入维也纳条约法公约　　3-3 专门机构特权与豁免公约

根据这一公约,WTO 可以享有如下特权和豁免:任何形式的法律程序豁免,财产、金融及货币管制豁免,所有的直接税、关税豁免及公务用品和出版物的进出口限制豁免等。

(3)WTO 可以订立一个总部协定。
(4)WTO 与其他国际组织有权进行密切的协商和合作。

---

① 对外贸易经济合作部国际经贸关系司. 世贸组织乌拉圭回合多边贸易谈判结果法律文本[M]. 北京:法律出版社,2000:4.
② 对外贸易经济合作部国际经贸关系司. 世贸组织乌拉圭回合多边贸易谈判结果法律文本[M]. 北京:法律出版社,2000:4.
③ 陈安. 国际经济法学[M]. 北京:北京大学出版社,2001:460-463.

第二节 WTO 的职能

根据《建立 WTO 协定》第 3 条，WTO 具有以下职能。

一、便利所有协定的实施和管理

WTO 首要的和最主要的职能是便利《建立 WTO 协定》和其多边贸易协定的实施、管理和运用，促进它们各自目标的实现，并为诸边贸易协定提供实施、管理和运用的体制[①]。

二、提供多边贸易谈判场所

（一）具体事项谈判

其谈判范围为乌拉圭回合中达成的所有协议中具体事项的处理。WTO 要为成员间举行的这种谈判提供场所。

（二）多边关系谈判

按部长级会议决定，就一个新的议题和新一轮多边贸易谈判，要为 WTO 成员提供该项谈判的场所[②]。

三、管理贸易争端机制

为妥善处理 WTO 成员间协定与协议履行中产生的争端，依据《关于争端解决规则与程序的谅解》，WTO 设立争端解决机构。该机构对所有 WTO 成员提供了一种妥善解决贸易争端的重要途径，具有保护 WTO 成员合法权益和督促其履行应尽义务的作用。

四、管理贸易政策审议机制

为促使 WTO 成员遵守多边贸易协定和诸边贸易协定的规则及所作出的承诺，根据《建立 WTO 协定》建立《贸易政策审议机制》(Trade Policy Review Mechanism, TPRM)，对成员进行定期审议。对前 4 个成员每两年审议一次，其后的 16 个成员每 4 年审议一次，其他成员每 6 年审议一次，对最不发达成员审议间隔期限更长。

此外，贸易政策审议机制还对影响多边贸易体制的国际贸易环境的发展情况作出综述。

五、与国际有关机构合作

《建立 WTO 协定》第 3 条第 5 款指出："为全球经济决策更大一致，WTO 应与国际货币基金组织和国际复兴开发银行及其附属机构进行合作。"[③]为此，WTO 与国际货币基

[①] 《建立 WTO 协定》第 3 条第 1 款。
[②] 《建立 WTO 协定》第 3 条第 2 款。
[③] 《建立 WTO 协定》第 4 条第 7 款。

金组织、世界银行、联合国贸易与发展会议（UNCTAD）以及其他国际机构进行合作。1996年12月9日，国际货币基金组织总裁米歇尔·康德苏（Michel Camdessus）与WTO时任总干事雷纳托·鲁杰罗（Renato Ruggiero）签订了《IMF与WTO合作协议》。协议规定，在制定全球经济政策时，为求得最大协调，WTO必须与IMF在货币储备、国际收支、外汇安排等方面进行全面的协调；WTO中涉及国际货币基金管辖范围的汇率事宜，必须与IMF协商；IMF所提供的管辖范围事宜，应当载入WTO议事录。1997年初，鲁杰罗在华盛顿与世界银行（WB）行长詹姆斯·戴维·沃尔芬森（James David Wolfensohn）签订了《WB与WTO合作协议》。协议规定：促进WTO与WB和IMF之间的合作，使其在全球经济政策的制定上更趋协调；共享彼此的经济、社会数据，包括全球债务表，货物、服务市场准入承诺和减让表等；承担联合研究和技术合作，交换各自的报告及其他文件。

六、向发展中成员提供技术支持和培训

在技术支持方面。WTO与发展中成员的研究教育机构合作，通过互联网或电视开展远程教育等，开展有关WTO方面的教育培训，培养人才。在培训方面，WTO在日内瓦历年均举办培训活动，包括为期3个月的贸易政策培训班和其他短期培训课程。其对象主要是各国派驻WTO的外交官和发展中成员处理WTO事务的政府高级官员。

第三节 WTO的组织机构

按照《建立WTO协定》，WTO总部设在瑞士日内瓦，在GATT 1947原址上扩建，主要机构如下。

一、部长级会议

部长级会议是WTO的最高决策机构，由WTO的所有成员组成，具有如下职能。

（1）有权设立贸易与发展委员会，国际收支限制委员会，以及预算、财务和管理委员会。在适当情况下，"可设立具有其认为适当职能的其他委员会"。[①]

（2）任命总干事并制定有关规则，确定总干事的权力、职责、任职条件和任期以及秘书处工作人员的职责及任职条件。

（3）对《建立WTO协定》及其附件作出解释和修改。

（4）豁免某成员在特定情况下承担的义务，并对超过1年的豁免按规定进行审议，以决定对豁免的延长、修改或终止。

（5）审议成员提出的对《建立WTO协定》或多边贸易协定进行修改的动议。

（6）决定将某一贸易协定补充进诸边贸易协定或将其从该协定之中删除。

（7）决定加入WTO的国家或具有单独关税区地位的地区。

（8）审议互不适用多边贸易协定的执行情况并提出适当建议。

[①] 《建立WTO协定》第4条第7款。

（9）决定《建立 WTO 协定》、多边贸易协定生效的日期以及这些协定在生效后 2 年可继续开放接受的决定。

部长级会议至少每两年举行一次，所有成员的代表都有资格参加会议，"有权对多边贸易协议下的所有事项作出决定"。部长级会议应全权"履行 WTO 的职能，并为此采取必要的行动"[①]。

到 2017 年底，WTO 共召开过 11 届部长级会议。即新加坡第一届部长级会议、日内瓦第二届部长级会议、西雅图第三届部长级会议、多哈第四届部长级会议、坎昆第五届部长级会议、香港第六届部长级会议、日内瓦第七届部长级会议、日内瓦第八届部长级会议、巴厘岛第九届部长级会议、内罗毕第十届部长级会议和布宜诺斯艾利斯第十一届部长级会议。WTO 历届部长级会议简况见表 3.1。

表 3.1　WTO 历届部长级会议简况

届次	时间	地点	主要成果
第一届	1996/12/9—13	新加坡	• 通过新加坡部长宣言，包括评估 WTO 各项协定和协议的承诺执行情况；回顾谈判和工作框架；讨论世界贸易发展；解决世界经济面临的挑战 • 通过《信息技术产品贸易新加坡宣言》
第二届	1998/5/18—20	瑞士日内瓦	• 回顾多边贸易体制建立 50 周年 • 通过《全球电子商务宣言》
第三届	1999/11/30—12/3	美国西雅图	• 启动"千年回合"
第四届	2001/11/9—13	卡塔尔多哈	• 通过《多哈部长宣言》，启动多哈回合谈判 • 通过《TRIPs 协定与公共健康宣言》 • 《关于执行的事项和问题的决定》 • 《补贴-第 27 条第 4 款程序的扩展》 • 《关于欧盟共同农业政策伙伴协议的豁免》 • 《关于欧盟香蕉进口的过渡性机制》 • 批准中国和中国台北加入 WTO
第五届	2003/9/10—14	墨西哥坎昆	• WTO 成立后，首次有最不发达国家柬埔寨、尼泊尔加入
第六届	2005/12/13—18	中国香港	• 重申多哈部长会议的各项宣言和决定 • 重申多哈回合以"发展"为中心的各项议题和内容
第七届	2009/11/30—12/2	瑞士日内瓦	• 讨论 WTO、多边贸易体制和全球经济环境等
第八届	2011/12/15—17	瑞士日内瓦	• 讨论多边贸易体制和 WTO 的重要性 • 讨论贸易和发展 • 讨论多哈回合议程
第九届	2013/12/3—6	印度尼西亚巴厘岛	• 通过《巴厘岛一揽子协定》，旨在贸易便利化，允许发展中国家有更多选择可以保证食品安全、振兴最不发达国家成员贸易、援助计划等 • 也门成为 WTO 成员

[①]《建立 WTO 协定》第 4 条第 1 款。

续表

届次	时间	地点	主要成果
第十届	2015/12/15—18	肯尼亚内罗毕	• 通过《内罗毕一揽子协定》，包括关于农业（发展中成员特殊保障机制、保证粮食安全的公共储备、出口竞争）、棉花以及与最不发达成员有关的原产地规则、增强最不发达成员服务贸易竞争力和参与度的六项部长级宣言 • 通过《内罗毕部长宣言》，规划未来WTO的工作框架
第十一届	2017/12/10—13	阿根廷布宜诺斯艾利斯	• 达成渔业补贴部长决定，电子商务工作计划部长决定，小经济工作计划部长决定，知识产权非违反之诉和情景之诉部长决定，关于设立南苏丹加入工作组的部长决定；相当数量的成员共同发表了关于投资便利化和中小微企业的部长联合宣言，关于服务贸易国内规制的联合声明

资料来源：WTO官方网站。

二、总理事会

总理事会（General Council）由WTO全体成员的代表组成，在部长级会议休会期间行使职能，具有如下职能。

（1）酌情召开会议，履行《关于争端解决规则与程序的谅解》规定的争端解决机构的职责。

（2）酌情召开会议，履行《贸易政策审议机制》中规定的贸易政策审议机构的职责。

（3）设立货物贸易理事会、服务贸易理事会和与贸易有关的知识产权理事会，各理事会应根据总理事会的总体指导运作。

（4）听取贸易与发展委员会关于执行多边贸易协定中对最不发达成员的特殊规定，以采取适当的行动。

（5）了解诸边贸易协定执行机构的活动情况。

（6）与WTO工作有关的政府间组织和非政府间组织进行有效的协商与合作。

（7）批准WTO的年度预算和财务报告。

总理事会可根据需要适时召开会议，通常每年召开6次左右。

三、贸易政策审议与争端解决机构

贸易政策审议与争端解决机构隶属于部长级会议，与总理事会平行，为第二层机构。前者负责定期审议各成员的贸易政策、法律与各项具体措施。后者负责解决成员间的所有贸易争端。其下设有"争端解决专家小组"和"上诉机构"。

四、理事会及下属机构

理事会及下属机构为总理事会的附属机构，设有3个理事会，负责监督3个不同领域谈判和协议的执行，在总理事会监督下运作。

（一）货物贸易理事会

货物贸易理事会（Council for Trade in Goods），主要负责监督 GATT 1994 及其附属的 12 个协议的执行。在该理事会之下，又分设 12 个委员会，即市场准入、农产品、动植物检疫、与贸易有关的投资措施、原产地、补贴与反补贴措施、海关估价、技术贸易壁垒、反倾销、进口许可、保障措施、纺织品监督委员会，负责各协议的执行。

（二）服务贸易理事会

服务贸易理事会（Council for Trade in Services），主要负责管理监督《服务贸易总协定》的实施。在 WTO 建立初期，该理事会下设 5 个单位，分别是基础电信谈判小组、自然人流动谈判小组、海运服务谈判小组、金融服务贸易委员会及专业服务工作小组。1997 年，基础电信谈判和金融服务谈判结束，两个机构解散。

（三）与贸易有关的知识产权理事会

与贸易有关的知识产权理事会（Council on Trade-related Aspects of Intellectual Property Rights），主要负责管理、监督 WTO《与贸易有关的知识产权协定》的实施情况。

五、多边委员会及其附属机构

在部长级会议和总理事会下设立一些专门机构，处理相关的事务。如贸易与发展委员会，贸易与环境委员会，国际收支限制委员会，区域贸易协议委员会和预算、财务与行政委员会。

六、诸边委员会

在 WTO 建立初期，总理事会下设 4 个诸边协议理事会。它们分别是民用航空器贸易理事会、政府采购理事会、国际乳制品理事会和国际牛肉理事会。其职责由诸边协议赋予，定期向总理事会报告。随着部分协议的合并和失效，其相应的委员会也相继解散。如 1997 年后《国际奶制品协议》和《国际牛肉协议》并入《农业协议》，其理事会相应撤销。目前仍存在的诸边委员会有民用航空器贸易理事会和政府采购理事会。

WTO 组织结构如图 3.1 所示。

七、总干事与秘书处

总干事是 WTO 的最高行政长官，领导和任命秘书处工作人员。他通过竞选，由部长级会议任命，其权力、职责、服务条件和任期由部长级会议通过后确定。他是国际职员，履行职责时不能寻求或接受任何政府或 WTO 之外机构的指示。总干事每一任期为 4 年，可以连选连任。

到 2016 年，WTO 已有 6 任总干事。第一任是来自北爱尔兰的彼得·萨瑟兰（Peter Sutherland，1993—1995），第二任是来自意大利的雷纳托·鲁杰罗（Renato Ruggiero，1995—1999），第三任是来自新西兰的麦克·穆尔（Mike Moore，1999—2002），第四任是来自泰国的素帕猜·帕尼奇帕克滴（Supachai Panitchpakdi，2002—2005），第五任是来自法国的帕斯卡尔·拉米（Pascal Lamy，2005—2013），第六任是来自巴西的罗伯托·卡瓦略·阿泽维多（Roberto Carvalho de Azevêdo，2013—　）。

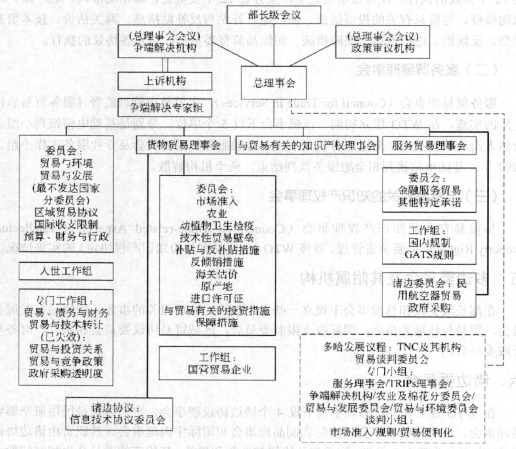

图 3.1　WTO 组织结构

注：──── 向总理事会（或其下属机构）报告　　▭ 向争端解决机构报告
- - - - - 诸边贸易协议委员会将其活动通知总理事会或货物贸易理事会（虽然只有部分 WTO 成员签署这些协议）
──── 贸易谈判委员会向总理事会报告

资料来源：http://www.wto.org/english/thewto_e/whatis_e/tif_e/org2_e.htm，访问日期 2016 年 12 月 31 日。

WTO 历任总干事的简况见表 3.2。

根据需要，可设置副总干事辅助总干事行事。2013 年 10 月新一任的副总干事 4 位，分别是尼日利亚人尤诺夫·阿加（Yonov Frederick Agah），德国人卡尔布劳纳（Karl Brauner），美国人戴维·沙克（David Shark）和中国人易小准。

进行信息沟通、分析和指导工作的机构是总干事领导下的秘书处。2015 年，秘书处下设总干事办公室等 21 个单位，共有职员 647 名，主要以经济学家、法律专家和其他国际贸

3-4 WTO 秘书处日常工作人数统计，按性别、地区和成员

易政策方面的专家为主。秘书处还设立若干处，负责支援相关委员会工作。如农业和商品处，支援与农业协议有关的工作；加入处协助处理申请加入 WTO 的国家或单独关税区的加入谈判，为它们提供咨询；等等。

表 3.2　WTO 历任总干事的简况

姓名	国籍	任职年限
彼得·萨瑟兰	北爱尔兰	1993 年至 1995 年
雷纳托·鲁杰罗	意大利	1995 年至 1999 年
麦克·穆尔	新西兰	1999 年至 2002 年
素帕猜·帕尼奇帕克滴	泰国	2002 年至 2005 年
帕斯卡尔·拉米	法国	2005 年至 2013 年
罗伯托·卡瓦略·阿泽维多	巴西	2013 年至今

八、WTO 成员的常驻机构

WTO 成员常驻机构为 WTO 的外围组织。WTO 属于非超国家组织，由各成员平行组成，加以 WTO 通常采取用"协商一致"的决策方式。因此，各成员驻 WTO 的常驻机构，通过公关对决策施加影响。这些常驻机构有的称为大使馆，有的称为代表处。

各成员派驻日内瓦常驻代表团人数由各成员视需要决定。WTO 每日均有会，而且常有几个会议同时举行的情况。各成员根据本身需要，派出常驻人员参加。通常，发达成员派驻人员较多，如美国和日本常驻代表团均超过 20 人。而发展中成员，尤其是最不发达成员派驻人员较少，甚至不派。

WTO 在举行专业和专门会议时，多由驻日内瓦常驻代表团参加。WTO 在举行重大会议和多边贸易谈判部长级会议时，再由成员派出政府代表同常驻代表一起参会。

第四节　WTO 预算的特色与来源

一、预算有所增长，但仍然低于其他国际组织

WTO 建立后，预算从 2001 年的 1.33 亿瑞士法郎增加到 2011 年的 1.94 亿瑞士法郎，年增长率为 4.2%。但与其他国际组织相比，预算仍然很低。如 2011 年的 WTO 行政费用只相当于经济合作与发展组织（OECD）的一半，世界银行的 1/10。

3-5　2015 年 WTO 秘书处的合并开支

二、成员会费按占世界贸易比重缴纳

WTO 成员会费的分摊比例根据该成员过去 3 年贸易额占世界贸易总额的比重来确定。其中包括货物贸易、服务贸易和知识产权贸易，数据来自国际货币基金组织国际收支平衡表中的统计数据。因此，贸易大国分摊的会费占据预算

3-6 2016年度WTO成员承担的会费

主要部分。如 2015 年，在 WTO 预算 1.97 亿瑞士法郎中，美国、中国、德国、日本、法国、英国、意大利、荷兰 8 个成员共计分摊了 0.91 亿瑞士法郎，所占比重达到整个预算费用的 46.5%。上述 8 个成员各占比例为：美国 11.31%，中国 8.62%，德国 8.15%，日本 4.49%，法国 3.96%，英国 3.88%，意大利 3.07%，荷兰 2.98%。

三、WTO 对拖欠会费成员的惩处措施

WTO 建立之初，成员拖欠会费现象较多，拖欠会费的成员占整个成员的比重高达 1/5，拖欠会费超过 3 年的成员占全部成员的 1/10。

为保证 WTO 机构运作，WTO 对拖欠会费的成员设立惩处措施。如拖欠 1 年的成员没有提名 WTO 领导层级人员的选举资格，拖欠两年的成员将被禁止进入 WTO 的成员资源库，拖欠 3 年的成员不允许参加培训和接受技术援助，并暂停该代表团的各项活动。

在惩处措施实施后，成员拖欠费用现象大为好转。拖欠会费的成员从 2003 年的 30 个减少到 2012 年的 6 个。

本 章 小 结

（1）WTO 的宗旨可归纳为：提高生活水平，保证充分就业；扩大货物、服务的生产和贸易；坚持走可持续发展之路；保证发展中成员贸易和经济的发展；建立更加完善的多边贸易体制。

（2）WTO 具有国际法人资格，其成员应当赋予 WTO 在行使其职能时必要的法定资格；WTO 每个成员向 WTO 提供其履行职责时所必需的特权与豁免；WTO 官员和各成员代表在其独立执行与 WTO 相关的职能时，也享有每个成员提供的必要的特权与豁免。

（3）根据宗旨，WTO 的主要职能有：实施和管理协议，提供多边贸易谈判场所，解决成员之间的贸易争端，审议各成员的贸易政策，与国际有关机构进行合作，提供技术支持和培训。

（4）根据宗旨和职能需要，WTO 建立比较健全的组织机构。它们是部长级会议、总理事会、理事会及下属委员会、各专门委员会、争端解决机构和贸易政策审议机构、总干事和秘书处。部长级会议是最高的决策机构。

（5）为了保证 WTO 运行，WTO 通过成员在世界贸易中的比重分摊预算费用，其预算金额低于其他两个世界经济组织。对拖欠会费成员有惩罚措施。

思 考 题

1. WTO 的宗旨如何升华了 GATT 1947 的宗旨？

2. WTO 在法律上居于什么地位？
3. WTO 的主要职能有哪些？
4. WTO 的主要组织机构及职能有哪些？
5. WTO 的常设机构是什么？
6. WTO 成员常驻机构的作用是什么？
7. WTO 对拖欠会费的成员如何惩处？

第四章

WTO 成员

本章导读

按加入程序，WTO 成员可分为创始成员和加入成员。原关税与贸易总协定缔约方转变为创始成员，建立后加入的成员为加入成员。2017 年，WTO 成员为 164 个，其中 128 个为创始成员，36 个为加入成员。按经济发展水平，WTO 成员可分为发达成员、发展中成员和最不发达成员。发达成员在 WTO 中的地位和作用高于或大于发展中成员，但因经贸地位相对下降，其在 WTO 中的主导地位逐步减弱。随着发展中成员尤其是新兴经济体的兴起和经贸的高速发展，其在 WTO 中的地位和作用逐步提高和上升。WTO 建立后，促进了创始成员的经贸发展和加入成员的改革与开放，加强了新多边贸易体制的权威性、影响力、韧性和抵制贸易保护主义的能力。

学习目标

通过本章学习，可以了解 WTO 成员的来源；知悉了解发达成员和发展中成员在 WTO 的地位与作用的变化；知悉发展中成员得到的特殊和差别待遇，如何促进加入成员的改革与开放、掌握新多边贸易体制重要作用。

第一节 WTO 成员的资格与类型

一、WTO 成员的资格

（一）WTO 成员资格的内涵

WTO 成员资格是指一国或单独关税区在 WTO 享有一定权力和承担义务的身份。如 WTO 成员享有代表权、选举权与被选举权、决策权和受益权；同时要遵守 WTO 规则、执行决议和缴纳会费等。

（二）WTO 成员权利与义务

（1）接受 WTO 协定，保证其法律、法规和行政程序与 WTO 各协定、协议规定的义务基本一致。

（2）无条件接受多边贸易协定，自主接受诸边贸易协议。

（3）参加 WTO 各种组织的选举权和被选举权。在 WTO 部长级会议和总理事会议上，拥有一票投票权。

（4）缴纳会费。

（5）给予 WTO 履行其职能所必需的法定资格、特权和豁免；给予 WTO 官员和各成员代表独立履行与 WTO 有关的职能所必需的特权和豁免。

（6）可提出修正 WTO 协定和多边贸易协定条款的提案。

（7）多边贸易协定在特定成员间的互不适用。

（8）可自由退出。

（三）WTO 成员间的互不适用与退出

1. 互不适用

《建立 WTO 协定》规定，任何成员，如在自己成为成员时或在另一成员成为成员时，不同意在彼此之间适用本协定及附件所列多边贸易协定，则这些协定在该两成员之间不适用，不能在成为 WTO 成员后再作此决定。GATT 1947 缔约方转变成 WTO 创始成员已采取的互不适用可以沿用；对新加入成员，在部长级会议批准前已通知部长级会议的前提下，可以适用。但诸边贸易协议参加方的互不适用，按该协议的规定执行。互不适用可以撤销，但撤销后不得重新启用。

2. WTO 成员退出

《建立 WTO 协定》规定，任何成员都可以退出 WTO。在 WTO 总干事收到书面退出通知之日的 6 个月期满后，退出生效。退出应同时适用于所有协定。退出以后，与其他 WTO 成员的关系从多边回到双边关系，不再享受权利，中止应尽的义务。

二、WTO 成员的类型

（一）按来源划分

1. 创始成员

根据《建立 WTO 协定》，创始成员（original members）必须具备两个条件。第一，在 1995 年 1 月 1 日该协定生效日，接受 GATT 1947 的缔约方和欧洲共同体，可成为创始成员。第二，联合国承认的最不发达国家，只需承担与其各自发展、财政和贸易需要或其管理和机构能力相符的承诺与减让就可成为创始成员。

2. 加入成员

加入成员（acceding member）指在《建立 WTO 协定》生效后申请加入 WTO 的国家和单独关税区。其加入程序大体可分为以下四个阶段。

第一阶段：提出申请与受理。

申请加入方首先要向 WTO 总干事递交正式信函，表明加入 WTO 的愿望。

WTO 秘书处将申请函散发给全体成员，并把审议加入申请列入总理事会的会议议程。

总理事会审议加入申请并设立相应工作组。所有对申请加入方感兴趣的 WTO 成员都可以参加工作组。总理事会经与申请加入方和工作组成员磋商后，任命工作组主席。

第二阶段：审议和加入谈判。

申请加入方应将对外贸易制度备忘录、现行关税税则及有关法律、法规，交由工作组审议。工作组成员通常以书面形式，要求申请加入方以书面答复在审议中提出的问题。

在审议后期，申请加入方同工作组成员开始双边货物、服务市场准入谈判，并达成双边市场准入协议。

第三阶段：多边谈判和起草加入文件。

在双边谈判后期进入多边谈判，工作组着手起草"加入议定书"和"工作组报告书"。加入议定书包括申请加入方与工作组成员议定的加入条件，货物贸易和服务贸易减让表。工作组报告书包括工作组对讨论情况的总结。

在工作组最后一次正式会议上，工作组成员达成关于同意申请加入方加入 WTO 的决定，提交部长级会议审议。

第四阶段：表决和生效。

WTO 部长级会议对加入议定书、工作组报告书和决定草案进行表决，如 2/3 成员同意，就可通过。

申请加入方以签署或其他方式向 WTO 表示接受加入议定书。

在 WTO 接到申请加入方表示接受的文件之日起第 30 天，加入文件生效，申请加入方成为 WTO 成员。

（二）按经济发展阶段和发展水平划分

2017 年，WTO 164 个成员中，公认的发达成员 38 个（包括欧盟），其余 126 个为发展中成员（包括最不发达成员）。

第二节　WTO 中的发达成员

一、WTO 中的发达成员

WTO 有 38 个发达成员，包括欧盟。它们分别是：奥地利、澳大利亚、比利时、保加利亚、加拿大、克罗地亚、塞浦路斯、捷克、丹麦、爱沙尼亚、芬兰、法国、德国、希腊、匈牙利、冰岛、爱尔兰、以色列、意大利、日本、拉脱维亚、立陶宛、卢森堡、马耳他、荷兰、新西兰、挪威、波兰、葡萄牙、罗马尼亚、斯洛伐克、斯洛文尼亚、西班牙、瑞典、瑞士、英国和美国。

二、发达成员经贸特点

（一）经济实力强，人均收入高

2016 年，发达国家占世界 GDP（国内生产总值）的 57.9%，人均 GDP 为 42 063 美元，远高于同年世界人均 GDP 10 277 美元的水平。

（二）对外贸易居于世界主要地位

（1）整体货物贸易占世界 1/2 以上。2016 年占世界货物贸易出口额 53.4%，占世界货物贸易进口额 50.7%，为低位贸易逆差。

（2）相互是其货物贸易的主要对象。2016 年对发达国家货物出口占其整个货物出口额的 68.4%。

（3）服务贸易整体占世界服务贸易的 60% 以上。2016 年，其服务出口占世界服务出口的 68.4%，占世界服务进口的 59.5%，为高位顺差。

（三）在国际金融中居于主要地位

（1）对外直接投资为净流出国。2016 年，它们对外直接投资为 10 440 亿美元，引进对外直接投资为 10 320 亿美元，属于净流出国。

（2）发达成员是世界跨国公司主要母国来源地。

（3）美元和欧元均是主要国际货币。

（四）科研发达，具有知识产权绝对优势

三、发达成员在 WTO 中居于主导地位

发达国家经贸特点使其在 WTO 中处于主导地位。其中，美国和欧盟起着领头羊的作用。

（一）主导地位的表现

1. 多边贸易谈判议题的发起者和决定者

发达成员由于经济发达，市场规则比较完善，跨国公司众多，企业维权意识强烈，通常成为历次多边贸易谈判议题的发起者和决定者。

WTO 谈判沿用 GATT 1947 主要供给者和主要消费者原则。在多边贸易体制谈判中发达成员通常成为货物、服务、投资和知识产权中各种议题的主要出价方和要价方。

2. 对多边贸易谈判进程影响巨大

发达成员是多边贸易谈判的主要谈判方，因此，他们在谈判中坚持的立场，谈判中矛盾的解决、规则的达成，对谈判进程产生重要甚至决定性的作用。

3. 对 WTO 规则制定和修订影响大

发达成员通常在国内立法基础上提出协定框架草案，作为规则谈判的基础。再以本身的优势，影响规则的具体修订。

4. 利用 WTO 争端机制的能力较强

企业规则意识强烈，拥有熟悉法规业务的律师和律师事务所，加以充裕的资金，是发达成员具有很强的运用争端解决机制的能力。

（二）主导地位逐步减弱

2008 年世界性金融危机后，新兴经济体的快速发展，尤其是中国的迅猛发展，使它

们在 WTO 的地位逐渐提高，利用、运用和参与 WTO 规则的能力加强，对发达成员在 WTO 中的制衡作用加大，使其主导地位有所减弱。

第三节　WTO 发展中成员

一、发展中成员的概念与经贸实力

（一）发展中成员概念

WTO 没有明确的"发展中成员"和"发达成员"的定义。但在 WTO 负责实施管理的《补贴与反补贴措施协议》附件 7 中提出的发展中国家包括联合国指定为最不发达国家的 WTO 成员，但未明确标明其他发展中成员的范围。

按联合国的标准，2016 年，在 164 个 WTO 成员中，发展中成员已经达到 130 多个。在 WTO 规则框架中，有对发展中成员尤其是最不发达成员的特别条款。

（二）发展中成员的经贸实力

发展中成员的整体经贸实力弱于发达成员，具体表现在以下方面。

（1）占世界 GDP 接近 40%。2016 年其 GDP 占世界 GDP38.7%，人均 GDP 为 4 793 美元，远远低于同年世界人均 GDP10 133 美元的水平。

（2）货物贸易整体占世界货物贸易稍高于 40%。2016 年，其货物出口占世界比重为 43.7%，进口占 40.1%，稍有顺差。

（3）服务贸易整体占世界服务贸易 1/3 上下。2016 年，其服务出口占世界服务出口 29.4%，进口占 37.9%，逆差很大。

（4）在对外直接投资流动中属于资本净流入国。2016 年，其对外直接投资流出 3 830 亿美元，对外直接投资流入 6 460 亿美元。

（5）贸易谈判整体实力较弱，关注特殊待遇条款的获得。

二、发展中成员的特殊待遇

尽管没有明确的概念，但在 WTO 协定与协议中，对公认的发展中成员尤其是对最不发达成员给予特殊灵活性和特别条款，以助其贸易发展。

（一）对发展中成员的总体利益的确认

在《建立 WTO 协定》序言中申明："需要做出积极努力，以保证发展中成员，特别是其中的最不发达成员，在国际贸易增长中获得与其积极发展需要相当的份额。"

（二）特殊和差别待遇的框架内容

1. 关注对最不发达成员特殊规定的实施情况

《建立 WTO 协定》指出："贸易与发展委员会应定期审议多边贸易协定中有利于最

不发达成员的特殊规定,并向总理会报告,以采取适当行动。"在成为创始成员条件上从宽,只要做出承诺和减让,就可以成为 WTO 创始成员。

2. 具体决定与规定

1)《关于有利于最不发达国家措施的决定》

该决定中,确定了对最不发达成员的主要特殊待遇。其中包括:特别通过审议以迅速实施有利于发展中成员的所有特殊和差别措施;对最不发达成员有出口利益产品的关税和非关税措施最惠国减让,可自主提前实施,且无过渡期;各项协定所列规则和过渡性条款应以灵活和有支持作用的方式适用于最不发达成员;进口救济措施和其他措施,应对最不发达成员的出口利益给予特殊考虑;包括服务贸易在内的生产和出口基础的发展、加强和多样化以及贸易促进方面,应给予最不发达成员实质增加的技术援助,以使它们从市场准入开放中获得最大好处。

2)《关于争端解决规则与程序的谅解》

该谅解指出:在确定涉及一最不发达成员争端的起因和争端解决程序的所有阶段,应特别考虑最不发达成员的特殊情况。各成员在根据这些程序提出涉及最不发达成员的事项时应表现适当的克制。如果发展中成员针对一个发达成员提出争端解决,则可简化程序;在磋商中,应特别注意发展中成员的特殊问题和利益;当争端发生在发展中成员与发达成员之间时,如果发展中成员提出要求,专家组应至少有一名来自发展中成员;在涉及发展中成员所采取措施的磋商过程中,各方可同意延长该谅解有关条款所确定的期限;在涉及最不发达成员的磋商未能成功时,该成员可以请总干事或争端解决机构主席进行斡旋、调节和调停,以期在提出设立专家组的请求前,协助各方解决争端。

3)《贸易政策审议机制》

按规定,所有成员的贸易政策和做法均应接受定期审议,前 4 个贸易实体(欧盟为一个实体)每两年审议一次,其后的 16 个实体每 4 年审议一次。其他成员每 6 年审议一次,对最不发达成员确定更长的期限。

为实现最大限度的透明度,机制规定所有成员应定期向贸易政策审议机构提交贸易政策和做法实施的报告。但最不发达成员在编写其报告时所遇到的困难应予以特别考虑和提供技术援助。

4)《关于 1994 年 GATT 国际收支条款的谅解》

该谅解指出,在发展中成员准备有关国际收支资料遇到困难时,秘书处应协助准备磋商文件。在磋商中可以简化程序。

5)货物贸易领域各种特殊和差别待遇的具体化

在 WTO 负责实施管理的货物贸易协定与各种贸易协议中,对发展中成员尤其是对最不发达成员都从总体上和具体问题上给予了特殊和差别待遇。

6)《服务贸易总协定》

该协定规定,在服务贸易自由化中特别考虑最不发达成员经济发展、贸易和财政方面存在的严重困难;通过帮助加强发展中成员国内服务的能力,获得服务贸易的相关信息;对其服务贸易补贴问题谈判要有灵活性;可以开放较少的服务部门,延长实施期;提供技术援助,增加发展中国家对服务贸易的参与,并扩大其服务的出口。

7)《与贸易有关的知识产权协定》

该协定指出，最不发达成员在国内实施法律和法规方面特别需要最大的灵活性，应为其创造一个良好和可行的技术基础；允许发展中成员享有 5 年过渡期，最不发达成员享有 11 年过渡期；发达成员应采取鼓励措施，促进和鼓励其境内的企业与机构向最不发达成员转让技术等。

8) 通过优惠资金等措施帮助发展中成员

《关于 WTO 对实现请求经济决策更大一致性所作贡献的宣言》指出：需要使优惠和非优惠财政资源与实际投资资源迅速地流向发展中成员，并进一步努力处理债务问题，以助于它们经济增长和发展。

9) 具有特殊利益的条款

这些具有特殊意义的条款，包括增加发展中成员对服务贸易的参与，扩大其服务的出口和服务优惠豁免。2011 年 WTO 部长级会议上，WTO 成员就给予最不发达成员服务贸易优惠待遇豁免达成共识。

（三）特殊和差别待遇作用

（1）有助于发展中成员的贸易发展。发展中成员在全球贸易中的比重从 2000 年的 33%提高到 2012 年的 48%。同期，在世界 GDP 中的比重从 23%提高到 40%。

（2）作用有限。整体有助于发展中成员特别是最不发达成员的贸易发展，但作用有限，而且不平衡。其主要原因是发达成员没有完全落实，发展中成员尤其是最不发达成员利用能力不足，缺乏有效实施的保障。

三、发展中成员在 WTO 中的地位与作用

（一）地位和作用有所提高

发展中成员经济有所发展，2016 年在世界 GDP 中，接近 40%，2011—2016 年 GDP 年均增长速度为 4.3%，高于发达国家的 1.6% 和世界的 2.4%，其中金砖国家同期在世界 GDP 的比重为 22.3%，GDP 年均增长速度为 5.2%，居于世界榜首。其中，中国尤为突出。发展中成员尤其是金砖国家在 WTO 中的地位和作用有所提高。

（二）影响地位和作用提高的不利因素

1. 发展不平衡影响合力

发展中成员发展的不平衡，导致发展中成员合力不强。以农业谈判为例。

在第五届 WTO 部长级会议（坎昆会议）的农业谈判中，发展中成员形成了 G20 集团，其核心成员为巴西、中国、印度、南非和阿根廷等。12 个发展中成员组成的"核心集团"，关注"新加坡议题"的谈判。33 个发展中成员组成的"战略产品和特殊保障机制联盟"，关注对与它们切身利益密切的某些"战略产品"的免除义务和保障机制。90 个发展中成员组成"坎昆联盟"，就抵制"新加坡议题"、特殊和差别待遇等问题调整立场。14 个发展中成员组成的"志同道合集团"，主张 WTO 优先解决执行议题。为了提高

在农业谈判中的地位，某些农产品出口的发展中成员与一些农产品出口的发达成员组成"凯恩斯集团"，在农业政策两个极端的欧盟和美国之间进行调节与斡旋。在后续几届WTO部长级会议中，失焦情况继续，未形成具有合意的农业谈判立场。

2. 运用贸易争端解决机制能力不足

（1）运用贸易争端解决机制人才稀缺。每个争端案件涉及复杂的技术问题和大量法律文本，具备专业法律知识的人才是参加争端解决的前提，但发展中成员这方面人才稀缺。

（2）财力资金短缺。因财力资金短缺，发展中成员只能"一次性"而非"反复"参与争端案件，且聘请外国律师付费很高，缺乏持续参与争端解决的能力。

（3）报复能力不足。WTO裁决的执行基础是靠贸易报复措施，而不是接受补偿性支付。发展中成员即使贸易争端胜诉可能性很大，但考虑到报复带来的更大损失，向WTO提出贸易争端申诉的决心和信心不足。

第四节　WTO加入成员

4-1　WTO成员表

4-2　WTO政府观察员

一、加入成员多样

到2014年6月26日，WTO加入成员为32个，分别是厄瓜多尔、保加利亚、蒙古、巴拿马、吉尔吉斯斯坦、拉脱维亚、爱沙尼亚、约旦、格鲁吉亚、阿尔巴尼亚、阿曼、克罗地亚、立陶宛、摩尔多瓦、中国、中国台北、亚美尼亚、马其顿、尼泊尔、柬埔寨、沙特阿拉伯、越南、汤加、乌克兰、佛得角、黑山共和国、萨摩亚、瓦努阿图、老挝、塔吉克斯坦、也门和俄罗斯。

这些新成员在社会制度、政治制度、经济发展水平、经济结构、主权程度、加入时间方面均有不同，分居世界各洲，与多边贸易体制的渊源关系差异很大。

二、影响加入过程的因素

（一）政治因素

政治因素包括政治制度、对外政策、国际关系和国际社会的认同与接受、地缘政治等。

（二）经济体制因素

WTO是以市场经济体制为基础的国际贸易组织，因此，申请加入方经济体制给加入时的权利与承诺的义务带来深远的影响。一般来讲，由从计划经济体制转向市场经济体制的申请加入方较市场经济体制的申请加入方所承诺的义务要多，谈判比较复杂。

（三）对 WTO 规则的认知

（1）申请加入方境内各级政府、各类企业、研究机构对入世带来规则挑战的共识程度。

（2）申请加入者与创始成员对接受规则程度的共识。

（3）发展阶段与经济实力。申请加入者的经济发展阶段、经济发展水平、经贸实力与竞争力对加入条件的谈判有重大影响。在加入谈判中，对发展中大国要价高而且全面；对一般发展中国家的加入条件的要价一般较低；对最不发达国家的要价更低于一般的发展中国家。

（4）谈判水平。申请加入者谈判成员对 WTO 规则的掌握程度、专业知识、公关能力和谈判技巧，在一定程度上影响谈判进程和谈判成果。

上述因素决定了加入谈判时间的长短、权利的获得与承诺义务的多寡。新成员的入世谈判平均为 10 年；最短的为 3 年（吉尔吉斯斯坦）；最长的为 20 年（塞舌尔）；中国为 15 年，从 1986 年申请复关，到 2001 年 12 月才成为 WTO 成员。

三、加入 WTO 后的积极效应

（一）与多边贸易体制接轨

每一个新加入成员需要与原有成员就入世条件进行谈判。通过入世谈判，它们接受全面整体的入世进程和组织规则的严格审查，接受 WTO 的原则和所有的多边贸易协定与协议，通过市场准入表明确加入后的权利与义务。由此促进新成员的对外开放，登上世界经济舞台。

（二）增强 WTO 规则意识

根据入世要求，申请加入者通过改革，使其境内的法律、法规与 WTO 保持一致，在市场准入上承担具体的义务。申请加入者可以要求过渡期，来消除与 WTO 不一致的法规措施，接受一些特殊条款。然而，作为一般原则，WTO 协定的基本原则是给定的并且不能改变。入世要求所有 WTO 成员达成共识，只要少数成员甚至只有一个成员反对，就可以延缓或阻止加入进程。

入世谈判涵盖了 WTO 规则的 45 个核心领域。除接受 WTO 成员已达成的协议，还要接受为取得 WTO 成员资格商定的额外条件，其数目达到 1 361 项。新加入成员有些属于经济转型的成员，国有企业占据重要地位。为了约束它们的垄断地位，在额外条件中加入对国有企业的监督，出现对国有企业的特殊约束承诺。

（三）触发和倒逼国内改革

作为入世谈判的一部分，申请加入者政府需要评估其国内与贸易相关的法律和实践与 WTO 规则的一致性。它们需要填写一份全面的立法行动计划，全面申报已经颁布的与 WTO 相关的法律，提供将要进行的与 WTO 相关的国内法律工作计划。在 32 个加入成员中，提交到 WTO 的，接受 WTO 成员审议的法律及其相关的实施细则超过 7 000 份。它们推动了新成员与 WTO 相一致的国内改革的法律进程，逐步构建起制度化的法律体系。

（四）降低壁垒和增加贸易机会

新成员加入后，关税和非关税贸易壁垒逐步降低，增加和扩大了贸易机会。它们的"约束税率"，几乎涵盖了所有农产品和非农产品；非关税壁垒逐步削减、取消和规范化，提高了它们贸易制度的确定性和可预见性。

（五）扩大了概念边境

新成员通过法律体系的规范化和制度化，加速了改革和开放的进程，增加了利用经济全球化的机遇；在贸易扩大的同时，加强了与国际社会的交流，增加了国民相互学习和交流的机会，开阔了视野，能接受新的观念和理念。

（六）贸易发展速度超过世界水平

在 1995 年至 2012 年间，加入成员的货物和服务贸易年均增长率分别为 14.1%和 11.9%。而同期全球货物贸易和服务贸易的年均增长率分别为 8.3%和 8%。WTO 加入主要成员的贸易增长率见表 4.1。

表 4.1 WTO 加入主要成员的贸易增长率（入世至 2012 年）

成员	申请时间	加入时间	货物贸易年均增长率	服务贸易年均增长率
亚美尼亚	1993	2003	15.9	18.3
柬埔寨	1994	2004	17.7	17.8
中国	1986	2001	20.0	18.3
格鲁吉亚	1996	2000	23.4	18.6
吉尔吉斯斯坦	1996	1998	5.1	20.9
蒙古	1991	1997	20.4	22.9
尼泊尔	1989	2004	12.6	13.7
中国台北	1992	2002	9.5	7.4
汤加	1995	2007	10.1	14.2
越南	1995	2007	19.0	14.4

资料来源：作者根据 WTO 数据库、世界银行数据库、WTO 秘书处数据整理。

四、加入成员对多边贸易体制的增强

（一）把多样性的加入者纳入多边贸易体制

36 个加入成员是一个多样化的群体。在加入工作组成立时，大多数申请者被世界银行列为发展中国家。其中，沙特阿拉伯和俄罗斯被公认为高收入石油出口国，7 个是最不发达国家，包括中国在内的 10 个国家原来是中央计划经济，另外 10 个国家是中等收入和低收入的发展中国家。

它们都基于 WTO 规则的共同标准加入 WTO，成为多边贸易体制的一员，在权利和义务基本对等的基础上，进行贸易交往，做到互惠互利。它们成为 WTO 成员表明以 WTO 为法律和组织基础的多边贸易体制的包容性、开放型、共存性。

（二）所有成员享受市场扩大好处

2015 年 4 月，随着加入成员的增加，WTO 成员达到 161 个，占世界贸易的 98%，其中，128 个创始成员占世界贸易的 80.1%，33 个加入成员占世界贸易的 17.6%。在市场准入方面，在关税减让和特定承诺上，创始成员对 3/4 的税目作出了约束，而加入成员承诺约束的税目几乎是 100%。创始成员的平均约束税率为 45.5%，加入成员的平均约束税率为 13.8%。此外，加入成员的服务开放部门比创始成员的多出一倍。对创始成员来说，加入成员使它们出口市场扩大 20%，而对加入成员，它们一进入 WTO，就获得几乎全部出口市场的安全准入。所有的成员都受益于这种"开放效应"，使得 WTO 成员资格的价值加大。

（三）改善地缘政治，完善贸易法规体系

世界贸易体系受制于成员核心价值观和地缘政治利益的考量。加入 WTO，对加入者来说，不仅是对经济体制和法律体系的检验，国际关系的衡量，而且是全方位、整体的政治、经济和法规的考验。创始成员会像"守门员"一样，确保那些申请者在加入前满足它们最关心的利益。出于维护既得利益，保护原有市场，已有成员在对加入者的要价中出现形式多样、内容庞杂的条件，要求它们承担更为苛刻的义务，甚至是"WTO+"，迫使加入成员认真对待"出价"的内容。经过"要价"和"出价"的反复谈判，达成入世的条件。这一谈判过程，有助于加入成员与已有成员加强了解和交流，不同的政治和经济制度之间的认知趋同，增进政治理解，进一步丰富以 WTO 为基础的多边贸易体制的内容，促进多边贸易体制的演进。

（四）加强多边贸易体制的韧性和抵制贸易保护主义的能力

多边贸易体系的韧性和对贸易保护主义的抵制，不仅取决于 WTO 规则的运作，还取决于 WTO 成员对市场经济核心价值观的认同，以及对法治接受的程度和常态化。

WTO 规则和相关市场改革带来的安全性使加入成员更能吸引国际资本，加大成员间资本的流动，加强本国企业进入全球价值链，加深国际分工与合作，加强对外开放意识，为 WTO 带来韧性和活力。

本 章 小 结

（1）WTO 成员按加入程序可分为创始成员和加入成员；按经济发展阶段和经济发展水平可分为发达成员和发展中成员。因其差异性，在权利享受和义务的承担上又有很大

的不同。

(2) 发达成员因经济总量、对外贸易比重大，市场经济发达，法律和法规比较健全，在 WTO 中的地位和作用强于或高于发展中成员，居于主导地位。在 2008 年全球金融危机后，出现经贸失衡，地位逐步下降，主导地位受到削弱。

(3) 发展中成员因经济总量、贸易比重低于发达成员，加以市场经济发展程度不深，法规不够健全和完善，在 WTO 中的地位和作用低于发达成员，不具备主导能力。随着新兴经济体的兴起和经贸的高速发展，金砖国家在 WTO 中的地位和作用逐步上升。特殊和差别待遇条款有助于发展中成员与最不发达成员的经贸发展，但因利用能力不同，所起作用不一。

(4) WTO 建立后，加入成员达到 30 多个。加入 WTO 后，促进了这些成员的改革与开放；反过来，也加强了以 WTO 为组织和法律基础的新多边贸易体制的权威性、影响力、韧性和抵制贸易保护主义的能力。

思 考 题

1. WTO 成员分为几类？
2. WTO 新成员如何加入？
3. 申请加入 WTO 的资格是什么？
4. WTO 成员如何援引互不适用条款？
5. WTO 中发达成员为何能起主导作用？
6. WTO 中发展中成员享受何种特殊和差别待遇？

4-3 补充资料 发达国家给予发展中
国家特殊和差别待遇原因

第五章

WTO 运作机制建立

本章导读

WTO 职能和作用是通过运作机制来实现的。WTO 运作机制包括决策机制、争端解决机制、贸易政策审议机制、贸易谈判机制和对外合作与沟通机制。WTO 在进行决策时,主要遵循"协商一致"原则,只有在无法协商一致时才通过投票表决决定;WTO 的争端解决机制程序明确,更具强制性和约束力;为促使成员履行所作的承诺,更好地遵守 WTO 规则,建立贸易政策审议机制。随着国际贸易的发展,WTO 谈判机制在不断发展,谈判方式在多样化。为保障 WTO 运行顺利,WTO 与 IMF 和 IBRD 等国际经济组织合作,与非政府组织、企业界、学术界、媒体进行沟通与交流。

学习目标

通过本章学习,可以了解 WTO 的运作机制的整体框架,知悉决策机制、争端解决机制、贸易政策审议机制、贸易谈判机制以及与其他组织的合作与沟通机制的内容,掌握这些机制如何保证 WTO 有效的运行。

第一节 WTO 决策机制

WTO 在决策时,主要遵循"协商一致"原则,只有在无法协商一致时才通过投票表决进行决策。

一、协商一致

WTO 在决策中继续沿用 GATT 1947 "经协商一致作出决定"的传统做法。

GATT 1947 的决策原则是,讨论一项提议或拟议中的决定时,应首先寻求协商一致。所有缔约方都表示支持,或者没有缔约方反对,即为协商一致通过。1995 年 11 月,WTO 总理事会议定了一项有关决策规则的重要说明,强调在讨论有关义务豁免或加入请求时,总理事会应寻求以协商一致达成协议,只有在无法协商一致的情况下才进行投票表决。

二、投票表决

在 WTO 部长级会议或总理事会表决时,每一成员拥有一票。部长级会议和总理事会依据成员所投票数的多数作出决定，除非《建立 WTO 协定》或有关多边贸易协定另有规定。

（一）关于条款解释的投票表决

WTO 部长级会议或总理事会拥有解释《建立 WTO 协定》和多边贸易协定的专有权。对多边贸易协定和协议条款的解释，部长级会议或总理事会应根据监督实施协定的相应理事会的建议进行表决，并获得成员的 3/4 多数支持才能通过。

（二）关于义务豁免的投票表决

按照《建立 WTO 协定》和多边贸易协定与协议的规定，任何 WTO 成员既享受一定的权利，也要履行相应的义务。但在特殊情况下，对某一 WTO 成员应承担的某项义务，部长级会议可决定给予豁免。对 WTO 成员提出的义务豁免请求，部长级会议应确定在不超过 90 天的期限内进行审议。首先应按照协商一致原则作出决定；如果在确定的期限内未能协商一致，则进行投票表决，得到 WTO 成员的 3/4 多数票可以决定义务豁免。

WTO 成员提出的义务豁免请求，若与货物贸易、服务贸易和与贸易有关的知识产权等任何一个多边贸易协定、协议及其附件有关，应首先分别提交所属理事会审议，审议期限不超过 90 天。审议期限结束时，相应理事会应将审议结果向部长级会议报告。

WTO 部长级会议作出的义务豁免决定有明确的适用期限。如义务豁免期限不超过 1 年，到期自动终止；如期限超过 1 年，部长级会议应在给予义务豁免后的 1 年内进行审议，并在此后每年审议一次，直至豁免终止。部长级会议根据年度审议情况，可延长、修改或终止该项义务豁免。

（三）关于修正案的投票表决

WTO 的任何成员，均可向部长级会议提出修正《建立 WTO 协定》和多边贸易协定条款的提案。部长级会议应在 90 天或确定的更长期限内，首先按照协商一致原则，作出关于将修正案提请各成员接受的决定。若在确定的期限内未能协商一致，则进行投票表决，需由成员的 2/3 多数通过，才能作出关于将修正案提请各成员接受的决定。

WTO 成员的接受书应在部长级会议指定的期限内，交存 WTO 总干事。

对某些关键条款的修正，必须经所有 WTO 成员接受方可生效。这些关键条款是：《建立 WTO 协定》第 9 条"决策"和第 10 条"修正"，GATT 1994 第 1 条"最惠国待遇"和第 2 条"减让表"，《服务贸易总协定》第 2 条第 1 款"最惠国待遇"，《与贸易有关的知识产权协定》第 4 条"最惠国待遇"。

此外，对《建立 WTO 协定》、货物贸易多边协定和《与贸易有关的知识产权协定》所列出的其他条款的修正，如果不改变各成员的权利和义务，在成员的 2/3 多数接受后，对所有成员生效；如果上述修正改变了各成员的权利和义务，在成员的 2/3 多数接受后，对接受修正的成员生效，对此后接受修正的成员自接受之日起生效。

对《服务贸易总协定》第四部分"逐步自由化"、第五部分"机构条款"、第六部分"最后条款"及相应附件的修正，经成员的 2/3 多数接受后，对所有成员生效。

对《服务贸易总协定》第一部分"范围和定义"、第二部分"一般义务和纪律"、第三部分"具体承诺"及相应附件的修正，经成员的2/3多数接受后，对接受修正的成员生效，对此后接受修正的成员自接受之日起生效。

对未在WTO部长级会议规定的期限内接受已生效修正的WTO成员，部长级会议经成员的3/4多数通过作出决定，任何未接受修正的成员可以退出WTO，或经部长级会议同意，仍为WTO成员。

对《与贸易有关的知识产权协定》第71条第2款关于"修正"的要求作出的修正，可由WTO部长级会议通过，无须进一步正式接受程序。

对《建立WTO协定》附件二《关于争端解决规则与程序的谅解》的修正，应该经过协商一致作出，经WTO部长级会议批准后，对所有成员生效；对附件三《贸易政策审议机制》的修正，经部长级会议批准后，对所有成员生效；对附件四《诸边贸易协议》的修正，按诸边贸易协议中的有关规定执行。

三、议事方式

部长级会议和总理事会通常的议事方式是绝大部分会议后，召开各委员会会议。它们主要解决如何进行议事的问题，包括会议法定人数的构成，提出议事的程序、干预措施的期限，书面报告，议事进程的发展和推动，成员代表、观察员代表、观察员身份和官员的选举。在涉及决策时，要优先使用协商一致的原则。

四、决策机制效应

WTO建立后，决策机制运作良好，有效保证了各委员会顺畅的运行。在WTO的运作中，对决策方式有所发展和完善。

例如，主席宣言的使用就发展了决策方式。在这个方法中，部长级会议、总理事会或其他WTO委员会的主席应宣读需要委员会正式通过的某一谅解或附加信息的声明。一般情况下，主席宣言根据刚刚通过的宣言或部长级会议或总理事会等宣言的记录作出决议。其目的通常是回应一个或多个成员对即将正式通过的决议的疑虑或考量，是担心失去成员的一致支持而采取的变通做法。

第二节 WTO争端解决机制

乌拉圭回合达成的《关于争端解决规则与程序的谅解》（*WTO Dispute Settlement of Understanding*，DSU）是WTO贸易争端解决的基本法律文件。

一、形成背景、宗旨要求与机构

（一）形成背景

DSU来自GATT 1947争端解决机制的实践。之前机制存在严重缺陷：在时间上，由于没有明确的时限规定，争端解决往往久拖不决；在程序上，由于奉行"协商一致"的原则，被专家组裁定的败诉方可借此规则阻止专家组报告的通过。这些缺陷削弱了缔约方对该机制的信心，影响了以 GATT 1947 为基础的多边贸易体制的稳定性。

为加强争端解决机制作用，乌拉圭回合中达成 DSU，建立了 WTO 争端解决机制。它包括 27 个条款和 4 个附件，为多边贸易体制提供可靠性和可预测性的核心保障。

（二）宗旨与要求

（1）保护成员的权利，监督成员履行义务。即所有解决争端的办法都必须符合 WTO 的规定，磋商、调节、准司法和仲裁等争端解决方案必须与 WTO 规定相一致。

（2）保证客观、迅速、正确地解决争议。专家组应定期与争端各方磋商，并给予它们充分的机会以形成双方满意的解决方案。在实践中，专家组可以遵循司法节制原则，以尽快地审结争议。

（3）应善意地参与解决争端。一旦发生争端，所有成员均应以真诚的方式参与争端解决程序。

（4）禁止单边贸易报复。成员要通过多边解决争议机制解决与参与另一成员的贸易争议，而不得采取单方面报复的行动。

（三）争端解决机构

DSU 规定，设立争端解决机构（Dispute Settlement Body, DSB），由 WTO 全体成员的代表组成。它有权设立专家组，通过专家组和上诉机构报告，监督其通过的裁决和建议的执行，如果成员未对其裁决和建议及时作出回应，它有权授权中止适用协定项下的减让和其他义务。DSB 应视需要召开会议，以行使其职能。它通常每月召开一次会议，也可应某一成员的请求召开特别会议。DSB 以一致同意的方式作出决议，如与会成员无一正式表示反对，则该决议即通过。

二、争端解决机制的特点与管辖范围

（一）争端解决机制的特点

1. 鼓励成员通过双边磋商解决贸易争端

DSU 规定，争端当事方的双边磋商是争端解决的第一步，也是必经的一步。它鼓励争端当事方通过双边磋商达成相互满意的解决方案。即使在争端进入专家组程序后，当事方仍可通过双边磋商解决争端。

2. 以保证规则的有效实施为优先目标

争端解决机制的目的是使争端得到积极有效的解决。争端各方可通过磋商，寻求均可接受并与 WTO 有关协定或协议相一致的解决办法。在未能达成各方满意的解决办法时，争端解决机制的首要目标是确保成员撤销被认定违反 WTO 有关协定或协议的措施。如该措施暂时未能撤销，应申诉方要求，被诉方应与之进行补偿谈判，但补偿只能作为一项临时性措施加以援用。如在规定时间内未能达成满意的补偿方案，经争端解决机构授权，申诉方可采取报复措施。

3. 严格规定争端解决的时限

迅速解决争端是 DSU 中的一项重要原则。为此，对争端解决程序的各个环节都规定了严格、明确的时间表。它有利于及时纠正成员违反 WTO 协定或协议的行为，使受害方得到及时的救济，也有助于增强各成员对多边争端解决机制的信心。

4. 实行"反向协商一致"的决策原则

DSU 引入了"反向协商一致"的决策原则。在争端解决机构审议专家组报告或上诉机构报告时，只要不是所有的参加方都反对，则视为通过，从而排除了受诉方单方面阻挠报告通过的可能。

5. 禁止未经授权的单边报复

DSU 禁止贸易争端投诉方和被诉方采取任何单边的、未经授权的报复性措施。

6. 允许采用多种报复

DSU 规定，如一成员在某一领域的措施被裁定违反 WTO 规则，且该成员未在合理期限内纠正，经争端解决机构授权，利益受损成员可以进行报复。报复应优先在被裁定违反 WTO 协定或协议的措施的相同领域进行，称为平行报复；如不可行，报复可以在同一协定或协议下跨领域进行，称为跨领域报复；如仍不可行，报复可以跨协定或协议进行，称为跨协议报复。

7. 对最不发达成员采取克制

DSU 规定，各成员在根据 DSU 程序提出涉及最不发达成员的事项时，应表现出适当的克制。如认定利益的丧失和减损归因于该类成员所采取的措施，则起诉方在依照争端解决程序请求补偿或寻求中止实施减让或其他义务的授权时，应表现出适当的克制。

（二）争端解决机制的管辖范围

DSU 对争端解决机制的管辖范围作了如下规定。

1. 全面适用

该机制适用于各成员根据 WTO 负责实施管理的所有协定和协议中提起的争端。

2. 特别规则优先

《关于争端解决规则与程序的谅解》附录列出所有含有特别规则和程序的协议，如《实施卫生与植物卫生措施协议》《纺织品与服装协议》《技术性贸易壁垒协议》《反倾销协议》《海关估价协议》《补贴与反补贴措施协议》《服务贸易总协定》及有关附件等。该谅解规定，当上述协议规则与其他协议规则发生冲突时，可优先适用这些协议规则。

3. 对适用规则的协调

当某一争端的解决涉及多个协定或协议，且出现相互冲突时，则争端各当事方应在专家组成立后的 20 天内，就适用的规则及程序达成一致。如不能达成一致，争端解决机构主席应与争端各方进行协商，在任一争端当事方提出请求后的 10 天内，决定应该遵循的规则及程序。争端解决机构主席在协调时应遵守"尽可能采用特别规则和程序"的优先原则。

三、争端解决程序

(一) 磋商、斡旋、调节和调停

1. 磋商

DSU 明确规定，磋商是解决争端优先采取的手段，是采取司法诉讼前必须进行的程序。每一成员承诺对另一成员提出的有关在前者领土内采取的、影响任何适用协定运用的措施的交涉给予积极考虑，并提供充分的磋商机会。磋商是保密的，且不妨害任何成员在后续诉讼中的权利。

磋商请求书应满足规定的格式。DSU 规定，所有此类磋商请求应由请求磋商的成员通知 DSB 及有关理事会和委员会。任何磋商请求应以书面形式提交，并要说明提出请求的理由，包括确认所争论的措施，并指出起诉的法律根据。

在磋商中，第三方也可参与磋商。只要进行磋商的成员以外的一个成员认为按照 WTO 负责实施管理的协定和协议所进行的磋商涉及其实质性的贸易利益，则该成员即可在根据上诉协定和协议进行磋商的请求提交之日 10 天内，将其参加磋商的愿望通知进行磋商的成员和 DSB。如果磋商请求所针对的成员同意该申请参加磋商的成员的实质性的贸易利益的主张具有合理的理由，该成员将被允许作为第三方参加磋商。如果参加磋商的请求未予接受，那么该成员有权另行提起磋商请求。

2. 斡旋、调节和调停

与磋商的强制前置程序不同，斡旋、调节和调停是争端当事方同意自愿采取的程序。根据 DSU 规定，涉及斡旋、调节和调停的诉讼程序是保密的，且不损害任何一方根据这些程序进一步诉讼的权利。

斡旋、调节和调停程序可以随时开始，随时终止。一旦上述程序终止，起诉方可请求设立专家组。

WTO 总干事可依其职权提供斡旋、调节和调停，以协助各成员解决争端。

(二) 专家组

如争端方在收到磋商请求之日起 60 天内未能通过磋商解决争端，则起诉方可请求设立专家组。如果磋商各方均认为磋商已不能解决争端，则起诉方可在 60 天内请求设立专家组。

1. 专家组成员的选任

根据 DSU 的规定，专家组应由资深政府和/或非政府的个人组成。其包括曾在专家组任职或曾向专家组陈述案件的人员，曾任某一成员代表或某一 GATT 1947 缔约方代表或任何涵盖协议或其先前协定的理事会或委员会的代表的人员，秘书处人员，曾讲授或出版国际贸易法或政策著作的人员，以及曾任某一成员高级贸易政策官员的人员。

总体而言，专家组成员有两个来源。一是根据 DSU 规定由各成员推荐，经过 DSU 批准形成的一份政府或非政府专家指示性名单。二是 WTO 总干事熟悉的各成员驻日内瓦的官员、秘书处人员或以前曾经处理过 GATT 纠纷的专家。专家组成员的遴选应以保证各成员的独立性、具有完全不同的背景和丰富的经验为基点。原则上，专家组成员不能办理本国案件,除非争端各方另有议定。根据 DSU 规定,设立专家组的请求应以书面形式提出。请求应指出是否已进行磋商,确认争论中的措施并提供一份足以明确陈述问题的诉求的法律根据概要。在申请方请求设立的专家组不具有标准范围的情况下,书面请求应包括特殊职权范围的拟议案文。

2. 专家组的设立与组建

专家组一般由 3 名成员组成,除非在专家组设立后 10 天内,争端方同意专家组由 5 名成员组成。此外,如在专家组设立之日起 20 天内,争端方未就专家组成员的选定达成协议,则总干事应在双方中任何一方的请求下,经与 DSB 主席和有关委员会或理事会主席磋商,且在与争端各方磋商后,决定专家组的组成。所任命的专家组成员被总干事认为依照争端所适用的涵盖协议的任何特殊或附加规则和程序最适当的成员。

3. 专家组的职权范围、权限与责任

专家组具有明确的职权。根据 DSB 规定,专家组按照争端各方引用的适用的协定名称的有关规定,审理争端方在申请书中向 DSB 提出的事项作出裁决,以协助 DSB 按照该协定提出建议或作出裁决。

一成员在请求争端磋商时,实际上就已经将未来要求成立的专家组成的申请书内容填写好。专家组对申请方没有提出的争议措施不具有管辖权。当事方明确规定专家组的任务书,明确专家组审理的问题和权限对当事方很重要。如果专家组的审理范围很宽,因申诉方对其提交的申诉要负举证责任,提出表面上有说服力的诉求,被诉方抗辩的范围也相应扩大,举证责任加重。如果被诉方不能证明申诉方的指控不成立,则败诉。如果专家组越权审理,当事方可以根据 DSU 第 11 条提出上诉,指控专家组没有按规定对案件进行客观的审理,进而专家组的越权裁定也就宣告无效。

4. 第三方参与

DSU 规定,争端各方的利和争端中所争论的某一涵盖协议项下的其他成员的利益应在专家组程序中进行充分考虑。同时,任何对专家组审议的事项有实质利益并且将其利益通知 DSB 的成员(第三方)应有专家组给予听取其意见并向专家组提出书面陈述的机会。这些书面陈述也应提交争端各方,并应反映在专家组报告中。总之,第三方有知情权、参与权和说明观点的权利。

5. 专家组审理过程

专家组对案件的事实、有关涵盖协议的适用性及被指控的措施与涵盖协议的一致性作出客观性评估,并出具调查结论,以协助 DSB 作出相应的裁决或提出建议。专家组在审阅双方提交的材料之前,安排时间与双方及第三方举行实质性会议,这些会议不公开,会上专家组向双方提出问题。

总体上,专家组程序应具有充分的灵活性,以保证高质量的专家组报告,同时不应不适当地延误专家组程序。在审理中,专家组应为争端各方提供充分的时间以准备陈述。每一方应将其书面陈述交存秘书处,以便立即转交专家组和其他争端方。

如争端各方未能形成双方满意的解决方法,专家组应以书面报告形式向 DSB 提交调查结果。在此情况下,专家组报告应列出对事实的调查结果、有关规定的适用性及其所作出的任何调查结果和建议的基本理由。

在审理时间上，专家组进行审查的期限一般不应超过 6 个月。如专家组认为不能在 6 个月内提交报告，则应书面通知 DSB 迟延的原因和可提交报告的估计时间。自专家组设立至报告发送给各成员的期限不应超过 9 个月。

6. 专家组报告

专家组经过审理、分析，先会将案件的事实陈述和双方及第三方的观点，以及专家组报告调查结论的草稿，发给争端各方，让它们提出评论。在规定的时间内，如果双方没有提交书面意见，报告草案则成为最终报告；如果双方提出意见，专家组会在最终报告中对双方的意见作出回应。最终报告先发给争端双方，然后再发送全体成员。

专家组报告发送给各成员之日起的 20 天后，DSB 将审议专家组报告。在专家组报告发送给各成员之日起 60 天内，该报告应在 DSB 会议上通过，除非一争端方正式通知 DSB 其上诉决定，或 DSB 经协商一致决定不再通过该报告。同时，如果一方已通知其上诉决定，在上诉完成之前，DSB 将不审议通过该专家组报告。该通过程序不损害各成员方就专家组报告发表意见的权利。

（三）上诉程序

1. 上诉机构成员的选任

与专家组不同，WTO 争端解决的上诉机构为常设性机构，专门负责审理专家组案件的上诉。上诉机构由 7 人组成，任何一个案件由其中 3 名上诉机构成员负责审理。上诉机构成员任期 4 年，可连任一次，最长为 8 年。

上诉机构成员的资格应为公认的权威人士，需具备法律、国际贸易和各涵盖协议所涉主题方面公认的专门知识。他们不隶属于任何政府，但应广泛代表 WTO 的成员资格。

5-1 前 WTO 上诉机构法官

在工作任务上，上诉机构任职的所有人员应随时待命，并应随时了解争端解决活动和 WTO 的其他有关活动。他们不得参与与审议任何可产生直接或间接利益冲突的争议。

此外，DSB 为上诉机构制定了《上诉审查工作程序》，其第一部分为组织内部事务，第二部分为程序事项。具体内容包括上诉机构的组成（专长、代表性、独立性和保密、雇用条件、遴选程序）、内部程序（工作程序）和行政及法律支持。DSB 和上述文件构成上诉机构的框架。

WTO 上诉机构是介于仲裁与司法诉讼之间的准司法机构。上诉机构成员没有法官的正式头衔，也没有退休金。上诉机构成员受到尊重，一方面是法律授予他们终审的权力，另一方面是他们经过严格遴选，具有资深的职业标准、敬业精神，他们的报告具有较高的质量，含有对涵盖协议的分析和解释。

2. 上诉机构的职责

DSU 规定，上诉应限于专家组报告涉及的法律问题和专家组所作的法律解释。事实的认定与一个专家组所作法律解释和法律结论不同，原则上不属于上诉机构审议的范围。确定某一特定证据的可信性及其应适当赋予的证明力（对证据评估）是调查程序的组成部分。因此，在原则上，由作为事实判断者的专家组自由裁定。但是，它们是否符合某个条款规定的要求则属于法律定性。因此"事实和法律"的区分需进一步界定。

3. 上诉机构的决策与裁决

专家组的终期报告公布后,争议各方如有异议,均可上诉,案件也随之进入上诉机构审议阶段,通常是由争议解决机构设立的常设上诉机构受理。DSU 明确规定上诉机构的意见应当是匿名的。有关上诉案件的裁决,应由审理该上诉案件的 3 名上诉机构成员组成的审议庭作出。如果上诉机构成员无法达成一致意见,则裁决应由多数票作出。

在裁决程序上,上诉审议应保密,报告应在当事方在场的情况下作出;在裁决的对象上,应审理上诉中提出的每一个事项;在裁决的内容上,可以维持、修正、撤销专家组的裁决结论,并向 DSB 提交审议报告,但却没有"发回重审"的权力。

4. 上诉机构组庭审理过程

上诉机构由 7 名法官组成,任何一个案件应由其中 3 名法官审理。DSB 审理过程主要分为提交上诉文件、书面陈述、口头听证会、庭审 3 名法官陈述、DSB 7 名法官交换意见、庭审 3 名法官内部讨论裁决等程序。根据《上诉机构规则》,具体内容如下。

1) 提交上诉文件

除非有关文件为 DSB 秘书处在其列明的期限内收到,否则该文件不得视为已提交 DSB。除非程序规则中明确作出相反的规定,否则所提交的所有文件都应向所有其他争议方、第三方和上诉程序中的参与方送交。上诉通知书应包括:提交上诉的专家组报告名称;提交上诉书的争议方名称;争议方的送达地址、电话和传真号码;上诉性质的简要陈述,包括专家组所涉及的法律问题和专家组作出的法律解释中存在的错误主张。

2) 书面陈述

申诉方应在提交上诉通知书的同时提交书面陈述,并送达其他争议当事方和第三方。书面陈述应包括下列内容:支持申诉方立场的法律论据,上诉理由的准确说明,专家组报告所涵盖的法律问题、法律解释中所存在错误的具体主张,所依据的涵盖协议的条款及其他法律渊源的准确说明,所寻求的裁定或裁决的性质。被申诉方的陈述必须在上诉通知书提交之日起 25 天内作出。被申诉方陈述应包括如下内容:就申诉方陈述及上诉方支持其主张的法律论据中提出的,专家组报告所涵盖的法律问题及专家组作出的法律解释中存在错误的具体主张,予以反驳理由的准确说明;对申诉方陈述中列明的每一条理由是接受还是反对;所依据的涵盖协议的条款及其他法律渊源的准确说明,所寻求的裁定或裁决的性质。此外,第三方也可以提出书面陈述。

3) 口头听证会

每一起上诉案件都应在日内瓦 WTO 的会议大厅举行口头听证会。通常在提交上诉通知书之日起 30 天内举行。一般举行 2 天,如果案情复杂,可以加长天数。主持听证会的 DSB 首席法官可根据上诉案件的复杂程度和法律问题的多少,设定开幕词(阐明立场)的时间,通常申、被双方各为 20~35 分钟,第三方发言每人 5~7 分钟。庭审过程中,3 名法官根据听证会前一周在当事方提交的书面陈述基础上备好问题,分别向申、被和第三方提出问题。

第一天听证会首先听取申、被和第三方对涉案措施违反涵盖协议的指控、法律依据、结论等阐明立场的开幕词;然后庭审法官根据备好的提问单子提出问题,一般包括涉案措施、违反哪些涵盖协议的条款、违背指控的法律依据等。接着，法庭对涉案的主要法律问题进行辩论。每天开庭后，速记员都打印开庭问题的记录。庭审法官连夜阅读开庭记录，调整或补充第二天的开庭提问。开庭记录有助于未出席口头听证会的非审议法官熟悉涉案问题和当事方的答疑，有利于7名法官之间交换意见，发表对该案件的意见。

5. 上诉机构报告

DSU 规定，诉讼程序自一争议当事方正式通知其上诉决定之日起至上诉机构提交其报告之日止，通常不得超过 60 天。当上诉机构认为不能在 60 天内提交报告时，应书面通知 DSB 延迟的原因及可提交报告的预期，但诉讼程序不得超过 90 天。事实上，由于案件复杂、法律问题多、翻译时间紧张，加之两个案件并列进行和秘书处人手缺乏等原因，在约占半数的上诉案件，上诉机构主席报告 DSB 主席的上诉机构的报告完成期限都超过 90 天。上诉机构完成最终报告后，将其提交 DSB 审议。

（四）报告的通过

1. 报告的审议与通过

DSB 规定，上诉机构报告应由 DSB 通过，争端各方应无条件接受。除非在报告发给各成员后的 30 天内，DSB 经协商一致决定不通过该报告。但此通过程序不损害各成员就上诉机构报告发表意见的权力。

2. 执行建议与裁决

在 WTO 争端解决机制下，两类裁决必须由被诉方严格执行。其一为专家组和上诉机构程序项下产生的 DSB 裁决。其二为 DSB 第 25 条项下的仲裁裁决。

专家组报告或上诉机构报告通过后，报告中所作的裁决和建议就成为 DSB 的裁决和建议，对争议当事方正式生效。它标志 DSB 对某项争议的审理已告终结，进入执行期。

最终裁决通常在报告最后部分的"裁定与结论"中阐明。该部分通常包括裁决、建议与意见。裁决是对被诉方所采取的，就引发该项争议的措施是否符合 WTO 涵盖协定的规定作出的合法性判断；在专家组和上诉机构认定某一措施与涵盖协议不一致时，建议有关成员使该措施符合涵盖协议的方式；意见则为专家组或上诉机构在建议之外，对该成员执行上述建议的方式提出的方法。值得注意的是，DSB 对违约方作出的"建议"有法律效力，必须执行。

在 DSB 决定的时限上，自 DSB 设立专家组之日起至 DSB 审议通过专家组报告或上诉机构报告之日止的期限，在未对专家组报告提出上诉的情况下一般不得超过 9 个月；在提出上诉的情况下不得超过 12 个月。但在实施中，一些大型或者复杂的案件，专家组用了两年时间完成专家组报告。此外，如争议双方另有议定，可不受此时限限制。

3. 执行合理期限与执行监督

裁决的执行和监督是 WTO 争议解决机制程序不容忽视的内容。DSU 规定，专家组或上诉机构报告通过后 30 天内，DSB 将举行会议要求败诉方通知 DSB 其执行 DSB 裁决与建议的安排。如果立即执行不可行，则 DSB 将给予败诉方一个合理的时间以完成执行。确定该期限有三种方式：一是 DSB 批准的有关成员提出的期限。二是在裁决后 45

天内争议各当事方达成的期限。三是裁决后 90 天内由仲裁决定。通常，8~15 个月都被认为是合理的期限，具体合理期限由独立仲裁员裁决。

裁决或建议通过后，任何成员可随时在 DSB 提出有关执行的问题。除非 DSB 另有规定，否则该问题在确定合理期限之日起 6 个月内，应列入和保留在 DSB 会议的议程上，直到该问题解决为止，以促使 DSB 全体成员定期监督败诉方对裁决的执行。

（五）救济措施

1. 谈判与补偿

如果在规定的合理期限内败诉方拒不执行，按 DSB 规定，败诉方在申诉方的要求下应与申诉方进行谈判，达成双方均认可的补偿。该补偿应符合 WTO 涵盖协议的规定。在实践中，该补偿一般不是金钱，而通常是以关税减让或扩大市场准入等减少贸易壁垒的方式进行。

2. 中止减让和其他义务

如果违背义务的一方未能履行建议并拒绝提供补偿，受侵害一方可以要求 DSB 授权其采取报复措施，中止协议项下的减让或其他义务。

在考虑终止哪些减让或义务时，申诉方必须遵循一定的程序和原则。总原则是申诉方应首先确定由专家组或上诉机构认定违反 WTO 义务的部门，之后针对相同的部门终止减让或其他义务；如果不可行，则寻求终止同一涵盖协议项下其他部门的减让或其他义务；如果还不可行，而且情况足够严重，则可寻求终止另一涵盖协议项下的减让或其他义务。

按照 DSU 规定，一旦胜诉方提出上述报复要求，DSB 应在败诉方执行裁决的合理期限期满后 30 天内，同意授权胜诉方进行报复，则授权的范围是终止与利益丧失或减损程度相当的减让或其他义务。如果被报复方认为不应在另一涵盖协议或本协议项下的另一部门终止减让，或对减让的程度有异议，或者声称为遵循规定的原则和程序，则可要求仲裁确定。仲裁应在执行的合理期限期满后 60 天内完成。在仲裁过程中，胜诉方不可实施报复措施。

四、争端解决机制效应与不足

WTO 上诉机构充分借鉴了国际仲裁和诉讼公约以及世界主要法律传统的司法经验，融合了仲裁与调节等多种争端解决方式的元素，兼具公平性与灵活性。其中一些独特的安排，如按"反向一致原则"决定设立工作组与通过专家组和上诉机构的裁决，提高了司法职能；WTO 的裁决是向前看，对被诉方过去违法的措施给申诉方造成的损失既往不咎，仅仅要求该败诉方迅速修改或撤销其不合规的措施等，鼓励各成员遵守 WTO 规则，积极改革其内部贸易规定，使其符合 WTO 规则，降低各成员经济改革的成本；处理争端的专家和上诉机构法官独立、公正办案，客观地审理案件的法规，保障了 WTO 准司法的客观与公正性；当事方负举证责任，即谁主张、谁举证的要求以及在条约解释方面的案例与经验均获得国际社会特别是司法界的肯定；规定了比较严格的审案时间，比其他国际争议解决机构平均结案时间短。

自 WTO 争端解决机制运行以来，到 2016 年已受理约 500 个案件，其受理的案件数是 GATT 近 50 年受理的案子数量的近一倍。WTO 成为拥有准司法职能的国际组织中受理案件最多、最活跃的一个，成为"有齿之虎"。它的"齿"不仅表现在可以经上诉机构授权胜诉方向未履行裁决的败诉方实行贸易报复，而且在每月两次的上诉机构大会上，败诉方必须向 WTO 全体成员报告其执行裁决的情况，从而使 WTO 全体成员对未履行裁决的败诉方进行适时的监督和施加压力，迫使该成员履行 WTO 裁决，其执行率比较高。因此，WTO 争端解决机制被广泛借鉴使用。

WTO 争端解决机制存在的不足包括：发展中成员参与专家组人员不足；律师短缺，影响专家组和上诉机构工作；听证会参与度不足；各类报告不够简明；上诉机构提交报告规定时间过短等。

第三节　WTO 贸易政策审议机制

一、贸易政策审议机制建立与目的

贸易政策审议机制（trade policy review mechanism，TPRM）源自 GATT 1947。WTO 成立后，贸易政策审议职责由 WTO 总理事会承担。

贸易政策审议目的是"对各个成员的全部贸易政策和做法及其对多边贸易体制运行的影响进行定期的审议和评估，以促进所有成员更好地遵守根据多边贸易协议及适用的诸边贸易协议所制订的规则、纪律和承诺"。

贸易政策审议涉及 WTO 各成员的全部贸易政策和措施，审议范围包括货物贸易、服务贸易和知识产权领域。贸易政策审议的结果不能作为启动争端解决程序的依据，也不能以此要求成员增加新的政策承诺。

此外，还要对世界贸易环境的发展变化情况进行年度评议。

二、WTO 如何接受审议

（一）成员都要接受政策审议，但期限不同

所有 WTO 成员都要接受审议。审议的频率和排位顺序取决于该成员在世界贸易中所占的份额。对在世界贸易额中排名前 4 位的成员每两年审议一次，对其后的 16 个成员每 4 年审议一次，对余下的成员每 6 年审议一次，对最不发达成员的审议间隔时间更长。由于 WTO 成员有 164 个（截至 2017 年），每年要接受贸易政策审议的成员在 20 个以上。

（二）审议内容

每一次贸易政策审议，都是在两份报告的基础上进行的。它们分别是 WTO 秘书处编写的详细报告和接受政策审议成员的"政策声明"。

WTO 秘书处报告包括"意见摘要"，涉及经济环境、贸易与

5-2　中国贸易政策审议内容 2016

投资政策制定机制、按措施划分的贸易政策与做法及按部门划分的贸易政策与做法4章。该报告要经过有关成员核对，但报告内容最终要由秘书处负责。接受政策审议成员政府的"政策声明"，一般长度在10页到30页之间，要全面阐述其实施的贸易政策和做法。

WTO秘书处在准备报告过程中，要派人与接受审议成员的相关政府部门和机构就有关问题进行讨论，也可以向制造商协会、商业协会等中介机构以及有关研究机构进行咨询。

（三）审议程序

正式审议工作由贸易政策审议机构进行，对所有WTO成员开放，接受审议的成员派出的代表团通常为部长级。为引导讨论，从参与审议的成员中选取两位讨论人，以个人身份参加审议会议，不代表各自政府。

审议会议一般连续举行两个上午。在第一次审议会议上，首先由接受审议的成员致辞，随后由讨论人发言，与会者发表意见。在第二次审议会议上，主要围绕着会前确定的主题进行讨论，被审议成员就各成员提出的问题进一步作出答复；如有必要，被审议成员也可在1个月内作出书面补充答复。审议会议在总理事会主席作出总结后结束。总理事会主席和秘书处随即向新闻界简要通报审议情况，公布秘书处报告的意见摘要及主席总结。接受审议的成员也可以举行新闻发布会。秘书处报告、"政策声明"以及会议记录随后以英文、法文和西班牙文发表。

三、对国际贸易环境的评议

贸易政策审议机制要求WTO总干事以年度报告的形式，对影响多边贸易体制的国际贸易环境变化情况进行综述。该报告要列出WTO的主要活动，指出可能影响多边贸易体制的重大政策问题。这种评议提供了一个重要的机会，特别是在不举行部长级会议的年份里，使WTO成员可以对国际贸易政策和贸易环境发展趋势进行总体评估与掌握。

四、贸易政策审议机制的实施与作用

（一）实施轨迹

1. 接受政策审议的成员次数

到2016年底，WTO成员接受政策审议的次数：欧盟、美国和日本各为10次；加拿大为7次；中国、新加坡、韩国、泰国各为6次；澳大利亚、巴西、中国香港、印度、马来西亚、瑞士、土耳其、挪威各为5次；喀麦隆、智利、哥斯达黎加、多米尼加、萨尔瓦多、印度尼西亚、毛里求斯、墨西哥、新西兰、巴基斯坦、斯里兰卡、赞比亚各为4次；另有27个成员各为3次，35个成员各为2次，33个成员各为1次。

2. 审议重点内容的强调

2013年WTO贸易政策审议机构进行审议机制评价后，重点强调审议活动的互动性和有效性，采用新的时间表，接受审议的成员可以选择使用电子视听设备参加贸易政策审议机构的会议。

3. 帮助发展中成员参与贸易政策审议

2014 年后，WTO 政策审议委员会举办培训研讨班，帮助发展中成员尤其是最不发达成员讨论和理解审议结果。

（二）积极作用

1. 增加多边贸易体制透明度

定期审议 WTO 成员的贸易政策，以及评估国际贸易环境的变化，为 WTO 成员提供了发表意见和建议的场所与机会，有助于增加多边贸易体制的透明度。

2. 减少贸易摩擦与争端

接受审议的成员对其贸易及相关政策进行解释、说明和答辩，有助于增进 WTO 成员的相互了解，减少或避免贸易争端和摩擦。

3. 监督成员履行承诺和义务

WTO 各成员参与贸易政策审议和评估，可以为接受审议的成员在贸易政策制定和改进方面提供一些意见或建议，有助于督促该成员履行作为 WTO 成员的义务和承诺。

（三）作用的局限性与改进

（1）约束力不强。贸易政策审议机制发挥的是"同行审议"，不具备很强的约束力。

（2）许多成员在农业国内支持、工业品补贴、技术性贸易壁垒检验、检疫措施、市场准入等方面，存在透明度不够、通报不及时等问题，影响了成员的相互贸易政策的了解。

（3）发展中成员因能力不足而不能有效参与审议。

为此，WTO 通过加强政策审议机制，督促成员及时和切实通报；设立"发展中国家贸易政策审议基金"，帮助发展中成员参与贸易政策审议。

第四节 WTO 的谈判机制

一、WTO 贸易谈判的目标与轨迹

（一）WTO 贸易谈判的目标

多边贸易谈判的目标是落实 WTO 宗旨。其谈判内容为：削减贸易壁垒，制定推动自由化和制度化的贸易规则。谈判结果在最惠国待遇的基础上对 WTO 成员以非歧视方式普遍适用，相互开放市场，使制定和执行规则的行政与商业成本大大降低，以促进成员的贸易发展，实现加入 WTO 的目标。

（二）WTO 贸易谈判的轨迹

1. 谈判次数与内容

自 1995 年 WTO 建立到 2016 年，共完成了 40 多场修订协定或新规则的谈判。其中有：33 场新成员加入谈判；5 场内设议程的谈判，包括《服务贸易总协定》第二议定书

(金融服务)、第三议定书(自然人流动)、第四议定书(基础电信)、第五议定书(金融服务)的谈判,以及修订《政府采购协议》的谈判。其中涉及服务贸易的内设议程谈判为多边性质,《政府采购协议》修订谈判为诸边性质。与此同时,还完成了一项关于削减信息技术产品关税的散边谈判;《与贸易有关的知识产权协定》执行问题有关的多边谈判。

2001年,WTO启动多哈回合谈判。这是WTO成立后发起的第一轮多边贸易谈判,也是WTO框架下参加方最多、规模最大、议题最广的谈判。其中《贸易便利化协定》已经实现早期收获。在多哈回合谈判推进的同时,还进行了3场诸边形式的谈判,分别是《信息技术协定》扩围谈判、《环境产品协定》谈判以及《服务贸易协定》谈判。

2. 形成类型多样的谈判模式

上述谈判,既包括在全体成员之间开展的多边谈判,也包括少数成员参加的诸边谈判;既包括多议题的回合制谈判,也包括针对具体议题的回合之外的谈判。WTO已形成了各种不同类型的谈判模式。

二、WTO谈判机制确立的基础

(一)成员驱动、协商一致

所谓成员驱动是指谈判由WTO成员发起并推动、自下而上听取各方意见,形成共识,再由总干事主持谈判。WTO总干事和秘书处发挥着协调、倡导和技术方面的重要作用。谈判开始后,WTO总干事以及各谈判委员会主席(主要由成员驻WTO大使担任)根据成员的立场对谈判进行引导、协调,并在关键时刻进行斡旋,引导各方达成共识。一个强有力的总干事对推动谈判起到非常重要的作用。

协商一致作出决定源自GATT 1947,被WTO继承和加强。WTO坚持在作出决定时,出席会议的成员均未正式反对拟议的决定,则被视为对提交其审议的事项经协商一致作出了决定。

(二)以互惠为基本理念

互惠合作已经成为多边贸易体制谈判的基本理念,但体现互惠的途径不同。

在能够被量化的谈判领域,谈判的互惠性比较容易实现。在市场准入谈判中,常常将一些贸易壁垒措施关税化。如将农业的非关税壁垒关税化,将政府对农业的补贴转化为数字。但在很难量化的一些非关税领域,体现互惠的方式表现为非歧视、透明度、正常程序等基本原则和在若干核心概念上达成一致。

互惠理念受到以下方面的挑战。第一,随着关税壁垒的降低,标准、技术法规以及合格评定程序、知识产权保护、投资自由与保护等进行量化难度加大。第二,随着新兴经济体在国际贸易中的重要性不断攀升,发达成员对其也提出更高的互惠要求。第三,一个谈判领域内部难以建立互惠关系的时候,可否转为跨领域的互惠,如将农业与非农业市场准入挂钩。第四,谈判领域逐渐触及成员境内制度的协调,如何坚持互惠原则?第五,区域贸易协定的兴起与多边贸易体制之间的互惠如何涵容?

(三)"一揽子承诺"与"特殊差别"的互存

1. "一揽子承诺"

"一揽子承诺"是 WTO 沿用 GATT 1947 确立的谈判方式。它有两层含义:一是协议达成的同时性;二是协议本身的不可分割性。即谈判达成的协定是不可分割的一个整体,对所有成员都具有法律约束力,其目的是防止规则在不同成员之间的割裂状态。

2. 特殊和差别待遇

WTO 协定明确规定,发展中成员尤其是最不发达成员在整体谈判协定中可以享受特殊和差别待遇。

该待遇分为三类:第一,发达成员向发展中成员和最不发达成员单方面地给惠,如根据授权条款,对发展中成员给予普惠制以及对最不发达成员的"免关税、免配额"的双免待遇。第二,减免义务。例如更长的实施期、执行协定义务的特殊灵活性或不参加诸边协议。第三,在市场准入谈判中的"非互惠",发达成员的市场开放度要高于发展中成员。

特殊和差别待遇带来的两种后果:第一,有助于发展中成员尤其是最不发达成员的贸易发展。第二,发达成员承担了更多市场开放义务,因此对谈判拥有更多的发言权;发展中成员无须做出互惠性的减让,相应地,在谈判中的影响力也更小。

3. 互存面临重大的挑战

随着部分发展中成员的崛起,特别是新兴经济体成为主要贸易国,已有共存的谈判方式合理性受到发达成员的挑战。第一,发达成员要求对发展中成员进一步细化,要求新兴经济体承担更多市场开放的义务。第二,"一揽子承诺"阻碍成员就共识较高的议题先行达成一致,也不能在有意愿的部分成员间先试。

三、多哈回合谈判探索新的谈判机制

2001 年启动的多哈回合谈判开始探索谈判机制的改革。

(一)谈判组织增加层次

在多哈回合谈判中,WTO 的谈判职能由贸易委员会及下设的各专业谈判委员会承担。专业委员会或为 WTO 各常设委员会的特别会议,或为专设的谈判组。贸易谈判委员会的主席由 WTO 总干事担任,各专业谈判委员会的主席由 WTO 成员大使担任。各专业委员会主席向贸易谈判委员会主席报告,贸易谈判委员会向 WTO 的常设最高权力机构总理事会报告。多哈回合谈判对全体 WTO 成员开放,同时也对正在申请加入的成员开放。

(二)加入非正式磋商机制

为了实现 WTO 全体成员在协商一致的基础上就众多谈判议题达成"一揽子承诺",WTO 开始更多地通过非正式磋商机制来开展谈判。出现各种临时性的磋商机制,如小型部长级会议、贸易谈判委员会非正式会议、代表团会议、主席小范围磋商。由于不用记录在案，成员在非正式磋商机制中的表态更具有灵活性、试探性，从而为达成共识创造更多的空间。

这种非正式会议与非正式磋商相结合的谈判机制被称为同心圆。其最外层是 WTO 全体成员和正式会议；向内演变为非正式磋商，随着圆形范围的不断缩小，参与方范围也逐渐缩小；同心圆中最核心的两层分别是绿屋会议和核心方会议。

绿屋会议是 WTO 总干事以个人身份召集少数成员就核心问题进行磋商并开展斡旋的机制。根据议题的不同，参与方在 10～20 方。核心方会议的范围要小于绿屋会议。2008 年后核心方为美、欧、印、巴、中、日、澳。2011 年后，核心方有时以美、欧、中、巴的形式出现，有时以 G7（七国集团，即加、法、德、英、意、日、美）方式出现。

但非正式磋商达成的共识需要回到正式会议上加以通过才能多边化。

（三）对非正式磋商方式缺点的制衡

非正式磋商方式的优点是参加方范围大大缩小，提高议事效率；缺点是合法性、代表性和透明度不足。为此，WTO 成员以"集团化"方式加以制衡。

"集团化"方式是由成员自发组成谈判集团后，再由谈判集团的代表参加范围不断缩小的非正式磋商。这种类似"合并同类项"的做法有助于加强非正式磋商的代表性和透明度。

谈判集团又可分为两种类型：第一，长期集团。这类集团的成员存在相似性，因而组成很固定，几乎在所有关注的议题上都持有相同的立场，如非加太集团、最不发达国家集团、弱小经济体集团。第二，临时、松散性的组合。它主要围绕不同的议题形成。这些集团包括：G20（发展中成员农业议题 20 国协调组）、G33（发展中成员特殊产品和保障机制 33 国协调组）、反倾销之友等。这类集团的参与方多是发展中成员和最不发达成员。

谈判集团的组成有利于谈判方整合立场、加强协调和有效参与。对于发展中成员而言有助于加强它们对于发达成员的谈判影响力。

第五节　WTO 对外合作与沟通机制

一、WTO 与其他组织合作的必要性

WTO 主要处理的是贸易或与贸易有关的问题，其他问题就需要与其他组织密切配合，协调来予以解决。其他组织包括联合国有关机构、政府间国际组织和日益兴起的非政府组织等。

为与其他组织进行有效的合作，《建立 WTO 协定》作出两项规定：第一，总理事会应就与 WTO 有关的政府间组织进行有效合作作出适当安排。第二，总理事会可就与涉及 WTO 有关事项的非政府组织进行磋商和合作做出适当安排。[①]根据这些规定，对负责

---

① 对外贸易经济合作部国际经贸关系司.WTO 乌拉圭回合多边贸易谈判结果法律文本[M]. 北京：法律出版社，2000：7.

实施管理的贸易协定与协议再作出一些具体规定。

合作方式包括其他组织以观察员身份参与 WTO 各种公开会议，相互参加对方会议，举行座谈会等。

WTO 总理事会层次上与之合作的国际政府间组织见表 5.1。

表 5.1　WTO 总理事会层次上与之合作的国际政府的组织

序号	中文名称	英文名称
1	联合国	United Nations（UN）
2	联合国贸易与发展会议	United Nations Conference on Trade and Development（UNCTAD）
3	国际货币基金组织	International Monetary Fund（IMF）
4	世界银行	World Bank（WB）
5	联合国粮农组织	Food and Agricultural Organization（FAO）
6	世界知识产权组织	World Intellectual Property Organization（WIPO）
7	经济合作与发展组织	Organization for Economic and Development（OECD）
8	国际贸易中心	International Trade Center （ITC）

资料来源：WTO 官方网站。

WTO 成立后，根据组织机构的工作需要，授予数百个国际政府间组织以观察员身份。

二、WTO 与联合国的关系

联合国是根据 1945 年 6 月 25 日旧金山会议通过的《联合国宪章》成立的一个普遍性国际组织。其宗旨是：维持国际和平与安全，发展各国间的友好关系，促进国际合作，协调各国行动。

联合国工作范围涉及国际社会政治、经济、文化、军事等各个方面，在整个国际组织体系中处于领导和核心地位。很多重要的专门性国际组织都是联合国的专门机构，如 WB、IMF、世界卫生组织及国际劳工组织等。作为 WTO 的前身，GATT 1947 虽不是一个正式国际组织，但从它与联合国的关系及缔约方之间合作的实际程度来分析，其地位与联合国的专门机构相似。

WTO 是"冷战"后成立的第一个重要的国际经济组织，发达国家不希望它成为发展中国家的又一个舞台，更不希望联合国对它指手画脚，因此极力阻挠 WTO 成为联合国的附属组织。WTO 成立时，决定不寻求与联合国建立一种更为正式的专门机构的关系。因此，WTO 与联合国是密切合作的关系。

三、WTO 与 UNCTAD 的关系

联合国贸易与发展会议（UNCTAD）是根据联合国大会的批准于 1964 年成立的联合国常设机构，总部设在日内瓦。其宗旨是：促进国际贸易，特别是促进发展中国家的经贸发展；制定国际贸易和有关经济发展问题的原则与政策；推动发展中国家与发达国家在国际经济、贸易领域的重大问题谈判的进展；检查和协调联合国系统其他机构在国际贸易和经济发展方面的各项活动；采取行动以通过多边贸易协定；协调各国政府和区域经济集团的贸易和发展战略。由此可知，贸易、发展、投资等问题是 UNCTAD 关注的

问题，也是 WTO 关心的问题，因此二者可以开展有效的合作。WTO 首任总干事鲁杰罗指出，WTO 与 UNCTAD 的合作主要包括以下几方面。

（1）1995 年 1 月开始，每 6 个月举行一次会议，由双方轮流主持。

（2）在两个机构的各个层次上加强工作联系，如研究贸易与投资、贸易与竞争、贸易与环境及贸易与发展等领域。

（3）为了改进跨境协调并合理利用资源，在技术合作方面努力促成更广泛的合作。

四、WTO 与 IMF 和 IBRD 的合作

WTO 与 IMF 和 IBRD 并称为当今世界经济秩序的三大支柱，在国际贸易、国际金融、国际投资领域分别发挥着至关重要的作用。

（一）WTO 与 IMF 的关系

1. IMF 的宗旨

IMF 是根据 1944 年布雷顿森林会议上通过的《国际货币基金协定》建立的一个政府间的国际金融组织，是联合国的专门机构。

其宗旨是：通过设置一常设机构就国际货币问题进行磋商与协作，从而促进国际货币领域的合作；促进国际贸易的扩大和平衡发展，从而有助于提高和保持高水平的就业与实际收入以及各成员国生产性资源的开发，并以此作为经济政策的首要目标；促进汇率的稳定，保持成员国之间有秩序的汇兑安排，避免竞争性通货贬值；协助在成员国之间建立经常性交易的多边支付体系，取消阻碍国际贸易发展的外汇限制；在具有充分保障的前提下，向成员国提供暂时性普通资金，以增强其信心，使其能有机会在无须采取有损本国和国际繁荣的措施的情况下，纠正国际收支失调；缩短成员国国际收支失衡的时间，减轻失衡的程度。由此可知，IMF 和 WTO 的宗旨有相似之处，决定了它们合作的必然性。

2. 双方合作内容

《关于 WTO 与 IMF 关系的宣言》规定："除非在最后文本中另有规定，在 WTO 协定附件 IA 的多边贸易协定范围内的 WTO 与 IMF 关系问题，应以缔约方全体和 1947 年 GATT 与 IMF 关系的已有规则为准。"GATT 1947 第 15 条"外汇安排"中明确规定："缔约方全体应谋求与 IMF 合作，以便在基金所主管的外汇问题和缔约方全体所主管的数量限制或其他贸易措施方面，缔约方全体与基金可以执行一个协调的政策。""缔约方全体如果被请求考虑或处理有关货币储备、国际收支或外汇安排的问题，它们应与 IMF 进行充分的协商。""缔约各方不得以外汇方面的行动，来妨碍本协定各项规定的意图的实现，也不得以贸易方面的行动妨碍 IMF 各项规定的意图的实现。""如缔约方全体认为，某缔约方现行的有关进口货物的支付和转账方面的外汇限制与本协定对数量限制的例外规定不符，则缔约方全体应将这一情况向 IMF 报告。"

1996 年 12 月 9 日，WTO 与 IMF 正式签订了两个组织之间的合作协议，即《IMF 与 WTO 合作的协议》，该协议就 WTO 与 IMF 的合作事宜具体规定如下。

1）相互协商

IMF 和 WTO 之间协商的内容如下：根据协议履行各自的职责，这是保证机构合作的基础；在制定全球经济政策时，力求最大限度地协商；相互通报 IMF 和 WTO 的各项决定，如有关 IMF 成员在国际贸易的经常项目中所制定支付和汇兑上的限制规定、歧视性的货币安排和多种货币使用以及资金外流等；规定 IMF 可以在 WTO 的国际收支限制委员会对为保障 WTO 某一成员的收支地位而采取的审议措施进行协商；相互交流各自机构或各自下属组织的意见，包括争端解决专家小组以及关于相互感兴趣事宜的书面材料等。

2）相互出席对方的各种会议

IMF 召开讨论全球或区域贸易政策的会议时，WTO 秘书处人员将被邀请参加。反之，WTO 也邀请 IMF 的工作人员作为观察员参加 WTO 及其下属机构的有关 IMF 管辖范围内事宜的会议。

3）相互交换文件和信息资料

凡涉及同时是两个组织的成员，或某一组织的成员正在申请加入另一组织，经该成员同意，两组织可以按一定程序相互交换有关文件和信息与资料。

4）共同协调

IMF 人员和 WTO 秘书处在讨论同时是两个组织的成员的事宜时，若发生该成员根据 WTO 协议和《国际货币基金协定》在应尽义务上有不一致，应先在工作人员一级上进行协调。

（二）与 IBRD 的合作

IBRD 是根据 1944 年布雷顿森林会议上通过的《国际复兴开发银行协定》建立的一个政府间国际经济组织。

其宗旨是：对用于生产目的的投资提供便利，以协助会员国的复兴与开发；鼓励较不发达国家生产与资源的开发；利用担保或参加私人贷款及其他私人投资的方式，促进会员国的外国私人投资，当外国私人投资不能获得时，在条件合适的情况下，运用本身资本或筹集的资金及其他资金，为会员国生产提供资金，以补充外国私人投资的不足，促进会员国外国私人投资的增加；用鼓励国际投资以开发会员国生产资源的方法，促进国际贸易的长期平衡发展，并维持国际收支的平衡；在贷款、担保或组织其他渠道的资金中，保证重要项目或在时间上紧迫的项目，不管大小都能安排；业务中适当照顾各会员国国内工商业，使其免受国际投资的影响。

《关于 WTO 对实现全球经济决策更大一致性所做贡献的宣言》提出"IBRD 和 IMF 在支持贸易自由化调整过程中的作用，包括对面临农产品贸易改革所产生的短期成本的粮食净进口发展中国家的支持"。该宣言要求"WTO 总干事与 IMF 总裁和 IBRD 行长一起，审议 WTO 与布雷顿森林体系机构合作的职责所产生的含义，以及此种合作可能采取的形式，以期实现全球经济决策的更大一致性"。

根据该宣言的要求，1996 年 WTO 与 IBRD 签订了合作协议，其内容与《IMF 与 WTO 合作的协议》大同小异，不再赘述。

五、WTO 与非政府组织（NGOs）的关系

（一）关系确立的基础

《建立 WTO 协定》第 5 条规定，总理事会可就与涉及 WTO 有关事项的非政府组织进行磋商和合作作出适当安排。1996 年 7 月 18 日，总理事会通过了《与非政府组织关系安排的指导方针》，要求 WTO 成员和 WTO 秘书处在保持与市民社会的各个组成部分开展积极的、非正式的对话。

（二）合作的主要形式

1. 出席部长级会议

从 1996 年新加坡会议开始，WTO 决定：非政府组织可以参加部长级会议的全过程；WTO 秘书处应在《建立 WTO 协定》第 5 条第 2 款的基础上接受非政府组织的注册申请，只要它们能证明其活动与 WTO 的事务有关。

在第一届 WTO 部长级会议（新加坡会议）上，共有 108 个非政府组织登记出席。此后，日益众多的非政府组织参与 WTO 部长级会议。参加 WTO 部长级会议的非政府组织增加到香港会议的 812 个，参加人数从 235 人增加到 1 596 人。且参加 WTO 部长级会议的非政府组织和人数还在不断增加。

2. 参与座谈会

从 1996 年起，WTO 秘书处就特定议题为非政府组织安排了一系列座谈会。这些座谈会以一种非正式的形式为非政府组织讨论特定议题提供了机会。

3. 增加日常联系

WTO 秘书处除每天收到大量来自世界各地的非政府组织的各种意见，还定期与非政府组织会晤。

非政府组织倡议逐步受到 WTO 重视，如 2013 年，来自 66 个国家将近 350 个非政府组织在巴厘岛部长级会议上的倡议得到认可，这些倡议涵盖了环境、发展、消费、贸易联盟、商业和农业等方面的内容。非政府组织在巴厘岛会议中心举办多场公开的和内部的会议，并举办了约 15 个公共活动。

（三）合作的主要领域

1. 贸易与环境问题的合作

随着全球环境问题日益严重，贸易与环境议题已纳入联合国可持续发展的框架中。解决贸易与环境问题需要全球多边贸易体系实现政策的协调一致，要求 WTO 和其他环境治理机构承担更多的责任。WTO 与环境委员会已被授权维护环境与贸易的可持续发展，并实现二者之间的相互促进。

2. 贸易与劳工问题的合作

1996 年，WTO 新加坡部长级会议重申支持国际劳工组织作为合法机构制定国际劳工标准并处理相关问题。其指出贸易发展促进了各国的经济增长，贸易自由化程度越高对劳工的标准要求也越高。

3. 卫生与植物卫生、食品安全和商品之间的合作

WTO 与国际食品法典委员会、世界动物卫生组织和国际植物保护公约组织合作制定标准，以提高解决国际问题的效率。

4. 国际统计合作

联合国统计委员会是全球最权威的统计部门。WTO 与之合作，研究产业和国家产业链计算增值部分的统计方法，提高贸易统计的细密度、可预知性与规范化。

5. 与知识产权组织的合作

重点研究贸易增值问题，知识产权的作用问题，知识产权和健康卫生关系问题，把知识产权法律和政策与解决一系列全球问题结合在一起。

6. 政府采购的合作

与联合国国际贸易法委员会合作，保持与 WTO《政府采购协议》的协调一致，在谈判时保持合作和信息共享。

7. 技术援助合作

加强经济政策制定的一致性和对发展中国家提供技术援助是 WTO 的重要使命。通过与其他国际组织加强协调合作，调节全球技术援助者的参与度。

六、扩大公知度

（一）加强与议会之间的联系：确保协议及时批准

对于多边贸易体制和 WTO 而言，议会作用非同小可。绝大多数情况下，在 WTO 达成的任何政府间协议都需要各国立法机关的批准。为此，WTO 加强了与成员的议员、议会组织的对话合作。

（二）加强与商业机构的联系

《贸易便利化协定》激发了商业机构对于 WTO 工作的兴趣。为此，WTO 秘书处加强与商业界的联系，其措施包括建立一个专门网页和电子信息快报、举办商界领袖与 WTO 方面专家的对话交流会议。

（三）加强与媒体联系

2013 年，在巴厘岛部长级会议期间，邀请世界近 300 名记者和 30 多个电视台报道了巴厘岛会议。其中，有 12 名记者来自最不发达的国家，他们往返巴厘岛的旅费由 WTO 资助。此外，WTO 举办了一系列与媒体的联系和交流活动。

（四）加强与学术界的联系

WTO 于 2010 年启动教习计划，以提高发展中成员学术界在贸易及相关领域的教学和研究能力，加深成员的政策制定者关于贸易问题的认识，以提出专业化、有效的决策机制。

（五）对公众开放，出版各种读物

WTO 总部对公众开放，为参观者举办公共论坛、讲座；出版有关 WTO 的各种读物，

已出版的读物超过 70 份；加强互联网上的宣传力度，通过 WTO 官方网站进行宣传与交流。

本 章 小 结

（1）WTO 在进行决策时，主要遵循"协商一致"原则，只有在无法协商一致时才通过投票表决决定，表决有效票数有的是 2/3，有的是 3/4。票的分配是一员一票。与 IMF 和 WB 按加权投票权相比，WTO 的决策机制比较民主。

（2）《关于争端解决规则与程序的谅解》，是 WTO 关于争端解决的基本法律文件。与 GATT 1947 相比，WTO 的争端解决机制程序明确，更具强制性和约束力。它比较妥善地处理 WTO 成员之间的贸易争端，作用力和影响力不断加强，受到国际社会的肯定。

（3）WTO 成员集体对各成员的贸易政策及其对多边贸易体制产生影响，定期进行全面审议。它有助于成员提高贸易政策和措施的透明度，履行所作的承诺，更好地遵守 WTO 规则，维护多边贸易体制平稳地运行。

（4）贸易谈判是 WTO 成员的主要活动。随着国际贸易的发展，WTO 谈判机制在不断发展，谈判方式在多样化。多哈回合谈判开始探索新的谈判方式。

（5）WTO 所管辖的范围涉及国际经济贸易的各个方面，其他问题如果确实影响到世界贸易的正常发展，就需要与其他国际经济组织合作，它们包括 IMF 和 IBRD。此外，为使决策体现国际公民要求，WTO 还与非政府组织、企业界、学术界、媒体进行沟通与交流。

思 考 题

1. WTO 如何决策？
2. WTO 通过何种机制解决争端？
3. WTO 成员报复的条件是什么？
4. WTO 政策审议机制的目的是什么？
5. WTO 谈判方式如何改进？
6. WTO 与哪些组织合作？

5-3　承诺的价值

第六章

WTO 协定、协议与加入议定书

本章导读

在乌拉圭回合中,就货物、服务和与贸易有关的知识产权三大领域达成协定,在三大领域内细化为具体的贸易协议。这些贸易协定与协议中贯穿了九大原则,分别是:非歧视原则、贸易自由化原则、允许正当保护原则、稳定贸易发展原则、公平竞争原则、鼓励发展和经济改革原则、地区贸易原则、贸易补救原则、透明度原则。它们是 WTO 负责实施与管理的贸易协定与协议确立的基础。由于贸易领域不同,从协定转化为协议中出现了一些特点。由于贸易领域不同、接受程度不一、目的存在差异,协定与协议可以分为各种类型。在贸易协定与协议的结构上,它们既有共性,又有不同。WTO 建立后,加入成员通过达成入世议定书和工作组报告书,成为 WTO 成员。因此,加入议定书和工作组报告书也成为 WTO 规则的组成部分。

学习目标

通过本章学习,可以了解 WTO 贸易协定与协议的作用、体系、分类与特点,知悉 WTO 贸易协定与协议的构成,掌握 WTO 协定与协议中贯穿的基本原则和加入议定书的构成。

WTO 框架主要包括货物、服务和与贸易有关的知识产权等方面的多边与诸边协定和协议,以及加入成员的议定书和工作组报告书。本章先释解协定与协议,继而剖析加入议定书与工作组报告书。

第一节 协定与协议遵循的基本原则

一、非歧视

非歧视(non-discrimination)待遇又称无差别待遇。它要求缔约双方在实施某种优惠和限制措施时,不要对缔约对方实施歧视待遇。根据该原则,WTO 一成员对另一成员不采用任何其他同样不适用的优惠和限制措施。它由最惠国待遇和国民待遇条款体现。

（一）最惠国待遇

1. 最惠国待遇的含义

最惠国待遇（most-favored-nation treatment，MFN）指一成员在货物贸易、服务贸易和知识产权领域给予任何其他国家的优惠待遇，立即和无条件地给予其他各成员。

2. 最惠国待遇特点

1）自动性

它是最惠国待遇的内在机制，体现在"立即和无条件"的要求上。例如，A 国、B 国和 C 国均为 WTO 成员，当 A 国把从 B 国进口的汽车关税从 20％降至 10％时，这个 10％的税率同样要适用于从 C 国等其他成员进口的汽车。

2）同一性

当一成员给予其他国家的某种优惠，自动转给其他成员时，受惠标的必须相同。仍以上述 A 国、B 国和 C 国为例，A 国给予从 B 国进口的汽车的关税优惠，只能自动适用于从 C 国等其他成员进口的汽车，而不是其他产品。

3）相互性

任何一成员既是给惠方，又是受惠方，即在承担最惠国待遇义务的同时，享受最惠国待遇权利。

4）普遍性

最惠国待遇适用于全部进出口产品、服务贸易的各个部门和所有种类的知识产权所有者与持有者。

（二）国民待遇

1. 国民待遇的含义

国民待遇（national treatment，NT）指对其他成员的产品、服务或服务提供者及知识产权所有者和持有者所提供的待遇，不低于本国同类产品、服务或服务提供者及知识产权所有者和持有者所享有的待遇。

2. 国民待遇特点

1）使用存在差异

因产品、服务和知识产权领域具体受惠对象不同，国民待遇条款的适用范围、具体规则和重要性有所不同。

2）在境内享有

国民待遇原则只涉及其他成员的产品、服务或服务提供者及知识产权所有者和持有者，在进口成员境内所享有的待遇。

3）"不低于"是基点

国民待遇定义中"不低于"一词的含义是指，给予其他成员的产品、服务或服务提供者及知识产权所有者和持有者，应与进口成员方同类产品、相同服务或服务提供者及知识产权所有者和持有者享有同等基础上的待遇；若进口成员给予前者更高的待遇，并不违背国民待遇原则。

二、贸易自由化

(一) 贸易自由化的含义

在 WTO 框架下，贸易自由化是指通过多边贸易谈判，实质性削减关税和减少其他贸易壁垒，扩大成员之间的货物和服务贸易的市场准入。

(二) 贸易自由化的要点

1. 以贸易规则为基础

WTO 成员要根据 WTO 负责实施管理的贸易协定与协议，推进贸易自由化。

2. 以多边谈判为手段

WTO 成员以多边贸易谈判中作出的承诺，推进贸易自由化。货物贸易方面自由化表现为逐步削减关税和减少非关税贸易壁垒，服务贸易方面自由化表现为不断增加开放的服务部门，减少对服务提供方式的限制。

3. 以争端解决为保障

WTO 的争端解决机制具有强制性，如某成员被诉违反承诺，并经争端解决机制裁决认定，则该成员就应执行该裁决；否则，WTO 可以授权申诉方采取贸易报复措施。

4. 以例外条款进行救济

WTO 成员可通过援用例外条款或保障措施等救济措施，消除、减轻和化解贸易自由化带来的负面后果。

5. 过渡期限不一

WTO 承认不同成员之间经济发展水平的差异，通常允许发展中成员履行义务有更长的过渡期。

(三) 贸易自由化表现

1. 削减关税

关税对进出口商品价格有直接影响，特别是高关税，是制约货物在国际间自由流动的重要壁垒。因此，WTO 允许成员使用关税进行保护，但要求成员逐渐下调关税水平并加以约束。如需要提高关税约束水平，须同其他成员进行谈判。

2. 减少非关税贸易壁垒

非关税贸易壁垒通常是指除关税以外各种限制贸易的措施。随着关税水平的下调，非关税贸易壁垒增加，且形式多样，隐蔽性强，成为国际贸易发展的主要障碍。

3. 扩大服务市场准入

因敏感等原因，各国对服务业采取程度不同的保护措施，诸如限制服务提供者的股权、经营权、开业权、雇用当地职工人数等。这些限制影响服务业的公平竞争、服务质量的提高和服务领域的资源有效配置，对服务贸易本身，对货物贸易乃至世界经济发展都有不利影响。

乌拉圭回合达成的《服务贸易总协定》，要求 WTO 成员逐步开放服务市场。

三、允许正当保护

WTO 在推动贸易自由化的同时,也允许 WTO 成员进行正当保护。

(一)正当保护的含义

WTO 允许成员根据经济发展阶段不同,依据货物和服务产业竞争能力差距,考虑可持续发展的需要,维护本国国民的安全和健康,可以通过非歧视的例外进行贸易保护。

6-1 WTO 框架下的正当贸易保护与贸易自由化的辩证关系

(二)正当保护的表现

1. 发展中成员保护程度可高于发达成员

在货物贸易关税方面,发展中成员关税总水平可以高于发达成员。1986 年乌拉圭回合开始,发展中成员平均进口关税水平为 14%~15%,发达成员平均为 5%;发展中成员关税减让程度可以低于发达成员,在乌拉圭回合中,发达成员关税减让为 40%,发展中成员关税减让为 30%。在服务业方面,发展中成员服务业的开放度可以低于发达成员。

2. 依据产业竞争力,确定保护程度

WTO 成员可以根据本身产业的竞争力,设置不同的关税税率;对新兴产业和幼稚产业的保护程度可以高于已经发展起来的产业;没有作出开放承诺的服务部门,不适用国民待遇。

3. 加强对知识产权的保护

根据《与贸易有关的知识产权协定》,WTO 所有成员都必须达到知识产权保护的最低标准。

4. 可限制某些短缺物资出口

为了可持续发展,WTO 成员可限制某些国内短缺的物资出口。

5. 对产品设置规格标准

为保护本国生态环境和国民的健康与安全,对进出口产品可以设置技术、安全和质量标准,对达不到标准和规格的产品禁止进出口。

(三)正当保护的措施

1. 在货物贸易方面鼓励关税措施

关税透明度高,随意改动不易,谈判和执行皆比较容易,而且关税有利于贸易厂商确定市场价格,有益于市场经济的发展。而非关税贸易壁垒,透明度低,容易设置,隐蔽性强,应对不易,企业难以判断价格基础,不利于市场经济的发展。

基于上述原因,WTO 主张以关税作为各成员的主要保护手段,提出一般的取消数量限制;非关税壁垒要关税化;取消的非关税壁垒不再实施;在不得已需要实施数量限制时,要在非歧视基础上实施。

2. 在非开放服务行业不适用国民待遇

在服务贸易上,允许 WTO 成员逐步开放;在承诺开放的服务部门内实施国民待遇。

3. 加强对知识产权上的合规保护

《与贸易有关的知识产权协定》在知识产权上规定了不同保护标的保护时间、保护方式和维权措施，对侵权者可以采取罚款、要求道歉、边境扣留和刑事处分等手段。

四、稳定贸易发展

（一）稳定贸易发展的含义

以 WTO 为基础的多边贸易体系是要求各成员政府为投资者、企业家、雇员和消费者提供一个良好的贸易环境，以有利于开拓市场和创造更多贸易与投资的机会；同时为消费者提供丰富、物美价廉和安全的商品。故要求 WTO 成员如实履行承诺的义务，形成可预见和稳定发展的贸易环境。

（二）稳定贸易发展的表现

1. 按关税减让表减让关税

在乌拉圭回合结束后，WTO 成员都有自己履行的关税减让表。没有特殊原因，不能提高税率。

2. 履行服务市场开放义务承诺

WTO 要求，WTO 成员要履行乌拉圭回合承诺和加入谈判中达成的服务市场准入减让表。

3. 严格执行对知识产权的保护

WTO 成员必须保证按照《与贸易有关的知识产权协定》对知识产权加强合规性保护，做好知识产权制度的执法。

五、公平竞争

（一）公平竞争的含义

公平竞争是指 WTO 成员应避免采取扭曲市场竞争的措施，维护公开、公平、公正的市场环境。

（二）公平竞争的表现

1. 制止不公平竞争行为

倾销和出口补贴是不公平的竞争行为。如果同类产业受到严重损害，进口成员可采用反倾销和反补贴的应对措施。如果滥用反倾销和反补贴，也会构成不公平的竞争行为。

倾销是企业以低于正常价值的价格出口产品，对进口方相关产业造成严重损害和威胁。出口补贴是政府对本国特定出口产品提供资助，以增强产品竞争优势，使进口方同类产品的产业受到损害。

WTO 实施和管理的《反倾销协议》《补贴与反补贴措施协议》一方面允许进口成员征收反倾销税和反补贴税，抵销出口倾销和出口补贴对本国产业造成的实质损害，同时，对成员实施反倾销和反补贴措施规定了严格的条件和程序，防止滥用反倾销和反补贴措施。

2. 约束垄断和规范国营贸易

为防止国营贸易企业的经营活动对贸易造成扭曲影响，WTO 要求成员的国营贸易企业按非歧视原则，以价格等商业因素作为经营活动的依据，并定期向 WTO 通报国营贸易企业情况。

在服务贸易领域，对于本国的垄断和专营服务提供者，提出约束要求和行为规范。

3. 有原则地进行保护

《与贸易有关的知识产权协定》要求成员在加强对知识产权保护的同时，也防止过分和不合理的保护。如发现涉及公众利益的专利转让付费过高，国家可以进行强制性转让。

4. 约束政府采购金额

在诸边协议《政府采购协议》中，把政府优先购买本国产品和服务的金额作了上限约束，对超出上限金额的政府采购产品和服务要进行公开竞争。

六、鼓励发展和经济改革

（一）实施对象

为了鼓励发展中成员、经济转型成员和新加入成员的经济发展与改革，在 WTO 负责实施管理的协定与协议中，对它们给予一些鼓励措施。

（二）措施内容

1. 设置各种特殊条款

在 GATT 1994 第四部分专门涉及贸易与发展内容，其中包括发达成员与发展中成员之间贸易谈判的非互惠性概念条款，允许各成员给予发展中成员特殊减让安排，而无须给予全体成员同等待遇。

允许发展中成员以较长的时间履行承诺的义务。如在《与贸易有关的投资措施协定》中，对外资企业不可采用"当地成分""外汇平衡"措施，发达成员在 2 年内取消，发展中成员则可有 5 年过渡期，最不发达成员有 7 年过渡期。

WTO 要求成员在采取反倾销、保障措施和技术性贸易壁垒时关注发展中成员的利益。如在农产品关税削减上，发达成员在 6 年内使关税降低 36%，而发展中成员方在 10 年内使关税降低 24%，最不发达成员免除降税义务。

2. 设置过渡期

通过过渡期，使加入成员与 WTO 规则逐步一致。

3. 设置贸易与发展委员会

WTO 专门设置贸易与发展委员会，切实考虑有利于发展中成员的条款、技术合作准则，增强参与多边贸易体制的能力，接受发达成员给予发展中成员产品特殊贸易安排的信息和发展中国家之间区域安排的通知。

4. 提供技术合作与援助

通过定期举办贸易政策培训班等方式，帮助发展中成员和经济转型成员提高贸易政策官员的素质，建立必要的机制，以成功地在 WTO 中开展工作。

七、允许地区性贸易安排

(一) 地区性贸易安排概念

地区性贸易安排是指一些国家通过协议组成经贸集团,成员内部相互废除或减少进口贸易壁垒。

WTO 确认,通过更自由的贸易使成员国经济更趋一体化有其一定的价值。其形式是关税同盟和自由贸易区。在自由贸易区内,每个成员可以保留各自的对外贸易政策;而关税同盟则对非成员实行统一的关税。但其贸易上的关税和规章,都不能比经贸集团建立以前更高和更加苛刻。

6-2 区域贸易合作

(二) 对地区性贸易安排约束规定

GATT 1994 第 24 条,提出成立自由贸易区和关税同盟的约束条件与具体要求。第一,确定关税同盟或自由贸易区临时协定的"合理期间"一般为 10 年,如超过 10 年,则要向货物贸易理事会作出解释。第二,两者成立的所有通知要接受 WTO 工作组的检查。第三,二者要定期向 WTO 理事会作出活动报告。

八、例外与免责

(一) 例外与免责含义

WTO 允许成员在特定条件下,以例外方式免除履行义务的责任。

(二) 例外的内容

1. 一般例外

GATT 1994 第 20 条,规定 10 种一般例外措施。其中包括:为维护公共道德所必需的措施;为保护人类、动物或植物的生命或健康所必需的措施;与黄金或白银进出口有关的措施;为保证与本协定不相抵触的法律或法规得到遵守所必需的措施,包括与加强海关法令或条例,实行有关垄断、保护专利权、商标及版权以及防止欺诈行为有关的措施;与监狱囚犯产品有关的措施;为保护具有艺术、历史或考古价值的国宝所采取的措施;与保护可用尽的自然资源有关的措施,此类措施与限制国内生产或消费一同实施;为履行任何政府间商品协定项下义务而实施的措施,该协定符合提交缔约方全体不持异议的标准,或该协定本身提交缔约方全体且缔约方全体不持异议;在作为政府稳定计划的一部分将国内原料价格压至低于国际价格水平的时期内,为保证此类原料给予国内加工产业所必需的数量而涉及限制此种原料出口的措施;在普遍或局部供应短缺的情况下,为获取或分配产品所必须采取的措施;等等[①]。

---

① 对外贸易合作部国际经济关系司译. 世界贸易组织乌拉圭回合多边贸易谈判结果法律文件[M]. 北京:法律出版社,2000:455-456..

《服务贸易总协定》第 14 条规定，成员在不对其他成员构成歧视，或不对服务贸易构成变相限制的情况下实施这类措施。包括：为保护公共道德或维护公共秩序所必需的措施；为保护人类、动物或植物的生命或健康所必需的措施；为使与本协定的规定不相抵触的法律或法规得到遵守所必需的措施；等等。

2. 安全例外

WTO 允许成员在战争、外交关系恶化等紧急情况下，为保护国家安全利益采取必要的行动，对其他相关成员不履行 WTO 规定的义务。

3. 其他例外

（1）区域贸易安排。在自由贸易区和关税同盟成员间，相互间的货物、服务贸易自由化措施内容，区域外的 WTO 成员不能享受。

（2）发展中成员的特殊和差别待遇。给予发展中成员一些特殊和差别待遇，其他成员不能享有。

（3）诸边贸易协议。诸边贸易协议的成员之间实施，非接受成员不得享受和履行其中的权利与义务。

（4）边境贸易。边境贸易是指毗邻两国边境地区的居民和企业，在距边境线两边各 15 千米以内地带从事的贸易活动，相互给予优惠。其他成员不得享受。

（三）免责内容

1. 紧急限制进口

WTO 成员在履行承诺义务过程中，出现某产品进口大量增加，对本国相关产业造成严重损害或损害威胁特定的紧急情况下，可暂停原来承诺的关税减让等义务，采取限制进口措施。

2. 发展特定产业

允许成员为促进建立某一特定产业而背离承诺，实施关税保护和数量限制的措施。特定产业是指：建立一项新的产业；在现有产业中建立新的分支生产部门；现有产业的重大改建；只占国内供应相对较小份额的现有产业重大扩建；因战争或自然灾害而遭到破坏的产业重建。

3. 国际收支困难

允许成员因国际收支困难而中止货物贸易中关税减让和其他承诺，对已承诺开放的服务贸易部门采取限制措施。

此外，WTO 成员可主动申请义务豁免，在申请中，需要说明义务豁免要达到的目的。豁免申请须向 WTO 有关理事会提出，有关理事会在 90 天内进行讨论后，提交部长级会议作出决定。

九、透明度

（一）透明度含义

透明度原则是指，WTO 成员应公布实施的贸易措施和变化情况（如修改、增补或废除等），参加影响国际贸易政策的国际协议，并及时通报 WTO 成员和 WTO。不公布的不得实施。

(二) 贸易措施的公布

1. 内容

1) 成员的贸易措施

成员的贸易措施产品的海关分类和海关估价等海关事务；对产品征收的关税税率、国内税税率和其他费用；对产品进出口所设立的禁止或限制等措施；对进出口支付转账所设立的禁止或限制等措施；影响进出口产品的销售、分销、运输、保险、仓储、检验、展览、加工、与国内产品混合使用或其他用途的要求；有关服务贸易的法律、法规、政策和措施；有关知识产权的法律、法规、司法判决和行政裁定，以及与其他成员签署的其他影响国际贸易政策的协议等。

2) 涉及多边协议的措施

涉及多边协议的措施包括 19 项具体措施和有关多边协议规定的其他措施。它们是：关税；关税配额和附加税；数量限制；许可程序和国产化要求等其他非关税措施，以及征收差价税的情况；海关估价；原产地规则；政府采购；技术性贸易壁垒；保障措施；反倾销措施；反补贴措施；出口税；出口补贴、免税和出口优惠融资；自由贸易区的情况，包括保税货物的生产情况；出口限制，包括农产品等产品的出口限制，WTO 限期取消的自愿出口限制和有序销售安排等；其他政府援助（包括补贴和免税）；国营贸易企业的作用；与进出口有关的外汇管制；政府授权进行的对销贸易。

2. 时间

WTO 规定，成员应迅速公布和公开有关贸易的法律、法规、政策、措施、司法判决和行政裁定，最迟应在生效之时公布或公开。

(三) 通报程序

(1) 定期通知。定期通报包括两种情况：一种是一次性通报；另一种是多次通报，有的要求半年通报一次，大部分则要求每年通报一次。

(2) 不定期通报。不定期通报主要适用于法律、法规、政策、措施的更新，如《技术性贸易壁垒协议》要求，只要成员国内通过了新的技术法规和合格评定程序，就要立即通报。

(3) "反向通报"。WTO 成员还可进行"反向通报"，即其他成员可以将某成员理应通报而没有通报的贸易措施，通报 WTO。

(四) 贸易政策审议

所有成员的贸易政策都要定期接受 WTO 成员审议。

第二节 协定与协议确立的基础和类别

协定与协议是 WTO 框架的主体，在《马拉喀什建立世界贸易组织协定》附件中，列出的协定与协议将近 20 个，先释解基础，后进行划类分析。

一、协定与协议构成特点

（一）约束性

有约必守原则已被正式载入国际公约。1995 年 5 月开放供各国签署并于 1980 年 1 月正式生效的《维也纳条约法公约》在序言中强调"条约必须遵守原则乃举世所公认"。公约第 26 条规定："凡有效之条约对其各当事国有拘束力，必须由各该国善意履行。"

WTO 负责实施管理的协定与协议属于国际贸易管理法规，故要坚持有约必守理念。

（二）层次性

在层次上，WTO 可分为三个层次。第一层次为《马拉喀什建立世界贸易组织协定》。第二层次为原则性规则的协定，如货物贸易、服务贸易和知识产权三大协定。第三层次为具体贸易领域，如三大协定下附属的诸多协议。

（三）一致性

WTO 负责实施管理的协定与协议都是在 WTO 基本原则基础上确立的。

（四）范围性

依据国际贸易范围的拓宽，WTO 协定与协议涉及的范围包括货物、服务与知识产权制度。

（五）纲目性

根据贸易范围确定原则性的规则，再依据范围内的不同领域确定比较具体的规则。

（六）适时性

各种协定与协议体现了缔约方达成时的自由化与正当保护的要求。

（七）涵容性

WTO 协议涵容所有成员都要接受和不全部接受的协议。

（八）规范性

WTO 的贸易协定、协议都用法律语言表述，用语一般比较严谨。正式文本的语言为英文本、法文本和西班牙文本。

二、协定与协议类别

（一）按涉及层次划分

依据附件中分组列出的目录，可把概括性的协议称为协定（general agreement），把比较具体和细化内容的条约称为协议(agreement)。如 GATT 1994，下面附有具体货物范围的协议。

（二）按管辖贸易领域划分

WTO 涉及贸易领域的协定与协议包括三大领域，即货物贸易协定与协议，服务贸易协定与协议，与贸易有关的知识产权协定与协议。

（三）按成员接受程度划分

按 WTO 成员和非成员接受的程度，贸易协定与协议分为多边、诸边两类。

1. 多边协定与协议

多边协定与协议（multilateral agreement）是指 WTO 成员必须全部接受的贸易协定与协议，如 GATT 1994 与附属的各种货物贸易协议，《服务贸易总协定》和附属的协议，《与贸易有关的知识产权协定》。

2. 诸边贸易协议

诸边贸易协议（plurilateral trade agreement）是指 WTO 成员自愿接受的贸易协议。该协议的接受者受到它的约束，不接受者则不受其约束，如《政府采购协议》《民用航空器贸易协议》《信息技术协议》等。

（四）按解决贸易问题划分

按解决贸易问题划分，多边贸易协定与协议可以分为以下六类。

1. 自由化类型

这些协定与协议涉及 WTO 成员逐步开放国内货物、服务和其他要素市场问题。如 GATT 1994 与附属的各种货物贸易协定，《服务贸易总协定》和附属的协定。

2. "回归" 类型

《农业协议》和《纺织品与服装协议》属于"回归"性的协定与协议。在以 GATT 1947 为基础的多边贸易体制中，在农产品贸易中，一些缔约方通过出口补贴、非关税壁垒等方式加强对国内农业的保护；在纺织品贸易中，发达国家纺织品进口国对纺织品进口进行配额限制，以保护国内的纺织业。这些做法是背离 GATT 1947 贸易自由化的宗旨的。乌拉圭回合达成《农业协议》和《纺织品与服装协议》，通过逐步减少出口补贴，约束国内价格支持和取消数量限制等措施，使农产品和纺织品贸易逐步回归到自由贸易体制上去。

3. 规范类型

通过几次多边贸易谈判，关税不断下降。各国不断采用非关税保护措施保护本国市场和国民安全。在非关税保护措施实施中，正当与滥用交杂在一起。为确保这些非关税措施的正当使用，需要对它们进行使用规范，不能让它们成为国际贸易发展的障碍。这些协议包括《海关估价协议》《装运前检验协议》《技术性贸易壁垒协议》《进口许可程序协议》和《原产地规则协议》。

4. 公救类型

为使缔约方/成员在"公开、公平和无扭曲竞争"中，免受因履行义务而遭受的伤害，乌拉圭回合达成了公平竞争和补救的协议，如《反倾销协议》《补贴和反补贴措施协议》和《保障措施协议》。

5. 保护类型

为了保护人类智慧的结晶，促进科学技术的发展，乌拉圭回合达成《与贸易有关的知识产权协定》，对与贸易有关的知识产权加强保护，规范了保护措施。

第三节　协定与协议的构成

一、协定与协议的整体构成

WTO 负责实施管理的协定与协议多由主体和附件两大部分构成。主体部分对规则作出明确规定，附件部分是对主体部分进行细化，予以说明和释义。因涉及贸易领域不同，主体和附件条款数目有很大的不同。

如在《马拉喀什建立世界贸易组织协定》列出 4 个附件。附件 1 中的附件 1A 为货物多边贸易协定，附件 1B 为服务贸易总协定，附件 1C 为与贸易有关的知识产权协定。附件 4 为诸边贸易协议。在附件 1A 中包括的协定与协议有：1994 年关贸总协定，农业协议，实施卫生与植物卫生检疫协议，纺织品与服装协议、技术性贸易壁垒协议，与贸易有关的投资措施协议，关于实施 GATT 1994 第 6、第 7 条的协议，装运前检验协议，原产地规则协议，进口许可程序协议，补贴与反补贴措施协议，保障措施协议。

在具体的贸易协定与协议中又有主体和附件。如在农业协议中，主体包括 13 个部分 21 个条款，后面的附件为 5 个。

二、协定与协议主体构成的要件

协定与协议主体一般包括：协定与协议序言，协定与协议组成部分与条款。

（一）序言的位置与内容

序言放在贸易协定与协议的开始。因层次不同，表达方式差别很大。

1. 第一层次的表达

《建立 WTO 协定》在序言中指出，成员方认识到在处理它们"在贸易和经济领域的关系时，应以提高生活水平、保证充分就业、保证实际收入和有效需求的大幅稳定增长以及扩大货物和服务的生产和贸易为目的，同时应按照可持续发展的目标，考虑世界资源的最佳利用，寻求既保护和维护环境，又以与它们各自在不同经济发展水平的需要和关注相一致的方式，加强为此采取的措施。

进一步认识到需要作出积极努力，以保证发展中成员，特别是其中的最不发达成员，在国际贸易增长中获得与其经济发展需要相当的份额。

期望通过达成互惠互利安排，实质性削减关税和其他贸易壁垒，消除国际贸易关系中的歧视待遇，从而为实现这些目标做出贡献。

因此决定建立一个完整的、更可行的和持久的多边贸易体制，以包括 GATT 1947、以往贸易自由化的结果以及乌拉圭回合多边贸易谈判的全部成果。

决心维护多边贸易体制的基本原则,并促进该体制目标的实现。"①

2. 第二层次的表达

如《服务贸易总协定》的序言为:"认识到服务贸易对世界经济增长和发展日益增加的重要性;

希望建立一个服务贸易原则和规则的多边框架,以期在透明和逐步自由化的条件下扩大此类贸易。并以此为手段促进所有贸易伙伴的经济增长和发展中国家的发展;

期望在给予国家政策目标应有尊重的同时,通过连续回合的多边谈判,在互利基础上促进所有参加方的利益,并保证权利和义务的总体平衡,以便早日实现服务贸易的自由化水平的逐步提高;

认识到各成员为实现国家政策目标,有权对其领土内的服务提供进行管理和采用新的法规,同时认识到由于不同国家服务法规发展程度方面存在的不平衡,发展中国家特别需要行使此权利;

期望便利发展中国家更多地参与服务贸易和扩大服务出口,特别是通过增强其国内服务能力、效率和竞争力;

特别考虑到最不发达国家由于特殊的经济状况及其在发展、贸易和财政方面的需要而存在的严重困难。"②

3. 第三层次的表达

如《保障措施协议》的序言为:"考虑到各成员改善和加强以 GATT 1994 年为基础的国际贸易体制的总体目标;

认识到有必要澄清和加强 GATT 1994 的纪律,特别是其中第 19 条的纪律(对某些产品进口的紧急措施);而且有必要重建对保障措施的多边控制,并消除逃避此类控制的措施;

认识到结构调整的重要性和增加而非限制国际市场中竞争的必要性;以及进一步认识到,为此目的,需要一项用于所有成员并以 GATT 1994 的基本原则为基础的全面协议;

特此协议如下。"③

(二)协定与协议主体部分

1. 结构要件

协定与协议主体部分包括协定与协议的基本原则、一般规则、成员的权利与义务、协定与协议的实施与组织机构等。因管辖范围不同,具体构成部分有所不同。组成部分

---

① 对外贸易合作部国际经济关系司译. 世界贸易组织乌拉圭回合多边贸易谈判结果法律文件[M]. 北京:法律出版社,2000:4.
② 对外贸易合作部国际经济关系司译. 世界贸易组织乌拉圭回合多边贸易谈判结果法律文件[M]. 北京:法律出版社,2000:286.
③ 对外贸易合作部国际经济关系司译. 世界贸易组织乌拉圭回合多边贸易谈判结果法律文件[M]. 北京:法律出版社,2000:275.

再具体化为条款。组成部分有的列出名称，有的不列出名称。如《服务贸易总协定》由 6 部分 29 个条款构成，《与贸易有关的知识产权协定》由 7 个部分 73 个条款构成。

2. 构成形式

1）复式构成

内容比较复杂的协议，则分出部与节，再纳入相关的条款机构等。如《与贸易有关的知识产权协定》构成相当复杂，先分部，部内有节，节内分条。

第一部分 总则和基本原则。第 1 条 义务的性质和范围，第 2 条 知识产权公约，第 3 条 国民待遇，第 4 条 最惠国待遇，第 5 条 关于取得或维持保护的多边协定，第 6 条 权利用尽，第 7 条 目标，第 8 条 原则。

第二部分 关于知识产权效力、范围和使用的标准。第 1 节：版权和相关权利。第 9 条 与《伯尔尼公约》的关系，第 10 条 计算机程序和数据汇编，第 11 条 出租权，第 12 条 保护期限，第 13 条 限制和例外，第 14 条 对表演者、录音制品（唱片）制作者和广播组织的保护。第 2 节：商标。第 15 条 可保护客体，第 16 条 授予的权利，第 17 条 例外，第 18 条 保护期限，第 19 条 关于使用的权利，第 20 条 其他要求，第 21 条 许可和转让。第 3 节：地理标志。第 22 条 地理标志的保护，第 23 条 对葡萄酒和烈酒地理标志的附加保护，第 24 条 国际谈判：例外。第 4 节：工业设计。第 25 条 保护的要求，第 26 条 保护。第 5 节：专利。第 27 条 可授予专利的客体，第 28 条 授予的权利，第 29 条 专利申请人的条件，第 30 条 授予权利的例外，第 31 条 未经权利持有人授权的其他使用，第 32 条 撤销/无效，第 33 条 保护期限，第 34 条 方法专利：举证责任。第 6 节：集成电路布图设计（拓扑图）。第 35 条 与《IPIC 条约》的关系，第 36 条 保护范围，第 37 条 无需权利持有人授予的行为，第 38 条 保护期限。第 7 节：对未披露信息的保护。第 39 条。第 8 节：对协议许可中限制竞争行为的控制。第 40 条。

第三部分 知识产权的实施。第 1 节：一般义务。第 41 条。第 2 节：民事和行政程序及救济。第 42 条 公平和公正的程序，第 43 条 证据，第 44 条 禁令，第 45 条 赔偿费，第 46 条 其他补偿，第 47 条 获得信息的权利，第 48 条 对被告的赔偿，第 49 条 行政程序。第 3 节：临时措施。第 50 条。第 4 节：与边境措施相关的特殊要求。第 51 条 海关中止放行，第 52 条 申请，第 53 条 保证金或同等的担保，第 54 条 中止放行的通知，第 55 条 中止放行的时限，第 56 条 对进口商和货物所有权人的赔偿，第 57 条 检验和获得信息的权利，第 58 条 依职权的行动，第 59 条 救济，第 60 条 微量进口。第 5 节：刑事程序。第 61 条。

第四部分 知识产权的取得和维持及当事方之间的相关程序。第 62 条。

第五部分 争端的防止和解决。第 63 条 透明度，第 64 条 争端解决。

第六部分 过渡性安排。第 65 条 过渡性安排，第 66 条 最不发达国家成员，第 67 条 技术合作。

第七部分 机构安排：最后条款。第 69 条 与贸易有关的知识产权理事会。第 69 条 国际合作，第 70 条 对现有客体的保护，第 71 条 审议的修正，第 72 条 保留，第 73 条 安全例外。

2）简式构成

内容比较简单的协定与协议只列条款，不分部分。如《技术性贸易壁垒协议》《纺织品与服装协议》《保障措施协议》《实施卫生与植物卫生措施协议》《与贸易有关的投资措施协议》《装运前检验协议》《进口许可程序协议》《政府采购协议》《民用航空器贸易协议》等。这些协议通过条款顺次列出总则，成员权利与义务，发展中国家成员特殊待遇，争端解决和管理等。

如《与贸易有关的投资措施协议》只有9个条款：第1条 范围，第2条 国民待遇和数量限制，第3条 例外，第4条 发展中国家成员，第5条 通知和过渡安排，第6条 透明度，第7条 与贸易有关的投资措施委员会，第8条 磋商和争端解决，第9条 货物贸易理事会的审议。有的条款只有内容，没有冠名，如《纺织品与服装协议》只列出7个条款，没有冠名。

三、协定与协议附件

协议附件在文本后单独列出，用以对贸易协议文本的补充和细化。附件内容包括：对贸易协定文本的注释、清单、解释性说明、具体的组织机构等。附件多少不一，如《原产地规则协议》只有两个附件，而《补贴和反补贴措施协议》则有7个附件。

第四节 协定与协议的积极作用与不足

一、协定与协议的积极作用

（一）接受协定与协议成员数扩大

接受WTO多边贸易协定与协议的成员从建立时的128个扩大到2017年的164个。其中创始成员为128个，其余为加入成员。接受诸边协议成员也在扩大。随着中国于2001年、沙特阿拉伯于2005年、俄罗斯于2012年加入WTO，世界上所有的主要经济体都成为多边贸易体系的成员。WTO成功地将快速兴起的发展中世界融入开放的全球经济。通过协定与协议的网络勾连与实施，WTO成为当今世界开放、包容、合作的全球经济秩序的结合体和典范。

（二）协定与协议向纵深发展

WTO建立后，一直持续更新协定与协议。1996年，诸边的《信息技术协议》（ITA）达成并实施，扩围谈判取得成功；1997年，多边的《基础电信协议》和《金融服务协议》达成并实施；2005年，WTO通过多边决策修订了《与贸易有关的知识产权协定》；2014年4月，《修订〈政府采购协议〉的议定书》生效。

（三）达成新协定，促进贸易自由化

WTO建立达成的新协定是2013年部长级会议达成的巴厘一揽子协议。它除了处理

重要的农业议题和改善最不发达国家贸易机会,还包含了具有开创性的《贸易便利化协定》。该协定简化和加快了全球海关程序,使平均贸易成本降低 14%以上,其重要性甚至可能超过消除全部剩余关税。在不到两年之后的 2015 年 7 月,50 多个 WTO 成员完成了扩围谈判,旨在消除 200 多种高科技产品的关税,包括半导体、通信卫星、核磁共振仪等,年贸易额达 1.3 万亿美元,占全球贸易的 7%。

(四)为成员贸易发展提供保障

WTO 以规则为基础的协定与协议消除贸易壁垒,发展贸易。通过协定与协议的履行,成员间的贸易壁垒不断降低。平均实施关税从 1995 年的 15%降至现在的 8%。现在约 60%的世界贸易商品都是免税的,而另外 1/5 的关税低于 5%。36 个新成员的加入本身就是巨大的市场准入,1996 年的《信息技术协议》也是如此。金融服务协议和基础电信协议打开了关键的服务部门贸易。同样,WTO《政府采购协议》的扩张也向全球供应商打开了占各国 15%以上 GDP 的公共采购市场。

WTO 通过协定与协议将法治成功地引入成员间的贸易。WTO 成员通过贸易协定与协议发展贸易,不再以破坏性的贸易战来对决,而是基于协定与协议规定,通过 WTO 的争端解决机制来解决矛盾。

(五)抵制贸易保护主义的侵蚀和泛滥

通过贸易协定、协议整体有效的实施,WTO 成员使世界经济免受各种经济和政治冲击,防止了贸易保护主义的侵蚀和泛滥。1997 年亚洲金融危机、2001 年纽约恐怖袭击和 2008 年经济大衰退发生之后,世界面临贸易保护主义和贸易战爆发的风险。虽然出现波动,但未发生贸易保护主义的泛滥和贸易战,而且每次危机后贸易还能保持稳定增长。原因在于,WTO 成员通过协定与协议的实施和效应,认识到开放贸易、共同规则和多边合作的利益。通过协定与协议构建起来的多边贸易体制奠定了贸易得到安全和稳定发展的基石。

(六)帮助发展中成员贸易的发展和地位的提升

借助 WTO 协定与协议的特殊和差别待遇,发展中成员的贸易得到发展。1995—2016 年,发展中成员在全球货物贸易中的份额从 27.7%增至 43.9%以上,在全球 GDP 中的份额从 19.6%增至 38.7%。在过去,发达国家缔约方主导了 GATT,而现在,借助协定与协议的实施,发展中成员贸易显著发展,地位逐渐提高。新兴经济体如中国、印度和巴西已经成为 WTO 的重要支柱,在管理 WTO、制定新规则,达成新协定和协议等方面都扮演着重要的角色。

(七)锁定成员既定贸易政策发展的成果

WTO 通过对贸易协定与协议权利的享受和义务的履行,对内促进行政机构的改革,市场化体制加深和完善,国民普遍受益;对外加深国际分工与合作,促使生产网络更加细密和无缝,改革和开放理念不断提升,可以抑制狭隘的民族主义,减少贸易保护主义产生的温床，维护和拓展已有的贸易发展的成果。

二、协定与协议存在的不足

（一）三大协定与协议规范不一

WTO 负责实施管理的三大协定规范有差距。货物贸易协定比较细致和规范，服务贸易总协定不够细密。与贸易有关的知识产权协定比较规范和细密。在货物贸易多边协定中附属的协定有 13 个。在服务贸易总协定中列出的附件多是释义性的。

在 WTO 中决策的法律条款上存在协商一致优先与表决权协调的乏力；对协定与协议的多边解释与国内立法转化存在差异；豁免权确定与合理性判断依据的吻合不够；修正权的确立与归属不很明确等问题。

（二）协定与协议整合、转化、规范不够

（1）诸边协议转化为多边进度过慢。

（2）成员国内规制向 WTO 协定与协议转化受阻。从 WTO 协定与协议向本国法规转化中出现弹性和释解增加现象，埋下争议的隐患。以 WTO《反倾销协议》转化为例。有的 WTO 成员直接将 WTO《反倾销协议》适用于国内，有的成员通过国内颁布法规，加以适当调整，实施该协议。大多数成员采取了后一种做法。WTO 成员在实施反倾销措施的时候，都设立了不同的反倾销调查和决策机构，以接受反倾销申请、进行反倾销调查和决定采取反倾销措施。尽管各成员反倾销机构不尽相同，但不外乎两种形式。一是一元制结构，以欧美为代表，即反倾销调查的各个阶段都集中在欧委会；二是二元制或多元制结构，以美国为代表，即反倾销调查的权利分别由两个以上不同的机构负责行使，在美国反倾销调查由商务部负责，损害调查由国际贸易委员会负责。

（3）协定与协议结构和术语存在模糊。现有 WTO 协定与协议中术语众多，有的解释清晰，有的比较模糊，成员对其理解和释义不同，使 WTO 成员有滥用和曲解的可能。如在中国加入 WTO 议定书第 15 条，美国、欧盟就借口条款最后部分拒绝按期履行"替代国"价格条款。

（三）规则深化与制定滞后于国际经济的发展

（1）纵深发展不足。国际贸易与国际投资关系日益密切。已有的《与贸易有关的投资措施协议》继续深化和拓展。随着电商、中小企业贸易的发展，大量数据传输的出现，许多领域的内经济细微的转型，服务已经完全隐含在产品之中，而货物贸易规则与服务贸易规则亟须融合。

（2）对边境后规制改革关注不够。随着生产网络、外包的发展和新技术的出现，WTO 成员日益关注边境后规则的改革和新议题的确立。其中包括非关税壁垒、特定投资条款、知识产权制度、有差别的竞争规则等。这些问题有的只纳入地区贸易安排中，尚未出现在 WTO 关注的议题中。

第五节 加入议定书与工作组报告书

一、加入议定书的含义

加入议定书是指申请加入 WTO 的国家或单独关税区政府同意遵守 WTO 规则，履行承诺与义务，维护贸易权益的书面文件。

WTO 建立后，非创始成员政府要加入 WTO，必须经过加入谈判达成入世议定书和工作组报告书，经过申请加入成员立法机构批准，才能成为 WTO 成员。因此，议定书和工作组报告书也成为 WTO 协定和协议的一部分。到 2017 年，WTO 保存的加入 WTO 议定书已达到 36 份。它们已成为 WTO 协定的重要部分。

二、加入议定书和工作组报告书的构成

（一）加入议定书

1. 架构

议定书通常由四部分构成，即序言，总则，减让表，最后条款和附件。其中，总则为主要部分，确定了加入成员承诺的内容。

2. 总则部分的主要内容

该部分涉及加入成员应遵循的具体规则和约定。以中国加入议定书为例。中国加入议定书的总则由 18 个条款构成。第 1 条 总体情况；第 2 条 贸易制度的实施（A）统一实施（B）特殊经济区（C）透明度（D）司法审查；第 3 条 非歧视；第 4 条 特殊贸易安排；第 5 条 贸易权；第 6 条 国营贸易；第 7 条 非关税措施；第 8 条 进出口许可程序；第 9 条 价格控制；第 10 条 补贴；第 11 条 对进出口产品征收的税费；第 12 条 农业；第 13 条 技术性贸易壁垒；第 14 条 卫生与植物卫生措施；第 15 条 确定补贴和倾销时的价格可比性；第 16 条 特定产品过渡性保障机制；第 17 条 WTO 成员的保留；第 18 条 过渡性审议机制。

附件均在协定文本以后单独列出，目的是对协定文本内容加以细致释义的补充。

（二）工作组报告书

工作组报告书是加入申请提交以后，WTO 理事会组成工作组，主持加入谈判，形成的谈判记录，其中包括谈判双方的问题与答复。

工作组报告书通常包括导言、经济政策、政策制定和执行的框架，影响货物贸易的政策，与贸易有关的知识产权制度，影响服务贸易的政策，其他问题，结论。每部分包含若干条款。中国加入工作组报告书由 343 段构成。

（三）议定书与工作组报告书的达成基础与进程

1. 贸易要维持现状，不得回退

加入成员如果从已有贸易政策采取回退立场，则会使加入谈判拖长时间。

2. 市场准入程度是加入谈判关键

市场准入程度是谈判的核心。这种谈判是保密的，只限于双边之间。谈判启动时必须向加入成员提出市场准入程度要求，并抄送工作组主席。在货物市场准入谈判中，一般是按货物关税税目逐个进行的。为防止要价方的过度要求和出价方的价格过低，拖延谈判时间，工作组主席可设置结束谈判时间框架。

3. 对谈判成果进行整合和技术性审查

工作组主席有权发起和终止双边市场准入谈判时间。在谈判结束后，秘书处整合所有双边市场准入谈判结果和协议，向所有签署成员散发并交总干事留存后，成员对市场准入谈判的权利随之终止。

4. 法律和执行规章草案

WTO 秘书处整理后的法律和执行规章草案都需要接受工作组成员的审查与评论。

5. 鼓励预先做出履行承诺

在双边谈判结束之前，工作组成员可以鼓励申请加入者，对市场准入的关税减让或服务具体承诺做出预先履约承诺。以加强谈判者的信心，进而推动谈判进度。

6. 对谈判成果赋予约束性

对谈判成果赋予约束性，成为议定书的核心部分，从而保障谈判达成的规则具有可预见性和市场准入的可操作性。它有助于加入成员依据谈判成果确立法律和政策框架，限制游说和压力集团对已达成的谈判成果进行扭曲的企图。

7. 加入工作组的终止

WTO 组成的工作组在闭幕会议上讨论并投票通过加入一揽子协定草案，然后将其正式化。在正式通过该协定草约之后，加入工作组终止运作。

（四）影响议定书与工作组报告书差异的因素

申请加入 WTO 的国家和单独关税区在经济体制、经济规模、发展阶段、发展水平等存在差异，承诺的一般义务与特定义务有所不同，使加入议定书和工作组报告书繁简程度不一。

在申请加入者中，从计划经济体制转向市场经济体制的国家和地区，入世议定书中"特定承诺章节"的数量远远高于其他经济非转型的申请加入者。以俄罗斯、中国、越南和乌克兰为例。它们在入世议定书中"特定承诺章节"的数量分别为 163、144、70 和 63。而非经济转型的申请加入者的入世议定书中的"特定承诺章节"数量均在 60 以下。前类加入者的入世议定和工作组报告书的页数远远多于后类加入者。

三、议定书和工作组报告书的效果

（一）锁定加入成员国内改革的底线

议定书和工作组报告书为成员贸易法规改革确立了要符合 WTO 规则的基础。36 个加入成员政府已颁布超过 7 000 部符合 WTO 规则的法律项目和配套法规。它们都存留在 WTO 秘书处，并登记在入世成员政府的"立法行动计划"中。

入世议定书为加入成员提供了加速国内改革的绝佳机会。这些改革往往超越贸易政策,如需要税收体制的大变革。因为加入成员必须重新平衡其国内和国外税源,还需要国际资本流动政策,商业环境和治理的改进等。而且,入世将鼓励政府和私营部门认真审视国内经济的总体竞争力,消除抑制效率提高的因素,促进最有前景的产业发展,并最终推动经济增长和就业创造。

(二)维护成员间的经贸等核心利益

议定书和工作组报告书确立入世后的规制的系统性和约束性,有利于加入成员和其他成员的经贸核心利益等的维护。因为外部和内部的不均衡发展影响着加入成员宏观政策的制定和实施。加入WTO议定书作出的具体承诺可以降低财政、货币、汇率和结构性失调,减缓和抑制恶化的趋势,化解系统性失衡方面的压力。

(三)市场准入环境得到显著改善

在议定书确立实施最惠国待遇的基础上,加入成员与创始成员的市场准入得到显著改善。截至2015年4月30日,33个入世议定书产生了504个双边货物贸易市场准入协议和244个双边服务贸易市场准入协议,由相关签约成员合并为一体并进行确认。作为货物贸易关税减让确定的减让表和服务贸易的具体承诺普及WTO全体成员;与此同时,加入成员也可以享受创始成员在市场准入方面作出扩大范围的各种承诺。由此,改善了成员间的国际贸易环境,扩大了相互的市场。

(四)丰富了WTO的规则体系

截至2015年4月30日,33个加入成员的加入议定书中的具体承诺达到1 361件。它们已构成《建立WTO协定》的重要部分,成为多边贸易体制"法律一揽子承诺"的一部分。迄今为止,在WTO 26起贸易争端中,都提到了入世议定书和工作组报告书的相关部分,可见,它们在WTO争端解决和法律成立方面发挥了显著作用。

(五)议定书夯实了国际合作的法律基础

一方面,入世谈判反映了申请者某个时间地点地缘政治的实践;另一方面,入世谈判和WTO法律框架被创始成员和加入成员用以管理和协调它们敏感的政治关系,就维护WTO权威达成共识,有助于提升WTO的作用,为相关国际组织加强合作提供了机遇。

本 章 小 结

(1)在WTO负责实施管理的贸易协定与协议中,贯穿了9项基本原则,分别是:非歧视原则,贸易自由化原则,允许正当保护原则,稳定贸易发展原则,公平竞争原则,鼓励发展和经济改革原则,地区贸易原则,贸易补救原则,透明度原则。它们是WTO负责实施与管理的贸易协定与协议确立的基础。

(2)WTO原则通过WTO负责实施管理的贸易协定与协议转化为具体的货物、服务贸易和与贸易有关的知识产权规则，使 WTO 原则更加具体化，以便于实施和操作。WTO 协定与协议特点可归纳为约束性、层次性、一致性、范围性、纲目性、适时性、涵容性和规范性。

（3）按涉及层次、贸易领域、接受程度和解决问题可将协定与协议划分为不同类型。如按照解决问题，可分为自由、回归、规范、公救、保护五种类型。

（4）WTO 贸易协定的整体多由主体和附件两大部分构成，其中主体一般包括协定序言、协定组成部分与条款三部分。WTO 贸易协议的整体多由正文与附件构成，其中正文通常包括序言、构成部分和条款三部分。

（5）WTO 建立后，申请加入国家成单独关税区通过谈判，达成加入 WTO 议定书和工作组报告书，它们成为入世后享受权利、履行义务、维护权益的法律文件，成为 WTO 规则的重要部分。

思 考 题

1. WTO 协定与协议贯穿了哪些基本原则？
2. 非歧视原则是由什么待遇条款构成的？
3. WTO 协定与协议构成特点是什么？
4. WTO 协定与协议是如何分类的？
5. WTO 协定是如何具体构成的？
6. 加入议定书包含哪些内容？

第 七 章

关税与关税减让谈判

本章导读

关税在世界各国市场保护、财政收入具有重要意义，它也是调节进出口贸易结构和贸易方向，维护贸易关系等的重要手段。在关税设置时，因纳税对象不同、征税目的不一出现了各种形式的关税。第二次世界大战后，各国关税普遍很高，阻碍国际贸易的发展，不利于经济的恢复与发展。为此，在联合国关注下，一些会员方达成 GATT 1947，在其主持下，通过 8 轮多边贸易谈判，取得关税减让诸多成果。为使缔约方对进口商品估价规范化，在乌拉圭回合谈判中，达成了《海关估价协议》。2001 年后，WTO 开始多哈回合谈判，关税减让谈判仍是主要内容之一，农业和非农产品关税减让谈判达成许多共识，但未结束。本章系统地介绍了各国征收关税的意义、类型、征收依据、关税减让谈判方法、海关估价内容、关税减让谈判成果、多哈回合关税减让谈判与加入 WTO 申请者的关税减让谈判与成果。

学习目标

通过学习，可以了解关税和关税减让谈判的含义，知悉关税的类别和作用、海关估价和征收方法，掌握关税减让谈判的意义、原则和方法。

关税减让谈判一直是以 GATT/WTO 为基础的多边贸易体制下多边贸易谈判的重要内容，也是 WTO 加入成员加入谈判的主要内容之一。

第一节 关 税 意 义

一、关税的含义与作用

（一）关税的含义

关税（customs duties；tariff）是进出口商品经过一国关税境域时，由政府所设置的海关向进出口商所征收的税。关税是一种间接税。其税负由进出口贸易商垫付，然后将它加入进出口商品成本，成为商品价格一部分，进出口商缴纳的关税转而由商品消费者承担。

关税由海关征收。海关是设在关税境域上的国家行政管理机构，是贯彻执行本国有关进出口政策、法令和规章的重要工具。其任务是根据这些政策、法规对进出口货物等进行监督管理、征收关税、查禁走私、进行统计等。海关有权对不符合国家法规进出口货物不予放行、罚款，直到没收或销毁。

海关征收关税的领域叫关境。通常关境和国境是一致的。但设有经济特区的国家，关境小于国境；而组成关税同盟的国家之间，关境大于各成员国的国境。

（二）关税的作用

关税的作用涉及众多方面，它们包括：国家之间贸易、经济和政治关系的良好与恶化；国家财政收入的多寡；产业与贸易结构的优化与拖后；国内市场供应的充分与短缺；国民收入与支出增减；有效消费需求的满足与失望；地区经贸集团的紧密与松散；联合国宪章的践踏与维护；WTO 规则的恪守与滥用的抑制。

通常，根据国际规则和本国情况，通过协商设置合理的关税，均会对上述各方面产生积极作用；反之，如果私自任意设置不合理的关税，则会出现消极作用。

（三）关税减让成为多边贸易谈判重要内容

通过 GATT 1947 主持下多边关税减让谈判，各类国家关税水平逐步下调，但因市场经济不断完善，关税在国家财政收入中的比重在下降，但整个税额并未减少。上述方面中的两面作用仍然存在。因此，关税减让不仅仍然成为以 WTO 为基础的多边贸易体制谈判的重要内容，也成为申请加入 WTO 者加入谈判的重要内容之一。

二、关税水平

（一）含义

关税水平（tariff level）是指一个国家整体（进口与出口）关税的平均税率。它可以反映该国征收关税的目的与作用潜力。

（二）计算方法

1. 简单算术平均法

算术平均法（method of simple arithmetic mean）是以一个国家的税则中全部税目的税率之和除以税目总数的方法，得到的关税税率平均数。其计算公式为

关税水平＝（税则中所有税目的税率之和/税则中所有税目之和）×100%

简单算术平均法的最大优点是计算简单；缺点是不能真实反映该国家征收关税的目的，看不出关税结构产生的具体作用。当今世界各国多不使用这种方法。

2. 加权算术平均法

加权算术平均法（method of weighted arithmetic mean）是以一国各种进、出口商品的价值在进、出口总值中的比重作为权数，计算关税税率的平均数。具体方法有以下三种。

1）全部商品加权平均法

这种方法以一定时期内，一国进、出口关税总税额除以进、出口商品总价值得到的加权算术平均数为关税水平。其公式为

关税水平＝进、出口关税总额/进、出口商品总值

由于加权算术平均法把各种商品的进、出口值在进、出口总值的比重作为权数，进、出口值高的商品在计算中予以较多的份额，因此有效地克服了简单算术平均法的弊端，使计算结果能比较真实地反映一国的关税水平。如一个国家税则中税率为零的税目较多，则计算出的结果数值偏低；反之，则偏高。而在各国税则中零税率的商品一般都是该国无须保护的商品。因此，这种方法仍没有把一国关税设置目的与对国内经济的保护程度真实地反映出来。

2）有税商品加权平均法

有税商品加权平均法是把税则中税率为零的商品的进、出口值从进、出口商品总值中扣除，仅以有税税目项下商品进、出口值相加作为除数的加权平均法。其公式为

关税水平＝进、出口关税总额/有税商品进、出口总值

这种计算方法，能比较真实地反映一国关税总体水平。

3）选择性商品加权平均法

在进行国际间关税比较时，有时还采用另一种加权平均法。其公式为

关税水平＝有代表性商品进、出口关税总额/有代表性商品进、出总值

加权算术平均法多为各国采用，根据关税减让谈判需要，可分别运用。当今世界各国倾向奖出限入，普遍关注进口关税税率。

第二节 关税类别

一、按商品流向分类

（一）进口关税

进口关税是指进口国家的海关在外国商品进入关境时，根据海关税则向进口商所征收的税收。

（二）出口关税

出口关税是指出口国家的海关对本国产品输往国外时，对出口商品所征收的税收。

（三）过境关税

过境关税是指一国对于通过其关境的外国货物所征收的关税。

当今世界大多数国家实行奖出限入政策，因此出口关税很少征收，进口关税成为主要征收对象。大多数国家都不征收过境关税，只征收少量的准许费、印花费、登记费和统计费等。

二、按征税目的分类

（一）财政关税

财政关税是指以增加国家的财政收入为主要目的而征收的关税，主要是进口关税。在征收前，要考虑三个条件：①征税的进口货物必须是国内不能生产或无替代用品而必须从国外输入的商品；②征税的进口货物，在国内必须有大量的消费；③关税税率要适度，如税率过高，将阻碍进口或刺激走私，达不到增加财政收入的目的。

随着经济的发展和其他税源增加，关税收入在国家的财政收入中所占的比重普遍呈下降的趋势，但税额不一定减少。

（二）保护关税

保护关税是指以保护本国工业和农业发展为主要目的而征收的关税。其税率比财政关税高，且随产品的加工程度而递增，通常是进口商品纳税后的价格高出国内同类产品价格，以保护本国同类商品的市场。但如果税率过高，减少国内同类产品企业的竞争压力，反而会影响被保护企业竞争力的提高。

为保护国内生态环境，进行有序出口，出口国家有时也会设置保护关税。

（三）惩罚关税和报复关税

一国受到别国贸易歧视和履行国际决议，可对从其进口的商品征收惩罚关税；一WTO 成员对违规成员从争端解决机构得到的报复授权，可以征收报复关税。

三、按关税待遇分类

（一）普通关税

普通关税是指对与本国没有签署贸易或经贸互惠等友好协定的国家进口货物征收的非优惠性关税。其税率一般由进口国自主制定，税率高于优惠税率。

（二）优惠关税

1. 含义

优惠关税是对来自签有贸易协定国家的进口货物在关税方面给予的优惠待遇，其税率低于普通关税税率。其目的是增加签约国之间的友好贸易往来，加强经济合作。优惠关税一般是互惠关税，即签订优惠协定的双方互相给对方优惠关税待遇；但也有单向优惠关税，即给惠国只对受惠国给予优惠关税，而受惠国不向给惠国提供反向优惠关税。

2. 类别

1）最惠国待遇下的关税

它是签有最惠国待遇的缔约国之间给予的关税待遇。WTO 成员之间实施的关税是最惠国待遇关税。其税率低于普通关税税率，但高于特惠关税税率。

2）特定优惠关税

它是指给予来自特定国家的进口货物的排他性的优惠关税，其他国家不得根据最

7-1 洛美协定

惠国待遇条款要求享受这种优惠关税。第二次世界大战后，最有名气的特定优惠关税是《洛美协定》。它是 1975 年 2 月 28 日欧洲共同体与非洲、加勒比与太平洋地区 46 个发展中国家（1987 年增至 66 国）在多哥首都洛美签订的贸易和经济协定。根据该协定，欧共体对来自这些发展中国家的一切工业品和 94% 的农产品进口免征关税，向这些国家不向来自欧共体进口产品提供反向的关税优惠待遇。

3）普惠制关税

1964 年，在第一届联合国贸易与发展会议通过的给予所有发展中国家普遍优惠的关税待遇的决议，被称为普惠制（generalized system of preferences, GSP）。它有三个基本原则：第一，普遍性原则。即发达国家对发展中国家的制成品、半制成品尽可能给予关税优惠。第二，非歧视原则。即对所有发展中国家统一实施普惠制，不应加以区别。第三，非互惠原则。即发达国家单向给予发展中国家关税优惠待遇，而发展中国家不给予发达国家反向对等优惠。自 1971 年起，普惠制以每 10 年为一个实施阶段。其税率低于最惠国待遇下的关税率。

7-2 普惠税

在 WTO 中，为了照顾发展中成员贸易发展，普惠制作为例外被保留下来。

四、按正常与临时分类

（一）法定关税

法定关税指在海关税则上列出的进出口商品的关税税目。

（二）附加关税

1. 含义

附加关税是指海关对进出口商品在征收表列关税以外，再加征额外的关税。其目的为：维护国内市场供应，防止出现产品短缺；防止外国商品倾销和非法补贴，保持公平竞争；履行国际决议或授权报复。它通常是一种临时性的关税，在实施目的达到后就撤销。

2. 进口附加税类别

1）反倾销税

反倾销税是指进口企业对出口商品以低于国内正常价格出口，对进口国家相关企业构成伤害和威胁，在受害企业投诉，经进口国家行政机构批准后，可对该进口产品征收反倾销税。

2）反补贴税

反补贴税是指出口国家政府对出口产品以禁止性补贴降低产品出口价格，对进口国家相关产业构成伤害和威胁，在受害企业投诉，经进口国家行政机构批准，对该进口产品征收反补贴税。

3）报复关税

报复关税通常在以下情况下出现：第一，联合国会员国根据联合国制裁决议，对违背联合国宪章会员设置的关税措施；第二，WTO 某一成员对违规成员，经 WTO 争端解决机构授权报复后设置的关税；第三，国家之间交恶后，相互设置畸高关税，进行惩罚。

第三节　关税征收、减免与配额

一、关税征收

关税征收是指海关依据海关税则，向进出口贸易商收缴关税的行为。

（一）海关税则

海关税则（customs tariff）是指一国对进出口商品计征关税的规章和应税与免税商品系统分类的一览表。它一般包括两个部分，即海关课征关税的规章条例及说明和关税税率表。

关税税率表主要包括三个部分，即税则号列（tariff no 或 heading no 或 tariff item），货物分类目录（description of goods）和税率（rate of duty）。

1. 海关税则的货物分类

当今世界各国海关税则的商品分类方法多以《商品名称及编码协调制度》作为商品分类的基础。

20 世纪 70 年代初，海关合作理事会制定了《商品名称及编码协调制度》，简称《协调制度》（harmonized system，HS）。它将商品分为 21 类 97 章，第 97 章留空备用，章以下设有 1 241 个四位数的税目，5 019 个六位数的子目。四位数的税目中，前两位数表示项目所在的章，后两位数表示项目在有关章的排列次序。例如税目为 01·04 是绵羊、山羊，前两位数表示该项目在第一章，后两位表示该商品为第一章的第四项。六位数的子目，即表示包括税目下的子目，如 5202 为废棉；5202·10 为废棉纱线。

7-3　协调编码制度 HS

2. 海关税则的种类

依据关税的栏目，海关税则可分为单式税则与复式税则；依据税则制定权，可分为自主税则和协定税则。

1）单式税则和复式税则

单式税则（single tariff）又称一栏税则。即一个税目只有一个税率，适用于来自任何国家的商品，没有差别待遇。现在只有少数发展中国家如委内瑞拉、巴拿马、冈比亚等实行此税则。

复式税则（complex tariff）又称多栏税则。即在一个税目下订有两个或两个以上的税栏，对来自不同国家的进口商品适用不同的税率，现为绝大多数国家采用。

2）自主税则和协定税则

自主税则（autonomous tariff）又称国定税则，即指一个国家自主制定不受外部约束的一种税率。

协定税则（conventional tariff）是指一国与其他国家或地区通过谈判，以贸易条约或协定的方式确定的关税率。

这两种税则均可设置单式税则或复式税则。当今世界绝大多数国家采用的是协定税则。

（二）计税标准

海关从收取最大税额考虑，对不同的商品设置不同的征税方法。各国海关通常使用的计税方法为从量税、从价税、复合税、选择税、滑准税、差价税和季节税等。

1. 从量税

从量税是按货物的计量单位（重量、长度、面积、容积、功率、件数等）作为课税标准，以每计量单位后的货币单位表示。多应用于体积较大而价值较低的初级产品。其计算公式为

$$关税税额 = 商品进口数量 \times 从量关税税率$$

其优缺点是：①计税方法简单，有利于进出口货物的迅速通关。②对质次价廉的进口商品抑制作用较大，保护作用较强，对质优价高的进口商品抑制作用较小，保护作用较弱。③可防止以低价伪报进口的偷逃税。④税率不能随物价的涨落更改。故当商品价格上涨时，因税率固定不变，税负相对下降，财政收入和保护作用相应降低。反之，当商品价格下降时，税负不会减少，财政收入和保护作用不会削弱。⑤对一些新产品、古玩、艺术品等难以制定从量税税率。

因制成品在国际贸易中已占绝大比重，现在使用从量税的国家随之减少。

2. 从价税

从价税是以商品价值为课税标准的征收方法，税率以应税税额占货物价格的比重表示。其计税公式为

$$从价税额 = 完税价格 \times 进口从价税率$$

其优点是：①税负随价而定。体现税收中性化原则和纳税负担合理。②征收方法单一。只考虑价格，不考虑物量。③有利于各国关税水平的相互比较。④容易普遍实施。已成为世界各国计征关税的主要计税标准。

从价税也有不足：①难以确定进出口货物价格的真实性、合理性。有时海关需要借助海关估价制度和稽查制度来确定货品价格，延长通关时间，商品不能尽快进入市场。②计税价基不一。由于成交方式不同、买卖双方承担的义务和风险不同，销售价格也不一致，很多国家以 CIF（成本加保险费加运费）价格为进口商品完税价格的价基，以商品的 FOB 价格（船上交货价）为出口商品完税价格的价基。也有一些国家以 FOB 价格为进口税完税价格的价基，如美国、加拿大等国。③海关估价方法作祟。为了多征收关税或保护本国市场，各国海关有意抬高海关估价方法，成为危害国际贸易发展的非关税壁垒。

3. 复合税

复合税是指在海关税则中，对一个税目中的商品同时使用从价、从量两种标准计税，以获取高额关税收入。其计税公式为

$$关税税额 = （货物进口数量 \times 从量关税税率）+ （完税价格 \times 从价税率）$$

4. 选择税

选择税是指在海关税则中对同一税目的商品订有从价标准和从量标准，根据时机，选择能够获得高额税负的一种标准使用。在应税商品价格上涨时，可选择从价计税；在应税商品价格下跌时，可选择从量计税；对质次价廉的进口商品或商人低报价格的商品，可按从量标准计征关税。

5. 滑准税

滑准税是指在海关税则中对同一税目的商品按其价格的高低分开档次并依此制定不同税率。其目的是使该商品的国内市场价格保持在一定的水平上，免受或少受国际市场价格波动的影响。其优点是它能平衡物价，保护国内产业发展；缺点是使交易容易出现投机行为。

6. 差价税

差价税的税率是按照进口货物价格低于国内市场同类货物价格的差额来确定的，又称"差额税"或"不定额税"。差价税可分为部分差价税、全部差价税和倍数差价税等几种。部分差价税是对进口货物价格与国内市场价格差额作部分征税以鼓励此种货物进口；全部差价税或倍数差价税是对进口货物价格低于国内市场同类价格的全部差价或差额倍数征收关税，其目的是限制进口。差价税通常没有固定税率，多是根据进口货物逐件进行计征。欧盟为保护成员的农业，对进口的农产品多采用差价税。

7. 季节税

季节税是对有季节性的鲜货、果品、蔬菜等产品，按其进口季节不同制定两种或两种以上的税率，在旺季采用高税率，在淡季采用低税率计征关税。其目的是维护市场供销平衡和稳定市场。

（三）通关程序

通关程序又称报关手续，通常包括货物的申报、查验、征税和放行环节。即出口商或进口商向海关申报出口或进口，接受海关的监督与检查，履行海关规定的手续，结清应付的税款和其他费用，经海关同意，货物可通关放行。

二、关税减免

（一）含义

关税减免指国家出于经济、政治等方面的考量和履行国际条约与协定，免除某些纳税者或某些进出口应税货品的纳税义务。

（二）减免依据与范围

因国情不同，各国关税减免制度不一。为促进国际贸易的发展，海关合作理事会制定《关于简化与协调海关业务制度的国际公约》，向该公约参与国家提出和推荐一些应予关税减免范围的基底，但各国可以加大。该减免关税的基底范围如下。

（1）有关国际协定中规定的货品。如联合国教科文组织《关于进口教科文材料的协定》、联合国教科文组织《促进教科文视听材料的国际交流的协定》中规定的教科文物品；《国际民航公约》列出的器材；《关于便利进口商业货样和广告品的国际公约》中所指价格低廉的商业样品和广告品等。

（2）商业价值的样品。如按其大小除展出外无其他用途的原材料及产品；按商业惯例粘附在卡片上或作样品用的非贵重材料制品。

（3）人体治疗物质、血型鉴定和组织分类试剂。

（4）迁居而进口的动产。

（5）布置第二居所使用的家具和家用物品。

（6）其他。其中包括：嫁妆和结婚礼品，学习用品，遗产，个人礼物，送给慈善或救济机构的物品，奖品，阵亡将士墓用材料，宗教用品，供测试用的产品，供牲畜在运输途中食用的草料和饲料，供运输途中货物防护用的产品和材料，进境供旅客、船员或乘务员以及运输工具自身所需的备用物料。

（三）减免关税批准与约束

在批准程序上，各国要提供方便和简化手续。减免税进口后的货物必须按海关准予减免税进口时核准的用途范围内使用，不得用于其他用途或销售。

三、关税配额

（一）含义

关税配额是指对商品进口的一定数额以内的进口商品,给予低税、减税或免税待遇；对超过数额的进口商品则征收较高的关税，以控制该商品的进口量。它多用于农产品的进口。如美国为保护国内农业生产者利益，对部分农产品实行关税配额。如脱脂奶粉，配额内平均关税税率为 2.2%，配额外的关税税率则高达 52.6%。

（二）类别

按商品进口的来源，关税配额可分为全球性和国别性两种，前者面向全球，后者针对国家。按征收关税的目的，可分为优惠性关税配额和非优惠性关税配额。前者对关税配额内进口的商品给予较大幅度的关税减让，甚至免税；而对超过配额的进口商品则征收原来的最惠国税率。

第四节 《海关估价协议》

一、协议来源

海关估价是指海关为征收关税，对进口货物价格进行估计，并以此价格计算关税。为了保护国内市场和扩大税源，第二次世界大战以后，世界各国普遍采用任意估价办法，加重了进口商的税赋。

为抑制这种做法，GATT 1947 对此作出如下规定：海关征收关税的完税价格应以进口货物或同类货物的"实际价格"为依据，不应采用同类国产品的价格及任意或虚构的价格；计价的汇率应符合 IMF 的规定。由于该规定不够具体，可操作性差，任意估价做法没有得到有效抑制。因此，在东京回合中，达成《海关估价守则》，对如何实施上述规定作了详细解释。但因缔约方可自主决定是否加入该守则，削弱了该守则的影响力。

在乌拉圭回合中，对该守则进行修订，达成《海关估价协议》(Agreement on Customs Valuation)，成为 WTO 成员必须接受的多边协议，其作用得到加强。

二、协议主要内容

《海关估价协议》由 4 个部分 24 个条款和 3 个附件组成。主要内容为适用范围，海关估价方法，对海关估价决定的复议，发展中成员的特殊和差别待遇，成立海关估价委员会，争端解决等。

（一）协议宗旨与适用范围

其宗旨为"建立一个公平、统一和中性的海关对货物估价的制度，以防止使用任意或虚构的完税价格"。

协议适用于商业意义上正常进口的货物。但下列进口货物排除在外。

（1）倾销或补贴货物的进口。

（2）非商业性进口。包括旅客携带入境物品和行李、邮递物品等。

（3）非直接进口。主要包括暂时进口的货物，从出口加工区或保税区等进入成员关税区的货物，退运货物，运输中损坏的货物等。

（二）海关估价的方法

协议规定，进口成员海关应首先以进口货物的成交价格作为货物完税价格。在无法使用这种方法时，可使用其他 5 种方法来确定货物的完税价格，分别是相同货物的成交价格、类似货物的成交价格、倒扣价格、计算价格和"回顾"方法。

海关不得颠倒 6 种估价方法的顺序，但进口商可以要求颠倒第 4 种和第 5 种计算价格方法。

1. 以进口货物的成交价格确定完税价格

进口货物的成交价值是指货物进口后，海关根据成交情况对进口商实付或应付成交价格进行调整后的价格。

这种估价方法必须符合以下条件：买方对货物的处置或使用权不受任何限制；卖方不得在买方购买进口货物时设定某些影响销售价格的条件；买方不得将对货物的转售、处置或使用产生的收益直接或间接返回给卖方，除非对成交价格进行适当调整；买卖双方之间不得存在特殊关系。

2. 以相同货物的成交价格确定完税价格

相同货物指与进口货物原产国或地区、原生产者生产的货物各方面完全相同的货物。使用这种方法要注意三个问题：相同货物必须与进口货物同时或大约同时的进口；相同货物的成交价格必须先前已被海关接受；如果有两个以上相同货物的成交价格，应选用其中最低的一个价格。

3. 以类似货物的成交价格确定完税价格

类似货物指在材料组成及特性上与进口货物原产国、原生产者生产的货物相似，具备同样功能且商业上可互换的货物。使用这种方法要注意三个问题：类似货物必须与进口货物同时或大约同时进口；类似货物的成交价格必须先前已被海关接受；如果有两个以上类似货物的成交价格，应选用其中最低的一个价格。

4. 以倒扣价格方法确定完税价格

倒扣价格指根据进口货物或相同货物或类似货物在进口方的销售价格，扣减货物进口及销售时产生的某些特定费用。

5. 以计算价格方法确定完税价格

计算价格指进口货物的生产成本，加上从出口成员到进口成员销售同级别或同种类货物通常所获得的利润，以及为推销和销售货物直接和间接产生的一般费用等。

这种方法通常在买方与卖方有特殊关系，且生产商愿意向进口方海关提供成本数据和必要审核材料的情况下采用。

6. 以"回顾"方法确定完税价格

"回顾"方法指海关可采用其他合理的方法来估价，包括对上述各种估价方法作出灵活处理，以其中最容易计算的方式确定完税价格。

三、对海关估价决定的司法复议

进口商对海关估价决定有申诉的权利，并且不应为此受到处罚。该申诉权包括两个方面：第一，可向海关内部主管复议的部门提出申诉，或向海关外部的某个独立机构提出申诉；第二，可向司法机关提出申诉。

通常，进口商首先向上一级海关或海关外部的某个独立机构提出行政复议申请，如对其复议不满，则进口商可向司法机关提出司法复议申诉。

四、发展中成员的特殊和差别待遇

（一）推迟实施协议和采用计算价格方法

发展中成员可推迟5年实施协议。如果5年时间不够，还可在5年结束前，提出延长期的申请。

（二）三种保留

第一，允许发展中成员对有限的商品在一定时间内实行最低限价，但应得到其他成员方的同意。第二，在进口商要求颠倒倒扣价格方法和计算价格方法的适用顺序时，如果给发展中成员带来困难，有权提出保留。第三，协议规定，在适用倒扣价格方法时，如果货物没有按进口时的原状销售，应进口商的请求，海关可采用货物经进一步加工后的销售价格进行倒扣计算。但发展中成员可保留如下权利：如果货物进行了进一步加工，无论进口商是否提出请求，海关均按有关规定，根据加工后的价格来确定完税价格。

此外，发展中成员海关在对独家代理人、独家经销人或独家受让人的进口货物进行估价时，如遇到问题，可向海关估价技术委员会和发达成员提出援助请求。

五、成立海关估价委员会

WTO 设立海关估价委员会，监督协议的实施。它由各成员的代表组成。该委员会每年审议一次协议的执行情况，就各成员实施的海关估价制度产生的影响进行磋商。

此外，WTO 成员之间在海关估价上的争端，可由 WTO 争端解决机制受理解决。

第五节 多边关税减让谈判做法

一、多边关税减让的含义与程序

多边关税减让谈判是指以 GATT 1947/WTO 为基础的多边贸易体制下进行的关税减让谈判。

关税减让具有四种含义：一是削减关税并约束减让后的税率；二是约束现行的关税水平；三是上限约束税率，即将关税约束在高于现行税率的某一特定水平，各方的实施税率不能超出这一水平；四是约束低关税或零关税。

多边贸易谈判中关税减让谈判程序如下。

（1）由全体缔约方/成员协商一致发起，并确定关税削减的目标。

（2）成立谈判委员会，根据关税削减的最终目标确定谈判方式。

（3）将谈判结果汇总成为多边贸易谈判的一部分，参加谈判方签字后生效。

多边关税减让谈判是相互的。任何缔约/成员，均有权根据享有的谈判权向其他缔约方/成员要价和还价，进行谈判。

二、关税减让谈判的基础与原则

（一）减让谈判基础

1. 商品基础

在谈判中常以协调税则税号确定商品范围，使谈判具有共同商品基点。

2. 税率基础

税率基础是关税减让的起点，一般是以上一次谈判确定的税率即约束税率，作为进一步谈判的基础。对于没有约束税率的商品，谈判方要共同确定一个税率。如在乌拉圭回合中，对于没有约束力税率的工业品，以 1986 年 9 月关税与贸易总协定缔约方的实施税率，作为关税谈判的基础税率；对于农产品，发展中缔约方可以自己对部分产品提出一个上限约束水平作为基础税率。

加入 WTO 时关税谈判的基础税率，一般是申请方开始进行关税谈判时国内实施的关税税率。

（二）关税减让原则

1. 互惠互利

互惠互利是指关税减让谈判结果要使关税减让有利于减让各方的贸易和经济发展。

2. 考虑对方的需要

应充分考虑关税减让成员产业的实际需要，充分考虑发展中成员的特殊需要等。

3. 对谈判情况保密

一般情况下，一个成员要与若干个成员进行关税减让谈判，但具体的谈判是在双边基础上进行的。因此，双方对谈判的承诺要保密，以避免谈判各方攀比要价。只有在所有双边谈判结束后，才将汇总后的双边谈判结果多边化，让其他成员知晓。在谈判中，谈判一方如果有意透露双边谈判的情况，则要受到谴责。

4. 按照最惠国待遇原则实施

关税谈判达成的谈判结果，应按照最惠国待遇原则，对 GATT 1947 缔约方/WTO 所有成员实施。

三、关税减让谈判权的确定

根据规定，只有享有关税谈判权的成员才可参加关税减让谈判。凡具备以下条件之一者，可享有关税谈判权。

（一）产品主要供应利益方

在谈判开始前的一段合理期限内，一个成员如是另一成员进口某项产品的前三位供应者，成为主要供应方，则有权向该产品的进口方提出关税减让谈判的要求。

此外，如某个成员的一项产品出口额占其总出口额的比重最高，虽然不是前三位主要供应者，但也有权要求参加与进口成员的关税减让谈判。

（二）产品实质供应利益方

在谈判前的一段合理期限内，一个成员某项产品的出口在另一方进口贸易中所占比重占 10% 以上，则该成员成为有实质供应利益方，有权向进口成员方提出关税谈判的要求。

如果一个成员在某项产品不是主要供应方或实质供应方，但今后可能成为主要供应利益或有实质供应利益方，具有"潜在利益"，也有权要求参与关税减让谈判。

（三）最初谈判权方

一个成员与另一成员已就某项产品的关税减让进行了首次谈判，并达成协议，则该成员对该产品成为最初谈判权方，具有最初谈判权。当作出关税减让承诺的一方要修改或撤回该项关税减让时，应与最初谈判权方进行谈判，以保持关税减让谈判方之间的权利与义务平衡。

四、关税减让谈判的模式与运用

（一）四种关税削减模式

在 GATT 1947 主持下的 8 轮多边贸易谈判中，采用的关税谈判模式主要有四类：第一类是针对有限数量产品进行双边出价和要价谈判，简称双边出价要价模式；第二类是按照某一目标幅度关税总水平进行削减，简称线性削减模式或平均削减模式；第三类是按照某种格式进行削减，简称公式削减模式；第四类是将某种产品的关税降为零或按产业链上下游关系对产业部门内关税水平进行协调，简称部门减让模式。双边出价要价模式是关税减让谈判的传统模式。

（二）关税削减模式的运用

从 GATT 1947 的首轮谈判到第五轮狄龙回合（1960—1962）的关税减让谈判，使用的都是针对有限数量产品的双边出价要价模式。缔约方两两之间进行双边出价要价谈判，某项产品的要价方或联合要价方通常是该项产品的主要供应方，双边谈判的结果多边化后在最惠国待遇基础上对全体缔约方适用。

随着 GATT 1947 缔约方数量的不断增加，双边出价要价谈判的效率大大降低。为了能够在更多缔约方之间对范围更广的产品进行关税削减，从肯尼迪回合（1964—1967）开始，引入线性削减模式，工业品关税总体削减幅度起点为 50%。同时允许通过谈判排斥部分产品，最终总体削减幅度目标为 30%。线性削减是一种平均削减模式，与双边出价要价模式相比，其优点是简单明了、覆盖范围广；缺点是不利于削减关税高峰，因为该模式只设定削减的总目标，在达到总目标的前提下缔约方可以自行决定每个税目的关税削减程度，可以通过大幅度削减低关税来保护其高关税产品。

东京回合谈判（1973—1979）引入瑞士公式进行关税削减。该公式形式为：$T_1 = A \times T_0 / (A + T_0)$，其中 T_0 为基础税率，T_1 为削减后的税率，A 为公式系数。该公式由瑞士提出。该公式是一种非线性公式，即其关税削减幅度随着关税税率的提高而逐渐增加，随着关税税率的降低而逐渐减少，从而更有效地削减关税高峰和关税升级。东京回合中，仅有部分缔约方和部分产品采用瑞士公式进行关税削减。

乌拉圭回合谈判（1986—1994）中，由于各方未能就公式减让的具体模式达成一致，最终决定采用 33% 的平均削减目标，在实现此目标的前提下，缔约方可自行选择采用何种模式进行削减谈判。在美国坚持下，最终实质性的谈判成果体现为部门减让，部分缔约方就 10 个部门达成部门零关税协议，化工部门达成部门协调关税协议。部门减让模式的核心要素是产品范围和临界数量。临界数量是使部门减让生效的一个门槛，即只要部门参加方在该部门的贸易总额占该部门全球贸易额的一定比例（如 80%~90%），部门减让协议即可生效。这样一方面减少了参加谈判的成员数量，降低了谈判难度；另一方面可确保该部门贸易量较大的成员都参加进来，减少"搭便车"的情况。

五、关税减让表

关税减让表是多边贸易谈判或加入 WTO 谈判在关税减让结果的具体体现。乌拉圭回合结束后，参加谈判方的关税减让表均作为附件列在乌拉圭回合最后文件中，成为 WTO 协定的组成部分。加入 WTO 谈判结束，关税减让表也成为申请者加入 WTO 议定书的附件。

关税谈判结果的税率与各成员实施的税率是不同的。谈判结果的税率是约束税率，而实施税率是各成员公布的法定适用税率。各成员实施的关税水平，均不得高于其在减让表中承诺的税率以及逐步削减的水平。如要将某产品的关税税率提高到约束水平以上，或调整关税约束的产品范围，均应按有关条款规定的程序进行谈判。经过谈判确定的修改结果，重新载入减让表。

六、修改或撤回减让表的关税谈判

WTO 修改或撤回减让表的关税谈判是指一个 WTO 成员修改或撤回已作出承诺的关税减让，包括约束税率的调整或改变有关税则归类，与受到影响的其他成员进行的谈判。这种谈判以双边方式进行。修改或撤回减让表的关税谈判程序如下。

（1）通知 WTO 货物贸易理事会，要求修改或撤回某项产品的减让，理事会授权该成员启动关税谈判。

（2）与有关成员进行谈判，确定修改或撤回的减让幅度，给予补偿的产品及关税减让的水平等。一般来说，补偿的水平应与撤回的水平大体相同。

（3）谈判达成协议后，应将谈判的结果载入减让表，按照最惠国待遇原则实施。

（4）若谈判未能达成一致，申请方可以单方采取行动，撤回减让；但其他有谈判权的成员可以采取相应的报复行动，撤回各自减让表中对申请方有利益的减让。

有资格参加修改或撤回减让的关税谈判成员，包括有最初谈判权的成员、有主要供应利益或实质供应利益的成员。但获得补偿的成员，不是所有有资格谈判的成员，申请方仅对具有主要供应利益或实质供应利益的成员给予一定的补偿。

对有最初谈判权的成员，如果在申请方提出申请时，既不具有主要供应利益，也不具有实质供应利益，则该成员虽可要求与申请方进行谈判，但申请方可以以该成员没有贸易利益为由，而不给予补偿。

第六节 GATT 1947 多边关税减让谈判成果

在 GATT 1947 主持下，从 1947 年到 1994 年举行 8 轮回合多边贸易谈判，在关税减让上取得众多成果。第八轮回合多边贸易谈判关税减让成果多于前七轮。

一、前七轮关税减让成果

前七轮关税减让谈判的汇总情况，见表 7.1。

表 7.1 前七轮关税减让谈判情况

谈判回合	谈判时间	谈判地点	参加方/个	关税减让幅度/%	影响贸易额/亿美元
第一轮	1947 年 4 月至 10 月	瑞士日内瓦	23	35	100
第二轮	1949 年 4 月至 10 月	法国安纳西	33	35	—
第三轮	1950 年 9 月至 1951 年 4 月	英国托奎	39	26	—
第四轮	1956 年 1 月至 5 月	瑞士日内瓦	28	15	25
第五轮	1960 年 9 月至 1962 年 7 月	瑞士日内瓦	45	20	45
第六轮	1964 年 5 月至 1967 年 6 月	瑞士日内瓦	54	35	400
第七轮	1973 年 9 月至 1979 年 4 月	瑞士日内瓦	102	33	3 000

资料来源：WTO 秘书处。

二、第八轮关税减让成果

(一) 工业制成品

(1) 关税减让。发达成员减让关税 40%，发展中成员和经济转型成员各为 30%。
(2) 约束关税并承诺不再提高。发达成员和转型经济成员 98% 的进口工业品纳入约束关税。发展中成员的进口货物纳入约束税率的比例在 73% 左右。

(二) 农产品

(1) 通过关税化取消全部的非关税措施。
(2) 对于关税化形成的新关税和其他关税进行约束，使它们不再提高。
(3) 发达成员削减约束关税的 36%，发展中成员削减 24%。

(三) 各种类型成员的关税税率变化

发达成员整体的工业制成品的加权平均关税从乌拉圭回合之前的 6.3% 下降到乌拉圭回合后的 3.8%，经济转型成员整体从 8.6% 下降到 6.0%，发展中成员均有程度不同的下降。详细情况见表 7.2～表 7.4。

表 7.2　乌拉圭回合前后各发达成员工业品的加权平均关税　　　　　%

发达成员	贸易加权平均关税	
	乌拉圭回合之前	乌拉圭回合之后
发达成员	6.3	3.8
澳大利亚	20.1	12.2
奥地利	10.5	7.1
加拿大	9.0	4.8
欧盟	5.7	3.6
芬兰	5.5	3.8
冰岛	18.2	11.5
日本	3.9	1.7
新西兰	23.9	11.3
挪威	3.6	2.0
南非	24.5	17.2
瑞典	4.6	3.1
瑞士	2.2	1.5
美国	5.4	3.5

资料来源：International Trade Centre UNCTAD/WTO. Business Guide To the Uruguay Round. p. 245. （不含石油）

表 7.3　乌拉圭回合前后各转型经济成员工业品的加权平均关税　%

转型经济成员	贸易加权平均关税	
	乌拉圭回合之前	乌拉圭回合之后
转型经济体	8.6	6.0
捷克共和国	4.9	3.8
匈牙利	9.6	6.9
波兰	16.0	9.9
斯洛伐克共和国	4.9	3.8

资料来源：International Trade Centre UNCTAD/WTO. Business Guide To the Uruguay Round. p. 247.（不含石油）

表 7.4　乌拉圭回合前后各发展中成员工业品的加权平均关税　%

发展中成员	贸易加权平均关税	
	乌拉圭回合之前	乌拉圭回合之后
阿根廷	38.2	30.9
巴西	40.6	27.0
智利	34.9	24.9
哥伦比亚	44.3	35.1
哥斯达黎加	54.9	44.1
萨尔瓦多	34.5	30.6
印度	71.4	32.4
韩国	18.0	8.3
马来西亚	10.2	9.1
墨西哥	46.1	33.7
秘鲁	34.8	29.4
菲律宾	23.9	22.2
罗马尼亚	11.7	33.9
新加坡	12.4	5.1
斯里兰卡	28.6	28.1
泰国	37.3	28.0
土耳其	25.1	22.3
委内瑞拉	50.0	30.9
津巴布韦	4.8	4.6

资料来源：International Trade Centre UNCTAD/WTO. Business Guide To the Uruguay Round. p. 246.

（四）发达成员的零关税与协调关税

在乌拉圭回合中，发达成员间在药品、医疗器械、建筑、矿山钻探机械、农用机械、部分酒、家具等部门达成零关税协议；在纺织品、化学品方面达成了协调关税协议。这些发达成员包括美国、欧盟、日本、加拿大、澳大利亚、奥地利、捷克、芬兰、挪威、斯洛伐克、瑞典、瑞士等。

1. 零关税部门

零关税是指在 WTO 运行后取消的关税和逐步取消的关税。药品、医疗设备、农业机械和家具关税在 WTO 运行后立即取消；建筑、矿山钻探机械关税在 WTO 运行后 5 年内达到减让目标；钢材、酒、木浆、纸制品及印刷品在 WTO 运行 10 年内取消关税。玩具关税在 WTO 运行 10 年内减让到零。

2. 协调关税

协调关税是指逐步下调的关税。其中化学品协调关税是将化工原料、中间体、制成品的关税分别减让到 0、5.5%和 6.5%。纺织品协调关税中纱线减让到 5%，织物减让到 10%，服装减让到 17.5%。在 WTO 运行后 10 年内实施。

第七节 关税减让谈判

一、多哈回合的关税减让谈判

2001 年 11 月，WTO 启动多哈回合谈判，迄今为止，尚未结束，但农产品和非农产品的关税谈判的轮廓已经形成。

（一）农产品关税减让谈判

1. 农产品关税减让谈判的依据

根据《农业协议》和《多哈发展议程》授权，新一轮农业谈判包括的主要内容有：国内支持、出口竞争和市场准入三大部分。2008 年 12 月在 WTO 第七届部长级会议上，多数成员认为 2008 年模式案文基本上反映了各成员的诉求，可作为结束谈判的基础。在市场准入关税减让谈判中，涉及的内容包括：关税削减公式，敏感产品，特殊产品，特殊保障机制，特殊保障措施，关税升级，关税简化，关税配额与管理，热带产品和特殊产品的优惠，棉花市场准入等。

2. 农产品关税减让谈判基点

1) 关税削减公式

（1）发达成员。所有农产品关税平均水平削减幅度不得低于 54%。其中，约束关税为 0%～20%的削减 50%；20%～50%削减 57%；50%～75%削减 64%；75%以上，削减 70%。实施期为 5 年，分 6 次平均削减。

（2）发展中成员。所有农产品关税平均削减幅度最高不超过 36%。约束关税在 0～30%，削减 33.3%；30%～80%削减 38%；80%～130%削减 42.7%；130%以上削减 46.7%。实施期为 10 年，分 11 次平均削减。发展中新成员公式各层的关税少减 8%，低于 10%的关税免予削减，实施期 12 年，与入世承诺重叠部分可于入世实施期结束后 1 年开始实施。

2) 敏感产品与新建配额产品数量限制

敏感产品数量一般不超过总税目数的 4%，特殊情况可略有增加，但需额外扩大配额加以补偿。新建配额产品数量最多不超过税总额的 1%，且在敏感产品总数量之内；所有配额应为最惠国待遇，配额内税率为零；新建的税目应清晰列明在模式中。

3) 发展中成员特殊产品的确定

根据粮食安全、生计安全和农村生产三大标准基础，发展中成员可自主确定特殊产品，数量不超过税目总数的 12%，其中 5%免予关税削减，总体平均削减幅度为 11%；发展中新成员特殊产品数量不超过税目总数的 13%，总体平均削减幅度为 10%。

4）特殊保障机制救济关税的使用

救济关税超过约束税率的数量触发水平的计算，应扣除实施特殊保障机制时期的进口量，以没有触发月份的贸易平均量予以替代。特保机制的实施期在 12 个月内，成员可自行选择年度类型。触发以后，最多实施 4 个月或 8 个月，此后再过 4 个月或 8 个月才能重新实施。

5）特殊保障措施的实施

发达成员自实施期第一天起，要将使用特殊保障措施的产品数量削减到占税目总数的 1%，在实施期的第 7 年末要完全取消特保措施。发展中成员自实施第一天起削减产品数量到税目总数的 2.5%。

6）对加工产品关税的额外削减

发达成员和自认有能力的发展中成员应对加工产品的关税进行关税削减公式以外要求以外的额外削减。这些加工产品包括蔬菜、水果和坚果等近 130 个 8 位税目产品。

7）加大关税简化

发达成员用巴黎方法将不低于 90%税目转化为从价税，余下的税目在实施期结束一年后再行简化。

8）关税配额内税率削减与管理

发达成员对配额内关税应削减 50%或 10%。实施期与关税配额扩大的实施期相同。自实施期第一天起，配额内税率最高不超过 17.5%，实施期第一年末配额内税率不到 5%全部削减为零。发展中成员配额内税率削减 15%，特殊产品配额内税率不削减。新成员配额内税率不超过 15%可不削减。

凡列入成员减让表的现有和新建配额内产品都要进行配额管理。为强化配额发放的透明度、及时性和预见性，在发放配额前 90 天要公布相关信息，配额申请期不超过 30 天，要建立单一的申请配额单位。

9）关税削减公式的例外

热带产品不按照关税削减公式进行削减，而是采用单独的热带产品关税削减公式削减。享受特殊优惠的产品排除在关税削减公式以外。

10）对最不发达成员棉花出口给予双免待遇

自协议实施第一天起，发达成员和自认有能力的发展中成员对最不发达成员出口的棉花给予免税和免配额的待遇。没有能力的发展中成员应积极扩大最不发达成员棉花的市场准入机会。

（二）非农产品关税减让谈判

1. 关税减让谈判基本目标与范围

WTO《多哈部长宣言》第 16 段授权就非农产品市场准入进行谈判，确定三大目标：第一，谈判模式重点是削减高峰关税、高关税和关税升级；第二，谈判模式应当适用于全体非农产品，不得事先排队；第三，谈判应当体现发展中成员的特殊和差别待遇，包括削减承诺的非完全互惠。

非农产品市场准入谈判的范围包括工业品、水产品和林产品。谈判的主要内容是削减上述产品的关税及非关税壁垒。

2. 关税削减模式的确定

2002年非农产品谈判组成立后，WTO主要成员都提交了关税减让模式。美国和中国提交的关税减让模式是变体的瑞士公式，欧盟提交的是分层线性公式，印度提交的是分布削减的线性公式。

2003年8月非农谈判组主席散发的吉拉德案文，提出了基于瑞士公式，融合了中国提案要素、吉拉德公式与7个部门强制性的部门减让，带有以税目总数和集中度等条件的发展中成员关税减免灵活性。2003年9月在WTO坎昆部长级会议上，会议主席墨西哥外长德提出案文，弱化了吉拉德案文中对公式和部门减让的规定。该案文被纳入2004年7月达成的《多哈工作计划》，规定非农谈判组继续就非线性公式开展工作，继续就部门减让要素进行讨论，确定发展中成员部分产品关税减免或少减的灵活性基本框架。

自2004年底到2015年7月，印度、巴西、阿根廷、美欧就公式形式进行探讨，2005年12月WTO部长级会议带有多个系数的瑞士公式减让非农产品关税达成共识，并将2016年4月定为结束谈判的最后期限。

2006年1月到4月，各方按照香港会议时间表进程进行冲刺，对各种系数组合的关税削减结果进行模拟，推动了谈判的深入。此后，各方特别是WTO主要成员方举行各种磋商会议，修改案文。2008年7月25日拉米提出"拉米案文"，要美、欧、日、澳、中、印、巴7个成员全盘接受。各方就拉米案文所提出的瑞士公式系数范围和发展中成员灵活性的比例达成一致，但在部门减让问题上未能达成共识。

2011年4月，时任WTO总干事拉米散发了《关于非农部门减让磋商情况的报告》，指出成员间的三个主要分歧：一是公式削减的体现的雄心水平不一；二是不同成员之间的贡献是否平衡和适当；三是部门减让的地位。2011年5月，主要成员就部门减让再次磋商，因立场差距较大，未能达成一致。非农谈判中的部门减让谈判宣告结束。

2013年WTO第九届部长级会议（巴厘岛会议）结束后，非农谈判恢复，主要成员开始讨论调整并降低雄心水平、放弃瑞士公式和部门减让模式，转而采用平均削减法的替代模式，但至今未能取得实质性进展。

3. 公式减让模式以外内容谈判搁置

除去关税削减公式和部门减让谈判，非农谈判模式中还包括众多其他内容，主要包括产品范围、实施期、关税减让的贸易参考期、关税减让的基础税率、从量税向从价税的转换方法、税则版本、非约束税目的处理方法、不参加公式减让的发展中成员的灵活性、新成员灵活性、关税同盟成员特殊灵活性、其他特殊成员的灵活性、优惠侵蚀问题解决方案、从最不发达成员进口免税、免配额等内容。

二、加入WTO的关税减让谈判

（一）程序

加入WTO申请者都要与WTO成员进行关税减让谈判，以削减并约束申请方的关税水平的义务，享受加入后已有多边关税减让谈判的成果。

加入时的关税谈判程序如下。

（1）申请方向成员发出关税谈判邀请。

（2）各成员根据其产品在申请方市场上的具体情况，提出各自的关税要价单，一般采用产品对产品的谈判方式。

（3）申请方根据对方的要价，并考虑本国产业情况进行出价，谈判双方进行讨价还价。这一过程一般要经过若干次谈判。

（4）谈判双方签订双边关税减让表一式三份，谈判双方各执 1 份，交 WTO 秘书处 1 份。

（5）将所有双边谈判的减让表汇总形成为加入方的关税减让表，作为加入议定书的附件。

加入时的关税谈判，减让是单方面的。申请方有义务作出关税减让承诺，无权向成员提出关税减让要求。

加入时的关税谈判资格，一般不以是否有主要供应利益或实质供应利益来确定。任何成员均有权向申请方提出关税减让要求，是否与申请方进行谈判，由各成员自行决定；要求谈判的成员也可对某些产品要求最初谈判权，申请方不得拒绝。

（二）加入后关税减让表现

申请成员加入 WTO 关税减让谈判结果，以关税减让表表示，作为加入议定书的附件。表中包括税号、商品名称、加入之日约束税率、最终约束税率、实施期、现行减让的确定，其中包括最终投票权、首次并入 GATT 减让表中的减让、早期最初投票权和其他税费。中国加入 WTO 关税减让表格式见表 7.5。

表 7.5 中国加入 WTO 关税减让表格式

税号	商品描述	加入之日约束税率/%	最终约束税率/%	实施期	现行减让的确定	最终谈判权	首次并入 GATT 减让表中的减让	早期最初谈判权	其他税费
87032314	——小轿车	51.9	25	2006年7月1日		AU,JP,PL,US			0
87032315	——越野车（四轮驱动）	51.9	25	2006年7月1日		AU,JP,US			0
87032316	——9 座及以下 的小客车	51.9	25	2006年7月1日		AU,JP,US			0
87032319	——其他　——汽缸容量（排气量）超过 2 500 毫升，但不超过 3 000 毫升	51.9	25	2006年7月1日		AU,JP,US			0
87032334	——小轿车	51.9	25	2006年7月1日		AU,JP,US			0
87032335	——越野车（四轮驱动）	51.9	25	2006年7月1日		AU,JP,KR,US			0

续表

税号	商品描述	加入之日约束税率/%	最终约束税率/%	实施期	现行减让的确定	最终谈判权	首次并入GATT减让表中的减让	早期最初谈判权	其他税费
87032336	—9座及以下的小客车	51.9	25	2006年7月1日		AU,JP,KR,US			0
87032339	—其他 —汽缸容量（排气量）超过3 000毫升	51.9	25	2006年7月1日		AU,JP,US			0
87032430	—小轿车	61.7	25	2006年7月1日		AU,JP,KR,US			0
87032440	—越野车（四轮驱动）	61.7	25	2006年7月1日		AU,JP,US			0
87032450	—9座及以下的小客车	61.7	25	2006年7月1日		AU,JP,US			0
87032490	—其他 —装有压燃式活塞内燃发动机（柴油或半柴油发动机的）的其他车辆；汽缸容量（排气量）不超过1 500毫升	61.7	25	2006年7月1日		AU,JP,US			0
87033130	—小轿车	51.9	25	2006年7月1日		JP,US			0
87033140	—越野车（四轮驱动）	51.9	25	2006年7月1日		JP,KR,US			0
87033150	—9座及以下的小客车	51.9	25	2006年7月1日		JP,KR,US			0
87033190	—其他 —汽缸容量（排气量）超过1 500毫升，但不超过2 500毫升	51.9	25	2006年7月1日		JP,US			0
87033230	—小轿车	51.9	25	2006年7月1日		JP,KR,US			0

资料来源：石广生. 中国加入WTO法律文件导读[M]. 北京：人民出版社，2002：593.

（三）加入WTO成员关税减让结果

1. 保护程度高于创始成员

新加入成员与创始成员在关税上出现三个特点：第一，关税覆盖范围新加入成员高于创始成员。创始成员关税覆盖范围为74%，而加入成员则为99.9%；第二，所有产品平均最终约束税率，加入成员为45.6%，明显高于创始成员的13.8%；第三，农产品和非农产品最终约束税率，加入成员均高于创始成员。农产品两者的最终约束税率分别为65.4%和20.1%；非农产品最终约束税率两个分别为34.0%和12.0%。这些特点表明加入成员在关税上的保护程度高于创始成员。

2. 与经济发展水平相适应

（1）所有产品关税平均最终约束税率与经济发展阶段和发展水平呈逆向。

（2）农产品最终约束关税税率普遍高于非农产品平均最终约束税率。具体情况见表 7.6.

表 7.6　WTO 32 个加入成员关税减让结果总览（截至 2014 年 6 月）

编号	成员	入世时间	覆盖范围	平均产品最终约束税率/%		
				所有产品	农产品	非农产品
1	阿尔巴尼亚	2000/9/8	100	7.0	9.5	6.6
2	亚美尼亚	2003/2/5	100	8.5	14.7	7.6
3	保加利亚	1996/12/1	100	24.5	35.6	23.0
4	柬埔寨	2004/10/13	100	19.1	28.0	17.7
5	佛得角	2008/7/23	100	15.8	19.3	15.2
6	中国	2001/12/11	100	10.0	15.7	9.2
7	中国台北	2002/1/1	100	6.3	16.9	4.7
8	克罗地亚	2000/11/30	100	6.1	10.4	5.5
9	厄瓜多尔	1996/1/21	100	21.7	25.7	21.2
10	爱沙尼亚	1999/11/13	100	8.6	17.5	7.3
11	马其顿共和国	2003/4/4	100	7.1	12.9	6.3
12	格鲁吉亚	2000/6/14	100	7.4	13.0	6.5
13	约旦	2000/4/11	100	16.3	23.6	15.2
14	吉尔吉斯斯坦	1998/12/20	100	7.5	12.8	6.7
15	老挝	2013/2/2	100	18.8	19.3	18.7
16	拉脱维亚	1999/2/10	100	12.7	34.6	9.4
17	立陶宛	2001/5/31	100	9.3	15.2	8.4
18	摩尔多瓦	2001/7/26	100	7.0	14.0	5.9
19	蒙古	1997/1/29	100	17.5	18.9	17.3
20	黑山共和国	2012/4/29	100	5.1	10.8	4.3
21	尼泊尔	2004/4/23	99.4	26.0	41.4	23.7
22	阿曼	2000/11/9	100	13.7	27.6	22.7
23	巴拿马	1997/9/6	100	23.4	27.6	22.7
24	俄罗斯	2012/8/22	100	7.8	10.8	7.3
25	萨摩亚	2012/5/10	100	21.1	25.8	20.4
26	沙特阿拉伯	2005/12/11	100	11.1	15.4	10.5
27	塔吉克斯坦	2013/3/2	100	8.0	10.4	7.6
28	汤加	2007/7/27	100	17.6	19.2	17.3
29	乌克兰	2008/5/16	100	5.8	11.0	5.0
30	瓦努阿图	2012/8/24	100	39.7	43.6	39.1
31	越南	2007/1/11	100	11.4	18.5	10.4
32	也门	2014/6/26	100	21.1	24.9	20.5

本章小结

（1）关税自古有之。关税可以增加国家财政收入，调节进出口贸易结构和贸易方向，维护贸易关系等。

（2）在关税设置时，因纳税对象不同、征税目的不一、税率优惠差异，出现了各种形式的关税。其中影响较大的是进口关税和涉及发展中国家优惠关税与普惠制。

（3）各国征收关税的依据是海关税则和政府临时文件。海关税则变化的特点是：税号排序按协调制度进行；计税方法很多，因制成品在国际贸易中占绝大比重，故从价税成为各国尤其是发达国家主要的计税标准。因贸易对象关系不同，税则栏目向多栏发展。

（4）海关对进口商品估价是征税的基础。为使成员海关对进口商品估价规范化，在乌拉圭回合谈判中，达成了《海关估价协议》，减少海关因任意估价对国际贸易产生的负面作用。

（5）关税减让谈判成为 GATT 1947 和 WTO 为基础的多边贸易谈判的重要内容之一。关税"减让"，具有三种含义：一是削减关税并约束减让后的税率，二是约束现行的关税水平；三是上限约束、低关税或零关税税率约束。在谈判中，确立了关税减让谈判的原则、基础和方法。

（6）经过乌拉圭回合多边关税减让谈判，WTO 各类型成员的工业品的加权平均关税，均呈下降趋势。发达成员整体的工业制成品的加权平均关税从乌拉圭回合之前的 6.3% 下降到乌拉圭回合后的 3.8%，经济转型成员整体从 8.6% 下降到 6.0%，发展中成员关税下降后的关税水平高于前两类国家。WTO 建立后，加入成员产品最终约束税率普遍高于创始成员。

（7）2001 年后，WTO 开始多哈回合谈判，关税减让谈判仍是主要内容之一，在农业和非农产品关税减让谈判达成许多共识。

思考题

1. 为什么各国要设置关税？
2. 关税减让谈判与贸易自由化是什么关系？
3. 多边贸易体制关税减让谈判分为几种类型？
4. 为何发达成员关税减让程度高于发展中成员？
5. 加入成员如何进行加入关税减让谈判？
6. 关税减让表有什么意义？
7. 多哈回合关税减让为何不能尽快结束？

7-4 GATT 关税谈判的起因

第八章

非关税与投资措施协议

本章导读

随着人民生活的提高和对生活环境保护的关注,对进口商品标准、质量等要求不断提高,而关税水平不断下调后,对市场的保护能力减弱。为了保护消费者的安全和适应企业市场竞争的需要,20 世纪 80 年代以后,世界各国设立的各种非关税措施逐渐加多。它们包括实施卫生与植物卫生检疫措施,各种技术达标要求,进口商品的复检,复杂的原产地和进口许可程序,对与贸易有关的国外投资设置各种限制等。这些非关税措施在一定程度上影响国际贸易的正常发展,不利于贸易的自由化。为此,从 GATT 1947 东京回合开始,缔约方关注非关税壁垒的设立限制、进行规范化。在乌拉圭回合中达成与上述内容有关非关税措施的协议,并进行了规范,提出比较明确的宗旨和履行要求,成为 WTO 负责实施管理的多边协议的重要部分。本章就这些非关税壁垒协议的种类、影响和相关规则进行介绍和分析。

学习目标

通过学习,可以了解各种非关税壁垒协议产生的背景,设立后的作用,知悉它们的内容,掌握它们运用的条件,实施后的影响与发展情况。

第一节 《实施卫生与植物卫生措施协议》

一、协议地位与宗旨

《实施卫生与植物卫生措施协议》(Agreement on Sanitary and Phytosanitary Measures, SPS)是乌拉圭回合达成的协议,从 GATT 1974 第 20 条引申而成。其宗旨是通过该协议"指导卫生与植物卫生措施的制订、采用和实施,从而将其对贸易的消极影响减少到最低程度","进一步推动各成员使用协调的、以有关国际组织制订的国际标准、指南和建议为基础的卫生与植物卫生措施"。

二、SPS 产生背景

GATT 1947 允许缔约方采取卫生与植物卫生措施,前提是这些措施不得对情形相同的成员构成任意或不合理的歧视,也不得构成对国际贸易的变相限制。但在实践中,一些缔约方滥用卫生与植物卫生措施,阻碍了正常的国际贸易。而该协定有关规定过于笼统,难以操作,不能有效约束缔约方滥用卫生与植物卫生措施。因此,缔约方要求通过多边贸易谈判制定一个明确和便于执行的规则。

在乌拉圭回合中,实施卫生与植物卫生措施问题起初作为《农业协议》谈判内容的一部分。但许多缔约方担心,在农产品非关税措施被转换成关税以后,某些缔约方可能会更多地、不合理地使用卫生与植物卫生措施来进行保护。为消除这种顾虑,通过谈判单独达成了 SPS。

三、SPS 主要内容

协议由 14 个条款和 3 个附件组成。内容主要包括:含义,应遵循的规则,发展中成员所享有的特殊和差别待遇,卫生与植物卫生措施委员会的职能,争端解决等。

(一)卫生与植物卫生措施的含义与内容

卫生与植物卫生措施是指成员为保护人类、动植物的生命或健康,实现下列具体目的而采取的任何措施。

(1)保护成员领土内人的生命免受食品和饮料中的添加剂、污染物、毒素及外来动植物病虫害传入危害。

(2)保护成员领土内动物的生命免受饲料中的添加剂、污染物、毒素及外来病虫害传入危害。

(3)保护成员领土内植物的生命免受外来病虫害传入危害。

(4)防止外来病虫害传入成员领土内造成危害。

其措施包括:所有相关的法律、法规、要求和程序,特别是最终产品标准;工序和生产方法;检测、检验、出证和审批程序;各种检疫处理;有关统计、抽样程序和风险评估方法的规定;与食品安全直接有关的包装和标签要求等。

(二)应遵循的规则

协议规定,成员在制订和实施卫生与植物卫生措施时,应遵循以下规则。

1. 非歧视地实施

成员在实施卫生与植物卫生措施时不能在情形相同或相似的成员间,包括该成员与其他成员之间造成任意或不合理的歧视,尤其是在有关控制、检验和批准程序上,应给予其他成员的产品国民待遇。

如两个出口方的木质包装中都有天牛害虫,但如它们都对出口产品的木制包装采取了检疫处理措施,达到了进口方适当的植物卫生保护水平,进口方就应当同等地接受,而不能对两个出口方中的一方差别待遇。

2. 以科学为依据

成员应确保任何卫生与植物卫生措施都以科学为依据,不能实施没有充分科学依据的卫生与植物卫生措施。如在科学依据不充分的情况下采取某种相关措施,只能是临时性的,并应在合理的期限内作出科学评估。

3. 以国际标准为制定基础

各成员应根据现行的国际标准制订本国的卫生与植物卫生措施。制定国际标准的国际组织有食品法典委员会、世界动物卫生组织和国际植物保护公约秘书处。

在没有国际标准时,成员方采取的卫生与植物卫生措施必须以有害生物风险分析的结果为根据。但实施前要及早向出口方发出通知,并作出解释。

4. 等同对待达到要求的出口成员

如果出口成员对出口产品所采取的卫生与植物卫生措施,达到了进口成员的卫生与植物卫生保护水平,进口成员就应允许该种产品进口。

5. 根据有害生物风险分析确定适当的保护水平

协议规定,成员在制定卫生与植物卫生措施时应以有害生物风险分析为基础。有害生物风险分析是指进口方的专家在进口前对进口产品可能带入的病虫害的定居、传播、危害和经济影响;对进口食品、饮料、饲料中可能存在添加剂、污染物、毒素或致病有机体可能产生的潜在不利影响,作出的科学的分析报告。在进行风险分析时,应采用国际组织制定的有害生物风险的分析技术。

6. 接受"两区"概念

"两区"是指"病虫害非疫区"和"病虫害低度流行区"。

前者指没有发生检疫性病虫害,并经有关国家主管机关确认的地区。例如,疯牛病在某国的某地区没有发生,并经该国有关主管部门确认,该地区就是疯牛病非疫区。

后者是指检疫性病虫害发生水平低,已采取有效监测、控制或根除措施,并经有关国家主管机关确认的地区。

如果出口方声明,进口方关税领土内全部或部分地区是病虫害非疫区或病虫害低度流行区,应向进口方提供必要的证据。同时,应进口方请求,出口方应为进口方提供检验、检测和其他有关程序的合理机会。

7. 保持有关法规的透明度

成员应指定一个中央政府机构负责履行通报义务,将计划实施的、缺乏国际标准或与国际标准有实质不同,并且对其他成员的贸易有重大影响的卫生与植物卫生措施通报WTO。

成员采取有关卫生与植物卫生措施,应允许其他成员提出书面意见,进行商讨,并考虑这些书面意见和商讨的结果。如有成员要求提供有关法规草案,该成员应予提供,并尽可能标明与国际标准有实质性偏离的部分。

此外,成员还要设立一个咨询点,答复其他成员所提出的合理问题,并提供有关文件。

(三)发展中成员享有的特殊和差别待遇

(1)成员在制订和实施卫生与植物卫生措施时,应考虑发展中成员的特殊需要。如果分阶段采用新的卫生与植物卫生措施,应给予发展中成员更长的准备时间。

(2)成员同意以双边的形式,或通过适当的国际组织,向发展中成员提供技术援助。

此类援助可特别针对加工技术、科研和基础设施等领域。当发展中成员为满足进口方的卫生与植物卫生措施要求，需要大量投资时，该进口方应提供技术援助。

(3) 发展中成员可推迟两年执行 SPS。如有发展中成员提出请求，可有时限地免除它们该协议项下的全部或部分义务。

（四）设立卫生与植物卫生措施委员会

为监督成员执行本协议，并为成员提供一个经常性的磋商场所或论坛，WTO 设立了卫生与植物卫生措施委员会。

该委员会对协议的运用和实施情况进行审议，加强与主管标准的国际组织的联系与合作，并制定相应程序，监督和协调国际标准的使用。

（五）争端的解决

成员间有关实施卫生与植物卫生措施问题的争端，应通过 WTO 争端解决机制解决。如涉及科学或技术问题，则可咨询技术专家或有关的国际组织。

四、SPS 执行情况

（一）通报数量逐年增加

通报制度是执行程度的重要内容。2000 年后，WTO 成员向 SPS 措施委员会通报的数量呈逐年上升的趋势。通报量 2000 年为 468 件，2005 年为 855 件，2010 年为 1 410 件，2014 年达到 1 633 件。通报数量逐年增长，表明执行一般良好。

（二）发展中成员通报占比大为提高

发展中成员在成员整体通报量中的比重大幅上升。所占比重 2000 年为 26%，2005 年为 48%，2010 年为 65%，2014 年为 63%。

（三）食品安全和植物健康成为关注重点

从 1995 年到 2014 年，在 SPS 执行中，被关注的具体问题共有 382 项。其中，31% 涉及食品安全，24% 涉及植物健康，6% 涉及认证要求、控制和检验程序。

（四）关注问题大部分得到解决和部分解决

截至 2014 年，382 项关注问题已有 143 项得到成员的回应和解决，31 项得到了部分解决，得到全部和部分解决的关注问题占到整个关注问题的 46%。

（五）争端件数较多，发达成员利用积极

从 1995 年到 2014 年，诉诸 WTO 争端解决机制的涉及 SPS 的案件共有 42 起，占争端解决机制受案总数 488 起的 8.6%，属于涉案较多的协议。发达成员加拿大和美国利用争端解决机制解决 SPS 问题十分积极；它们相互之间又常常成为相互指控的对象。

（六）协议日益受到 WTO 成员关注

随着环境问题的突出和国民对健康问题关注的加大，SPS 受到 WTO 成员的关注加强。

第二节 《技术性贸易壁垒协议》

一、协议地位与宗旨

《技术性贸易壁垒协议》（Agreement on Technical Barriers to Trade，TBT）是与 SPS 有密切联系的一个多边协议。但有所区别，后者仅涉及食品安全、动物卫生和植物卫生三个领域；前者涉及范围广泛，除与上述三个领域有关的卫生与植物卫生措施外，其他所有产品的技术法规和标准都受其管辖。例如，进口瓶装饮用水的制瓶材料是否对人无害、所装饮用水是否有污染等，属于 SPS 管辖；而瓶子的体积、形状是否符合超市货架摆放和展示，则属于 TBT 管辖。

TBT 宗旨是：为提高生产率和便利国际贸易的进行，期望鼓励世界贸易组织成员制定技术上的国际标准和合格评定体系，但不给国际贸易制造不必要的障碍。

二、TBT 产生背景

为了保证产品质量和使用者安全，保护生态环境，世界各国制定了许多技术标准，建立了产品质量认证制度。

为了竞争和保护国内市场的需要，技术性措施成为世界各国尤其是发达国家重要的贸易壁垒，对国际贸易不利影响加大。GATT 1947 许多缔约方认为有必要制定国际规则来规范技术性措施，消除技术性贸易壁垒的消极作用。在东京回合通过了 TBT，但它只对签署的缔约方有效。在乌拉圭回合中，对 TBT 进一步修改后，TBT 成为 WTO 负责实施管理的多边协议。

三、TBT 主要内容

TBT 由 15 个条款和 3 个附件组成，主要内容包括：制定、采用和实施技术性措施应遵守的规则；技术法规、标准和合格评定程序；通报、评议、咨询和审议制度等。

TBT 适用于所有产品，包括工业品和农产品，但政府采购的产品规格例外。

TBT 规定，WTO 成员制订、采用和实施技术性措施时，应遵守 WTO 的非歧视原则、透明度原则。

（一）制定、采用和实施技术性措施的规则

1. 必要性

WTO 成员只能采取为实现合法目标所必需的技术性措施。如所采取的技术性措施对其他成员的贸易产生重大影响，该成员应说明所采取措施的必要性。

2. 贸易影响最小

WTO 成员应努力采取对贸易影响最小的技术性措施。

3. 协调

WTO 成员应充分参与有关国际标准化机构制定国际标准和合格评定程序指南的工作。鼓励 WTO 之间通过谈判，达成合格评定相互承认协议。

4. 特殊和差别待遇

在国际标准、指南或建议存在下，发展中成员仍可按照特定的技术和社会经济条件，采用某些技术性措施，以保护与其发展需要相适应的本国技术、生产方法和工艺。

WTO 成员应采取措施，确保国际标准化机构制定对发展中成员有特殊利益的产品的国际标准。鼓励发达成员对发展中成员在制订和实施技术性措施方面提供技术援助。

技术性贸易壁垒委员会在接到发展中成员的请求时，应就其承担的全部或部分义务给予特定的、有时限的例外。

（二）技术法规、标准和合格评定程序

1. 技术法规

技术法规是指"规定强制性执行的产品特性或其相关工艺和生产方法、包括适用的管理规定在内的文件。该文件还可包括或专门关于适用于产品、工艺或生产方法的专门术语、符号、包装、标志或标签要求"。

协议要求 WTO 成员应尽可能按照产品的性能制定、采用与实施技术法规，确保制定、采用与实施的技术法规应符合 TBT 的规定。

如果有关国际标准已经存在或即将拟就，各成员应采用这些标准或其中的相关部分作为技术法规的基础。

2. 标准

标准是指"经公认机构批准的、规定非强制执行的、供通用或重复使用的产品或相关工艺和生产方法的规则、指南或特殊的文件。该文件还可包括或专门关于适用于产品、工艺或生产方法的专门术语、符号、包装、标志或标签要求"。

TBT 规定，所有标准化机构应尽量采用国际标准，并充分参与国际标准化机构的工作。各成员中央政府标准化机构有义务接受并遵守该规范，同时使其领土内的其他标准化机构行为符合这一规范。

3. 合格评定程序

合格评定程序是指"任何直接或间接用以确定产品是否满足技术法规或标准要求的程序。合格评定程序特别包括：抽样、检验和检查；评估、验证和合格保证；注册、认可和批准以及各项的组合"。合格评定程序可分为认证、认可和相互认证三种形式。

1）认证

认证是指由授权机构出具的证明。一般由第三方对某一事物、行为或活动的本质或特征，经对当事人提交的文件或实物审核后出具的证明，通常被称为"第三方认证"。认证可以分为产品认证和体系认证。

产品认证主要是证明产品是否符合技术法规或标准，包括产品的安全认证和合格认证等。由于产品的安全性直接关系到消费者的生命或健康，所以产品的安全认证为强制认证。例如，欧洲共同体对玩具、锅炉、建筑用品、通信设备等20多类产品实行安全认证，并要求加贴CE安全合格标志，否则不得在欧洲共同体市场销售。

体系认证是确认生产或管理体系是否符合相关法规或标准。目前，通用的国际体系认证有ISO 9000质量管理体系认证、ISO 14000环境管理体系认证、行业体系认证有QS 9000汽车行业质量管理体系认证、TL 9000电信产品质量体系认证，还有OHSAS 18001职业安全卫生管理体系认证等。

2）认可

认可是指权威机构依据程序确认某一机构或个人具有从事特定任务或工作的能力。主要包括产品认证机构认可，质量和管理体系认证机构认可，实验室认可，审核机构认可，审核员或评审员的资格认可和培训机构注册等。

3）相互认证

相互认证是指认证或认可机构之间通过签署相互承认协议，彼此承认认证或认可结果。TBT鼓励成员积极考虑接受其他成员的合格评定程序，并就达成相互承认协议进行谈判，在不低于本国或其他国家合格评定机构的条件下，允许其他成员的合格评定机构参与其合格评定活动。

四、保持透明与争端解决

（一）通知和评议

为确保WTO成员制定、采用和实施技术法规或合格评定程序具有透明度，TBT要求，WTO成员在单独拟订对其他成员的贸易有重大影响的技术法规时，必须事先向其他成员通告。通告内容包括拟采取措施的目的和理由，涵盖的产品。通知的渠道是技术性贸易壁垒委员会。对其他成员提出的书面意见和评议结果，该成员应予考虑。

（二）咨询

WTO成员应设立技术性贸易壁垒咨询点，负责回答各方所有合理询问，并提供有关中央政府机构、地方政府机构及非政府机构所采用或拟议的任何技术法规、标准和合格评定程序等资料，加入或参与国际或区域标准化机构和合格评定体系等方面的情况。

（三）审议制度及争端解决

WTO设立技术性贸易壁垒委员会，负责管理协议的执行。该委员会由全体成员代表组成，每年至少召开一次会议。联合国粮农组织、IMF、WB等国际组织，作为观察员参加会议。此外，该委员会自1995年开始，每3年末对TBT执行情况进行一次审议。在TBT执行中，如出现争端可诉诸WTO争端解决机制。

五、协议实施情况

（一）作用积极

（1）减少了技术性贸易壁垒对国际贸易的阻碍。TBT 的实施提高了 WTO 成员制定、实施技术法规和认证制度的透明度，使出口商较以往更易于按照进口国的技术要求组织货源，进行生产，减小因技术差距影响货物出口的可能。

（2）减少因技术壁垒产生的贸易争端。技术性贸易壁垒委员会有助于成员之间因技术性贸易壁垒引起的争端的解决。

（3）成员标准化和认证体系日趋统一。协议实施促进成员产品的标准化，促进了发展中国家成员产品质量和技术标准审批水平的提高，有利于出口的扩大。

（二）通报与争端

（1）通报数量逐年递增。WTO 成员向 TBT 委员会提交有关技术壁垒问题的通报从 1995 年的 3 件增加到 2014 年的 85 件。其中，发展中成员提交的数量达到 63 件，约占总数的 74%。整个通报中涉及的问题中，健康、安全和环境占重要部分。

（2）争端案件。从 1995 年到 2014 年，诉诸 WTO 争端解决机制的 TBT 案件共有 50 起，约占争端解决机制受案总数的 10%。特点是：主动提出争端解决申诉的成员以发达成员为主；加拿大和美国是主要申诉方，主要被诉方是欧盟和美国；经专家组和上诉机构审结的案件只有 5 件，只占投诉案件的 10%。技术法规、不低于待遇、不必要贸易限制和发展中成员特殊和差别待遇成为引发争端的问题。

（三）存在的问题

（1）成员履行通报规定比例不高。从 1995 年到 2014 年，只有 1/3 的成员履行了通报义务。

（2）因条款规定过宽泛和术语比较笼统，为成员滥用提供了机会，诱发了争端。

第三节　《装运前检验协议》

一、协议产生背景与宗旨

进口商或进口方政府通过专业检验机构对出口产品在装运前进行检验，以确信产品符合合同中规定的条件，或符合对产品的安全要求，已成为一种普遍的国际贸易惯例。

为保障本国的财政利益，防止商业欺诈、逃避关税和非法输出资本，一些国家往往聘请外国专业检验机构对进口产品进行装运前检验，并以它们出具的"清洁检验结果报告"，作为海关估价和发放进口用外汇的依据。

但是，出口方政府认为，这种做法违背 GATT 1947 海关征收关税以进口货物"实际价格"为依据的完税价格规定。同时，它们担心装运前检验会增加贸易商的成本，导致交货迟延,干涉买卖双方的合同关系。因此,有必要在保留这种做法的前提下,通过多边谈判制定规则,规范进口方政府装运前检验的做法。

为此,在乌拉圭回合中达成多边的《装运前检验协议》(*Agreement on Preshipment Inspection*,PSI),该协议适用于 WTO 所有成员。

PSI 由 9 个条款组成。包括适用范围,进口方和出口方的义务,检验机构与出口商之间争端的解决等。其宗旨是在保留装运前检验的前提下,该做法"不得造成不必要的迟延或不公平的待遇",为此,"需要制订有关用户成员和出口成员权利和义务的议定的国际框架","使装运前检验实体的经营及与装运前检验相关的法律、法规具有透明度","迅速、有效和公正地解决出口商和装运前检验实体之间的争端。"

二、PSI 主要内容

(一)适用范围

PSI 适用于由 WTO 成员政府通过政府授权或政府合约的方式,指定检验机构对进口产品的质量、数量、价格、汇率与融资条件以及产品的海关分类等,在出口方进行的全部装运前的检验活动。

(二)进口方政府的义务

1. 以非歧视方式实施

检验程序和标准应是客观的,且平等地适用于所有有关产品的出口商,所有检验人员都应按照相同的标准从事检验。

2. 在货物出口关税领土内进行

所有装运前检验活动,包括签发检验清洁报告书或不予签发的通知书,都应在货物出口的关税领土内进行。如因产品性质复杂而无法在关税领土内进行,或经双方同意,可在制造该货物的关税领土内进行。

3. 检验标准

依照买卖双方签订的购货合同中规定的标准进行检验。如无此类标准,则采用国际标准。

4. 保持透明度

公布所有有关装运前检验的法律、法规及其变化;把检验有关的要求和信息全部告知出口商。

5. 价格核实准则

这些准则包括:以合同价格为准;所用的比较价格,应是相同时间或大致相同时间来自同一个出口国家,以竞争性、可比性的销售条件,按照商业惯例销售,且扣除了任何标准折扣后的相同或类似产品的出口价格;按合同双方约定的运输方式审核运输费;在审核价格时,检验机构还应适当考虑销售合同条件,以及公认的与进出口交易有关的各种调整因素,如销售数量、交货期和交货条件、价格调整条款、质量规格、特殊设计风格、特殊装运或包装规格、订单的大小、季节影响、许可使用费或其他知识产权使用费等。同时,也应考虑影响出口价格的其他因素,如出口商和进口商之间的合同关系等。

6. 保守商业秘密

对装运前检验过程中收到的所有未公布且未被第三方获得,或未以其他方式进入公用领域的信息,检验机构应视其为商业秘密。检验机构不应要求出口商提供下列信息:制造数据;未公开的技术数据;内部定价(包括制造成本);利润水平和出口商与供应商之间订立的合同条件。

7. 避免产生不必要的迟延

装运前检验应在检验机构与出口商约定的日期进行;检验机构应在结束装运前检验的 5 天内,出具一份"清洁检验结果报告",并将该报告尽快送达出口商或其所指定的代表;只要出口商提出请求,检验机构就应在实际检验日期前,根据出口商与进口商之间签订的合同、形式发票和有关的进口许可申请书,对价格或汇率进行初步核实。

(三)出口方的义务

(1)应保证其有关装运前检验的法律、法规以非歧视的方式实施。

(2)应及时公布有关装运前检验的法律、法规。

(3)如收到请求,出口方应根据双方议定的条件,向其提供有关技术援助。

(四)检验机构与出口商之间争端的解决

PSI 建立三个层次的争端解决制度:首先,鼓励双方通过相互协商的方式解决争端;其次,由分别代表检验机构和出口商的独立实体共同审查作出决定,该决定对争端双方都具有约束力;最后经由 WTO 争端解决程序,解决争端。

三、协议的执行、争端与审议

(一)通报义务的履行

根据 PSI 规定,WTO 成员应就各自与装运前检验有关的法律法规以及它们在实施过程中的变化向 WTO 秘书处履行通报义务。截至 2014 年 12 月,共有 122 个成员(欧盟作为一个成员)作出通报。

(二)争端解决

从 1995 年到 2014 年,争端解决机制受理的与协议相关的争端案件共 5 起。前 4 起都是针对印度尼西亚对园艺产品、动物和动植物产品的进口措施,投诉方是美国和新西兰,被诉方是印度尼西亚。第 5 起针对印度尼西亚影响鸡肉和鸡产品进口的措施,投诉方是巴西,被诉方是印度尼西亚。

(三)审议机构与职责

1. 协议的审议

与 WTO 框架下多数多边贸易协议不同,PSI 的审议由海关估价委员会负责审议,并向 WTO 总理事会提交审议报告。1999 年以来,该委员会对协议执行情况提交了 3 次较为正式的审议报告。

2. 设立独立审议机构

根据 PSI 规定,可以设立独立审议机构以解决出口商和检验机构之间的争议,赋予出口商在向装运前检验机构提交书面申诉意见两日后直接将争议提交独立审议机构的权利。

1995 年 12 月 13 日,WTO 总理事会通过《关于依据 PSI 第 4 条成立独立审议机构的决定》,并定期向 WTO 货物贸易理事会提交审议报告。1996 年 5 月该决定正式生效。

根据 PSI 要求,独立审议机构由 WTO、国际商会和国际检验联合会共同派员组成。截至 2016 年底,独立审议机构已提交了 18 份报告。

第四节 《原产地规则协议》

一、协议产生背景与宗旨

由于国际分工日趋细密,产品、原料与零部件的生产与加工,依据比较利益原则选择在不同国家和地区进行;一些国家为了规避反倾销税,往往在其他国家投资设厂;在全球区域经济一体化下,一国产品是否享受优惠,也需要原产地证明。

长期以来,国际社会未能制定出一套全球性原产地规则,影响国际贸易的发展。为此,要求形成一个国际社会公认的原产地规则。

乌拉圭回合达成了多边的《原产地规则协议》(*Agreement on Rules of Origin*,RO),宗旨是,在保留原产地规则的基础上,使它以公正、透明、可预测、一致和中性的方式制定和实施,不对贸易造成不必要的障碍,便利国际贸易的发展。

二、RO 主要内容

RO 共分 4 个部分,由 9 个条款和 2 个附件组成。主要有协议的适用范围、原产地规则的协调、实施纪律和机构设置等。

(一)定义与适用范围

原产地规则是指 WTO 任何成员为确定货物原产地而实施的普遍适用的法律、法规和行政裁决。RO 只适用于实施非优惠性商业政策措施的原产地规则,而不适用于优惠性原产地规则。前者包括实行最惠国待遇,反倾销和反补贴税,保障措施,原产地标记要求,任何歧视性数量限制或关税配额,以及政府采购外国货物和贸易统计等。后者如自由贸易区内和普惠制下货物原产地规则。

(二)原产地规则的协调体系

(1)同一原产地规则适用于所有非优惠性贸易政策。
(2)原产地规则应是客观的、可理解的和可预测的,且具有连贯性。
(3)原产地规则应以一致、统一、公正和合理的方式管理。

（4）原产地规则应以肯定性标准为基础，否定性标准可用以澄清肯定性标准。

肯定性标准是指只要产品符合进口方原产地标准，就可授予产品原产地资格。否定性标准指在何种情况下不能授予产品原产地资格的规定。只有在作为对肯定性标准的部分澄清，或在无须使用肯定性标准确定原产地的个别情况下，才允许使用否定性标准。

（三）原产地确定的依据

"实质性改变"是确定产品原产地的依据，可用以下三种标准方式表现。

（1）税号改变标准。税号改变标准指产品经加工制造成最终产品后，其税号与所用原材料的税号不同，此加工制造地即为该产品的原产地。例如，用其他国家或地区生产的零部件组装收音机，由于收音机与零部件的税号不同，收音机的组装地即为原产地。

（2）增值百分比标准。增值百分比标准指根据构成产品的进口原料或国内原料与产品本身的价值比来确定产品的原产地。例如，一国可规定，当产品中进口成分的价值超过产品本身价值的30%时，这项产品的原产地就不能确定为该国。

（3）制造或加工工序标准。制造或加工工序标准指依据产品的制造或加工工序来确定产品的原产地，这种制造或加工工序必须足以赋予产品某些本质特征。产品只有在一国或地区经历规定的制造或加工工序后，方可取得该国或地区的原产地资格。例如，某国可规定"缝制地"为服装的原产地。

（四）机构设置

WTO设立原产地规则委员会。该委员会由各成员方代表组成，每年至少召开一次会议，审议协议的执行情况，并根据原产地规则协调工作的结果提出必要的修正建议。

三、协议的执行情况

（一）通报义务履行较好

截至2014年12月31日，所有成员都通报了优惠原产地规则的通知；92个成员向原产地规则委员会通报了他们非优惠原产地规则的执行情况，但有40个成员未作出任何通报。

（二）委员会成员和观察员众多

截至2014年12月，原产地规则委员会成员达到161个，23个国家和地区成为观察员，还有9个国际组织在委员会拥有观察员地位。

（三）美国成为争端解决被诉方主角

从1997年到2014年，共有9起争端涉及原产地规则协议。其中3起得到解决，6起处于磋商阶段。在9起争端案件中，成为起诉方的成员顺次为：欧盟、阿根廷、欧盟、印度、加拿大、加拿大、墨西哥、加拿大、墨西哥。成为被诉方成员的顺次为：美国、美国、美国、美国、中国、美国、美国、美国、美国。争端的诱因多数来自纺织品服装的原产地规则和美国对特定国家原产地标签义务的要求。

（四）非优惠性原产地规则协调未果

非优惠性原产地规则协调是协议的核心内容，旨在规范成员的原产地规则以公正、透明、可预见、一致和非歧视的方式制定和实施。根据 RO 规定和 WTO 授权，非优惠性原产地规则协调的工作应在 1998 年 1 月 1 日前完成。但迄今为止，因成员间分歧过大，协调工作仍未完成。

第五节 《进口许可程序协议》

一、协议产生背景与宗旨

进口许可是指用以实施进口许可制度的行政程序。该制度要求进口商向有关行政机关提交申请或其他文件（报关所需文件除外），作为货物进入关税领土的先决条件。该制度一方面可维护正常贸易秩序；另一方面可以构成非关税措施，使出口成员难以适应，妨碍国际贸易发展。

在东京回合中，曾达成《进口许可程序守则》。但因缔约方可自行选择参加，该守则的适用范围受到较大限制，作用受到局限。

在乌拉圭回合中，经过修订，达成《进口许可程序协议》（*Agreement on Import Licensing Procedures*，ILP）。

ILP 宗旨是在保留进口许可证的基础上，期望简化国际贸易中使用的行政程序和做法，并使之具有透明度，并保证公平、公正地实施和管理此类程序与做法。ILP 是多边协议，WTO 成员都要接受。

二、ILP 主要内容

ILP 由序言和 8 个条款组成，包括一般规则、自动进口许可制度、非自动进口许可制度、通知和审议等。

（一）一般规则

（1）及时公布必要的信息。成员应在已向 WTO 通报的官方公报、报纸、杂志等出版物上，公布进口许可证申请程序规定及有关信息，包括个人、企业和机构提交这种申请的资格，需要接洽的行政机关，以及需要申领进口许可证的产品清单等。

（2）简化申请和展期手续。申请进口许可证和进口许可证展期的程序应尽可能简化，表格应尽可能简单。申请者原则上应只需接洽一个同申请有关的行政机关，若确有需要，所涉及的行政机关最多不应超过 3 个。

（3）不得因小错而拒绝批准。如果申请者提交的许可证申请文件中存在微小差错，但并未改变文件的基本数据等内容，主管部门不得因此拒绝批准申请。

（4）不得在外汇供应上实行歧视。不管货物是否受进口许可证管理，任何进口商都应在同等条件下获得支付进口货物所需的外汇。

(5) 允许安全例外和保密例外。

(二) 自动进口许可制度与非自动进口许可制度

1. 自动进口许可制度

自动进口许可制度是指在任何情况下对进口申请一律予以批准的进口许可制度。这一制度通常用于统计和监督。实施的条件是：没有其他更合适的手段实现其管理目的，且已具备采取自动进口许可条件；实施时，不得对进口货物产生限制。

2. 非自动进口许可制度

非自动进口许可制度是指不属于自动许可制度管理的其他进口许可制度，适用于对配额及其他限制性措施进行管理。非自动许可不得对进口产生额外的限制或扭曲，也不得造成更大的行政负担。

实施非自动进口许可制度，要遵守以下规定。

1) 保证许可证管理的透明度

应利益关系成员要求，实行者必须提供充分的信息，包括贸易限制的管理，近期签发的进口许可证，在出口方之间分配许可证的情况，以及受进口许可证管理的产品进口数量和金额统计。对与之有关的配额，要公布配额总量（数量或金额）、配额日期和变化。如配额是在出口方之间分配，应将分配情况立即通知所有利益关系方。

2) 及时、公正地实施许可程序

如果申请未获批准，申请者可要求主管机构告知理由，并有权要求复议或按进口方的国内法定程序上诉。若按先来先得的原则处理所有申请，审批的期限不应超过 30 天；若同时处理所有申请，审批的期限不应超过 60 天。

3) 合理分配许可证

在分配许可证时，主管机构应考虑申请者的进口实绩和以往许可证的使用情况，合理地分配给新的进口商，特别是从发展中成员进口产品的进口商。

4) 对误差采取补偿措施

符合正常商业惯例的微小误差，导致进口货物的数量、金额等超过许可证规定的水平，可在未来的许可证分配时作出补偿性调整。

(三) 通报和审议

制定或更改许可程序的成员，应在 60 天内通报 WTO 进口许可委员会。通报内容包括：许可程序是自动的还是非自动的，许可程序的预计期限，受许可程序管理的产品清单，索取许可资格申请资料的联系点，接受申请书的行政机关，公布许可程序的出版物名称与出版日期。

(四) 管理机构

WTO 设立进口许可程序委员会，由各成员的代表组成，每两年应至少召开一次会议，审议协议执行情况。

三、ILP 执行情况

（一）通报义务履行不足

截至 2014 年底，有 16 个成员没有递交本协议下的任何报告，9 个成员没有调查问卷。

（二）争端不突出

截至 2014 年底，涉及协议的案件 44 起，但争议不大，少数已经和解，多数尚在磋商阶段。

（三）协议审议正常

截至 2014 年 11 月，进口许可委员会共举行 40 次会议，均形成会议纪要。参加本协议的观察员有 24 个，还有 3 个国际组织被授予观察员地位。

第六节　《与贸易有关的投资措施协议》

一、协议产生背景与宗旨

各国为了发展经济和保护本国经济，对外国直接投资采取两类措施：一种是鼓励措施，就是给予外国直接投资以各种优惠，如减免税收、贷款补贴等；一种是利用外国直接投资时，附以一些条件，如"当地成分""外汇平衡"和"最低出口额"等，对贸易产生扭曲或限制，成为贸易保护的一种方式。

在贸易与投资关系日益密切的情况下，对外直接投资的附加条件对贸易发展有负面作用，对外直接投资居主要地位的发达国家强烈要求取消这些限制。

经过艰苦谈判，乌拉圭回合达成《与贸易有关的投资措施协议》（*Agreement on Trade-related Investment measures*，TRIMs）。它是多边贸易协议，WTO 成员均要接受。

其宗旨是促进世界贸易的扩大和逐步自由化，便利跨国投资，以便促进所有贸易伙伴、特别是发展中成员的经济增长，同时保证自由竞争。

二、TRIMs 主要内容

TRIMs 由 9 个条款和 1 个附件组成。主要内容为基本原则、禁止使用的与贸易有关的投资措施、成员的具体义务、例外条款、发展中成员待遇、透明度要求、争端解决、管理执行机构等。

（一）基本原则

TRIMs 规定，WTO 成员实施与贸易有关的投资措施，不得违背 GATT 1994 中的国民待遇原则和取消数量限制原则。

（二）禁止使用的与贸易有关的投资措施

（1）当地含量要求。当地含量要求指外资企业购买或使用最低限度的东道国产品。如规定国产品的名称，购买或使用国产品的数量或金额，在生产中必须加入的国产品的最低比例。

（2）外汇平衡要求。外汇平衡要求指外资企业购买或使用的进口产品数量或金额，不能超过它们在其出口成品中所包含的当地产品的数量或金额。

（3）贸易平衡要求。贸易平衡要求指外资企业进口物资的数量不能超过在当地生产所需的物资数量或金额，迫使该企业必须把进口物资数量和金额与出口成品所含的当地制造部分的数量或金额联系在一起。

（4）进口外汇要求。将外资企业可使用的外汇限制在与该企业外汇流入相关的水平，以此限制该企业当地生产所需或与当地生产相关产品的进口。

（5）国内销售要求。限制外资企业出口或供出口的产品销售。其中包括出口产品的具体名称，数量或金额或占该企业当地生产的产品数量或金额的比例。

（三）成员的具体义务

在TRIMs生效后90天内，WTO成员将所有正在实施的，且同协议不相符的投资措施，通知WTO货物贸易理事会，并进行公告。这些措施要在TRIMs生效后的过渡期结束前取消。

发达成员的过渡期是2年，发展中成员是5年，最不发达成员是7年。在过渡期内，各成员可以继续实施已经通知的与贸易有关的投资措施，但不得修改。

WTO成员在过渡期内设立的新外资企业，也要受到仍然有效的与贸易有关的投资措施的约束，以免形成差别待遇。

发展中成员和最不发达成员如能证明实施本协议存在特殊的困难，可以考虑延长其过渡期。

GATT 1994规定的所有例外，可酌情适用于本协议。

在TRIMs执行中，WTO成员间出现的争端均可提交WTO争端解决机制处理。

（四）管理执行机构

WTO成立与贸易有关的投资措施委员会，每年向货物贸易理事会报告协议的执行情况。该理事会在协议生效5年内审议有关执行情况。

三、TRIMs执行情况

（一）基本情况

各成员基本按协议规定执行。

（二）贸易争端

1995—2014年底，各成员提起的贸易争端案件中有41起涉及本协议。发达成员与新兴发展中成员成为申诉方和被申诉方的主角。

在 2012—2014 年提起的贸易争端中，申诉方的顺次为：俄罗斯、欧盟、日本、欧盟、阿根廷、美国、中国、墨西哥、日本、美国、阿根廷、欧盟。被诉方的顺次为：欧盟、巴西、俄罗斯、俄罗斯、欧盟、印度、欧盟、阿根廷。

（三）增加或修正 TRIMs 谈判进展缓慢

根据 TRIMs 规定，货物贸易理事会在《建立 WTO 协定》生效后最迟不超过 5 年，应对 TRIMs 的运行情况进行评估审议，决定是否应增加或者修正 TRIMs 的内容。

出于资本国际化的需要，发达成员一直在积极推动将 TRIMs 扩大为多边投资协议，把与贸易有关的投资措施、服务贸易等与国际投资进行整合。

在发达成员推动下，1996 年 WTO 部长级会宣布成立"贸易与投资关系工作组"。2001 年 WTO 部长级会议将贸易和投资议题列入多哈发展议程；2003 年，因发展中成员坚持反对，投资谈判并未进入 WTO 坎昆部长级会议，谈判搁浅。

搁浅原因如下：

（1）金融危机影响。1997 年亚洲金融危机迫使各方，尤其是亚洲国家资本自由化流动重新采取审慎保守态度。

（2）分歧过大。在投资定义、国民待遇、文化例外、业绩要求、劳工和环保议题、争端解决机制等方面分歧过大，发展中成员对国际投资规则中的主权让与程度感到担忧。

（3）敏感问题出现。2014 年 WTO 与贸易有关的投资措施委员会举办的 5 次会议上，美国等国家对乌拉圭风电场投资的本地含量要求表示关切并就此展开讨论；美国对俄罗斯补贴该国机动车生产商补贴提出质疑并展开讨论；欧盟与美国对尼日利亚石油和天然气领域的本地含量要求提出质疑并展开讨论；印度对美国可再生能源计划的本地含量要求提出质疑；美国对印度尼西亚的专营权条款和本地采购提出质疑。

本 章 小 结

（1）SPS 宗旨是指导 WTO 各成员制订、采用和实施卫生与植物卫生措施，将这些措施对贸易的消极影响降最低程度，属于规范式协议。WTO 成员在设置措施时，如体现了本协议的要求，就是正当的非关税壁垒；反之，就是不正当的非关税壁垒。由于竞争的需要，发达国家成员在设置这些措施时，有时有意背离协议规定，构成变相的贸易保护，不利于国际贸易的发展。

（2）TBT 的宗旨是，指导 WTO 成员制订、采用和实施正当的技术性措施，鼓励采用国际标准和合格评定程序，保证这些措施不构成不必要的国际贸易障碍。属于规范式协议。WTO 成员在设置措施时，如体现了本协议的要求，就是正当的非关税壁垒；反之，就是不正当的非关税壁垒。由于竞争的需要，发达成员在设置这些措施时，有时有意背离协议规定，构成变相的贸易保护，不利于国际贸易的发展。

（3）PSI 的宗旨是，确保成员实施的装运前检验制度是非歧视和透明的，避免给贸易造成不必要的障碍。实施这项协议的主要是发展中成员，如实施得当，对发展中成员贸易发展有好处。

（4）RO 的宗旨是，成员以公正、透明、可预测和一致、中性的方式制定与实施原产地规则，使有关原产地规则的法律、法规和做法不对贸易造成不必要的障碍，以便利国际贸易的发展。属于规范式协议。

（5）ILP 的宗旨是，保证进口许可程序的实施和管理的简化、透明、公平和公正，避免对产品进口造成障碍或限制。协议规定，作为限制进口的非关税壁垒，进口许可程序要逐步取消。属于统计需要的进口许可程序，可以保留。

（6）TRIMs 的宗旨是，防止某些投资措施可能产生的贸易限制和扭曲，便利国内外投资，为贸易自由深化创造条件。协议具有约束性质。协议实施有利于投资环境的改善，促进世界范围的投资自由化，加深国际贸易自由化的深度。

（7）上述协议在 WTO 运行后，一般都在执行，但力度不一，对成员的贸易发展起的作用不同。其中，与贸易有关的投资措施协议的扩围难度较大。

思 考 题

1. 非关税壁垒协议的目的是什么？
2. WTO 成员如何单独设置卫生检疫和技术要求？
3. 装运前检验应如何规范？
4. 确定原产地的标准有几个？
5. 非自动进口许可程序如何规范？
6. 与贸易有关的投资措施是什么？为何扩围难度较大？

8-1 技术性贸易壁垒与影响判断难度

第九章

公平竞争与补救措施协议

本章导读

多边贸易体制追求公开、公平和无扭曲竞争,而倾销和出口补贴被公认为是不公平竞争行为,如果发现并对进口成员产业构成伤害,可采取反倾销和反补贴措施。此外,如 WTO 成员在如实履行义务中,产业受到伤害,可以采取自保措施。但各成员为了竞争,不断出现滥用反倾销、反补贴和自保措施,影响了国际贸易的健康发展。为此,在乌拉圭回合中,达成《反倾销协议》《补贴与反补贴措施协议》和《保障措施协议》,以规范它们的使用。《反倾销协议》就倾销概念,实施反倾销措施的基本要件、程序和措施作出规定。《补贴与反补贴措施协议》对补贴进行了分类,对进行反补贴的程序作出了规定。《保障措施协议》的目的是强化保障措施的正当运用,它不同于《反倾销协议》和《补贴与反补贴措施协议》,带有救济性质。该协议就 WTO 成员实施保障措施必须满足的条件,采取保障措施的条件作出明确规定。

学习目标

通过本章,可以了解三个协议的产生背景,知悉实施它们的条件、基本程序和终止的时间,掌握这些协议实施后的影响与发展情况。

第一节 《反倾销协议》

一、协议产生背景与实施原则

倾销是指一国出口商以低于产品正常价值的价格,将产品出口到另一国市场的行为,被视为不公平的贸易行为。20 世纪初一些国家通过立法进行反倾销,以保护受到倾销危害的产业。

加拿大在 1904 年通过《海关关税法》,在世界上首次系统地规定了反倾销措施。此后,新西兰、澳大利亚、荷兰、南非、美国等国家相继通过带有反倾销内容的立法。第二次世界大战后初期,反倾销立法基本局限在国内法的范畴,缺乏统一、系统的国际规则。为了协调国家之间的立法冲突,谋求反倾销措施的规范,保护企业正常发展并防止滥用,各国需要将反倾销措施纳入多边贸易体制。

为此，在 GATT 1947 专设第 6 条"反倾销与反补贴税"，首次将反倾销纳入多边贸易规则。该条明确倾销定义，允许缔约方通过反倾销税进行抵制。但因条款过于简单，缺乏可操作性，因此出现滥用。

在肯尼迪回合中，首次就实施该条款达成协议。重新定义倾销，明确了实质损害标准，规定反倾销的诉讼程序，但签署方有限，缺乏普遍约束性。

在东京回合中，对反倾销规则作出重大修改和补充，达成《反倾销守则》，但仅有 23 个缔约方接受，约束范围很小。

为抵制倾销的流行和防止反倾销措施的滥用，乌拉圭回合中达成多边的《关于实施 1994 年关贸总协定第 6 条的协议》（Agreement on Implementation of Article VI of the General Agreement on Tariffs and Trade 1994），又称为《反倾销协议》。协议由 3 个部分 18 个条款 2 个附件构成，内容主要为实施反倾销措施的基本要件、反倾销措施、反倾销税的征收和价格承诺等。

该协议明确指出实施反倾销措施的原则为："反倾销措施仅适用于 GATT 1994 第 6 条所规定的情况，并应根据符合本协定规定发起和进行的调查实施。"

二、实施反倾销措施的基本要件

实施反倾销措施必须具备三个基本要件：存在倾销，出现损害，倾销与损害存在因果关系。

（一）倾销的概念

协议指出，"一产品自一国出口至另一国的出口价格低于在正常贸易过程中出口国供消费的同类产品的可比价格，即以低于正常价值的价格进入另一国的商业，则该产品被视为倾销"。

1. 正常价值的确定

产品正常价值的确定有三种方法：一是按正常贸易过程中出口国国内销售价格；二是按出口国向第三国正常贸易中的出口价格；三是按结构价格。一般情况下，应优先采用第一种方法。只有在不能采用第一种方法时，才能采用第二种或第三种方法。

正常贸易过程中出口国的国内销售价格，一般是指被指控出口产品的同类产品在调查期内（通常是 1 年至 1 年半），国内市场正常贸易中的成交价，或销售牌价，或一段时间内的加权平均价。

出口国向第三国正常贸易中的出口价格，是指出口到具有代表性的第三国的可比价格。即产品有可比性，销售做法相似且销售价不低于产品成本。

结构价格是根据同类产品在原产国的生产成本加上合理的管理费、销售费、一般费用和利润。

当出口方被认为是"非市场经济"时，其国内价格则不是正常价格，则要找出替代价格作为正常价格。其办法是找出与其相似的国家出口同样产品的价格，作为替代价格。

2. 出口价格的确定

出口价格是进口商实际支付或应支付给出口商的价格。如果不存在出口价格，或是因出口商与进口商或第三者之间有关联关系等原因而使出口价格不可靠,可在进口产品首次转售给独立买主的价格基础上推定出口价格。如果该产品不是转售给独立买主,或不是以进口时的状态或条件转售,则可以在合理的基础上确定出口价格。

3. 倾销幅度的确定

倾销幅度是对正常价值和出口价格进行适当的比较后确定的。在比较这两个数据之前应进行必要的调整,使之具有可比性。调整时主要考虑的因素有:相同的贸易水平,相同时间进行的销售,影响价格可比性的差异,转售的费用,汇率,产品的同类性等。

倾销幅度通常为征收反倾销的税率,计算方法为

$$倾销幅度 = \frac{正常价格 - 出口价格}{出口价格} \times 100\%$$

(二)损害的确定

损害分为三种情况:一是生产同类产品的产业受到实质损害;二是生产同类产品的产业受到实质损害威胁;三是生产同类产品的产业建立受到实质阻碍。

1. 国内产业与同类产品的确定

国内产业是指国内同类产品的全部生产商,或是其产品合计总产量占全部国内同类产品产量的大部分的生产商。但如果生产商与出口商或进口商是关联企业,或者该生产商本身就被指控为倾销产品的进口商,则不属于这个范围。

同类产品指在各方面均与该产品相似,或虽不尽相同,但具有与该产品非常类似的特征的其他产品,即与被调查的进口产品在物理性能与功能上类似或最接近的产品,包括产品使用的原料、加工过程、外观、用途和销售渠道等。

2. 实质损害、威胁与产业建立受阻

实质损害包括三项内容:被调查进口产品的数量相对于进口国生产产品数量、消费数量绝对或相对地大量增加;该进口产品的价格与进口国相同或相似产品的价格相比存在大幅度的低价销售,或者大幅度压低进口国同类或相似产品的价格;进口产品的倾销对国内同类产品、产业产生恶劣的影响,使国内企业销售、利润、产量、市场份额、生产率、投资收益或设备利用率产生实际和潜在的下降;对流动资金、库存、就业、工资、增长率、筹措资本或投资能力出现实际和潜在的消极影响等。

实质损害威胁指进口方的有关产业虽尚未受到实质损害,但可以明显预见到倾销将对相关产业造成实质性损害,且这种情形非常迫近。但其确定应依据事实,而不是依据指控和推测。

产业建立实质受阻指进口产品的倾销阻碍了新产业的实际建立过程。但必须有充分的证据依据,而不是阻碍建立一个新产业的设想或计划。

(三)倾销与损害之间存在因果关系

进口成员政府必须提供充分证据证明进口产品倾销与进口成员产业受到损害之间确有因果关系,即损害是因进口产品倾销造成,才能实施反倾销措施。

三、反倾销措施

反倾销措施包括临时反倾销措施和最终反倾销措施。

(一) 临时反倾销措施

临时反倾销措施是指进口方主管机构经过调查,初步认定被诉产品存在倾销,并对国内同类产业造成损害,可以在全部调查结束前,采取临时性的反倾销措施,以防止在调查期间国内产业继续受到损害。

临时反倾销措施有两种形式:一是征收临时反倾销税;二是要求进口商自裁决之日起,提供与临时反倾销税数额相等的现金保证金或保函。

进口方主管机构采取临时反倾销措施应在反倾销案件立案调查起60天后,不得超过4个月,特定情况下可以延长到6～9个月。

(二) 最终反倾销措施

在全部调查结束后,如果达到三个反倾销要件,则进口方主管机构可以采取最终反倾销措施。其方式是征收反倾销税。

(三) 反倾销税的征收

反倾销税是一种附加税,税额不得高于所裁定的倾销幅度。反倾销税的纳税者是倾销产品的进口商,出口商不得直接或间接替进口商承担反倾销税。初裁时的反倾销税率与终裁的税率不同时,其不足部分不再补交,而多交部分则应退还。

反倾销税的征收应自决定征收之日起不超过5年。

(四) 价格承诺

1. 价格承诺的含义

价格承诺是指被控倾销产品的生产商和出口商与进口方主管机构达成协议,出口商提高价格以消除产业损害,进口方相应地中止或终止案件调查。从实际效果讲,价格承诺也属于反倾销措施的一种形式。

2. 价格承诺协议的条件

(1) 缔结协议应在进口方主管机构已经作了肯定性的倾销和损害的初步裁决后。

(2) 如进口方主管机构认为其接受出口商的价格承诺实际上不可行,则可以不接受出口商的价格承诺要求。

(3) 价格承诺可由进口方主管机构提出,但不得强迫出口商接受。

(4) 价格承诺被接受后,应出口商的请求或进口方主管机构决定,可以继续完成倾销和损害的调查。如果调查结论是否定的,则价格承诺自动失效;如调查结论是肯定的,价格承诺继续有效。

(5) 如果出口商违反了价格承诺协议,则进口方主管机构可以采取行动,实施临时反倾销措施和追溯征收反倾销税。

四、实施反倾销措施的基本程序

(一) 申请人申请

一般情况下,反倾销调查应从申请者的申请开始。申请者要有产业代表性,其条件是支持投诉的企业产量占支持者和反对者企业总产量的 50% 以上,且支持者的集体产量不低于国内同类产品生产总量的 25%。

申请须以书面形式提出,内容有倾销、损害及因果关系的有关材料。

(二) 进口方主管机构审查立案

进口方主管机构在审查申请者提供的申请材料的准确性、充分性和代表性后,判定是否立案;如果立案,就进行反倾销调查。

(三) 反倾销调查与征收反倾销税

立案后,立即发布立案调查公告。公告应载明出口国的名称、涉及的产品、开始调查的日期、倾销的依据和损害存在的概要说明。反倾销调查应在 1 年内结束,最长不得超过 18 个月。

(1) 在调查开始后,如出现下列情况,反倾销调查应尽快终止:①无充分证据证明存在倾销或产业损害,或者两者之间没有因果关系;②倾销幅度不到 2%,倾销产品的进口数量在该产品的进口量中低于 3%。

(2) 被调查的对象与义务。被控产品的出口商、生产商或其他利害关系方为被调查对象。他们有义务在反倾销调查中,陈述自己的观点和意见。

(3) 听证会及其他申辩机会。初裁之后,进口方主管机构将会利用各种机会,进一步核实涉诉双方提供的证据材料,举行听证会,听取评论意见及实地核查。

(4) 快速审议。对于反倾销调查期间未出口被控产品的厂商,如在反倾销征税命令有效期间出口相同或相似产品,进口方应采取"快速审议"的办法来确定这些厂商的单独的反倾销税率。

在全部调查结束后,如果达到三个反倾销要件,则进口方主管机构可以采取最终反倾销措施。其方式是征收反倾销税,税额不得高于所裁定的倾销幅度。追溯征税的条件是:被控产品存在造成损害的倾销的历史记录,或者进口商知道或理应知道出口商在实施倾销,并且该倾销会造成损害;损害是由于在相当短的时期内倾销产品的大量进入造成的。

(四) 行政复审和司法审议

1. 行政复审

征收反倾销税是以抵消倾销造成的损害为最终目的。一旦有证据证明倾销所造成的损害已经被抵消,或损害程度有所减轻,或出现了新的影响征税的情况,则反倾销税也应相应取消或变更。为此,利害关系方可向进口方主管机构申请复审的权利。利害关系方包括出口商、进口商、出口成员政府、进口成员生产同类产品的同业公会或商会。

行政复审内容主要是征收反倾销税是否继续，反倾销税取消或变更是否会导致损害重新发生，反倾销税是否合理。

2. 司法审议

对于反倾销主管机构的裁决和复审，有利害关系的当事方如不服，可以上诉到该国法院，寻求司法审议。

五、争端解决与协议管理

在实施反倾销协议中，如果涉案各方发生争议，可通过WTO争端解决机制解决争议。

为保障协议实施，WTO设立反倾销措施委员会，由各成员代表组成，每年至少召开两次会议。各成员每半年向委员会报告一次前6个月采取的反倾销行动的情况。

9-1 反倾销磋商文件

六、协议的执行与延续活动

（一）反倾销活动特点

（1）印、美、欧为主要发起成员。1995年到2014年6月，WTO 48个成员共发起4 627起反倾销调查，最终实施2 966起，占反倾销调查的64.1%。在4 627起反倾销调查中，印度占15.5%，美国占11.3%；欧盟占9.9%。在发起调查与最终实施的反倾销案的比率中，印度为74%，美国为62.6%，欧盟为65.2%。

（2）中、韩等成为反倾销立案主要成员。遭受反倾销调查的成员主要为中国、韩国、中国台湾等。中国入世后，遭受反倾销调查数量占全球反倾销调查总数的22.1%，并且有72.4%的反倾销调查最终实施。

（3）贱金属、化工、塑料多为反倾销调查涉案产品。

（4）反倾销争端从发达成员向发展中成员扩及。1995年到2014年，共有107件涉及反倾销的争端。27个WTO成员为起诉方。其中欧盟为16起，墨西哥为11起，韩国和印度各为9起，美国、巴西各为8起，加拿大和中国各为7起，日本、阿根廷、印度尼西亚各为6起。23个成员为应诉方。其中，美国为48起，欧盟为12起，中国为8起，墨西哥为6起。争端焦点主要涉及倾销和损害的确定。

（二）协议执行中的延续活动

（1）为中国施加"替代国价格"条款。2001年11月10日，中国被接纳为第143个成员。经过双方谈判，在中国加入议定书第15条款中，设立"替代国价格"条款来确定中国产品出口的倾销幅度，并规定该项条款于2016年12月11日无论如何都要终止。

（2）纳入多哈回合规则谈判。2001年11月9日至13日在卡塔尔首都多哈回合举行的WTO第4届部长级上，启动"多哈回合议程"。在《多哈部长宣言》中，反倾销被纳入规则谈判，目的是："旨在澄清和改进《关于实施1994年关税与贸易总协定第6条的协议》和《补贴与反补贴措施协议》中的有关规则，同时保持这些协议的基本概念、原则和有效性，以及这些协议所规定的手段和目标，并考虑发展中国家和最不发达国家参加方的需要。"

2003 年 9 月 10 日至 14 日，在墨西哥坎昆举行的 WTO 第 5 届部长级会议中，在《坎昆部长宣言草案》中，提出包括反倾销等议题的规则谈判小组应切实寻求解决方案。

在 2005 年 12 月 13 日至 18 日在中国香港举行的 WTO 第 6 届部长级会议发表的《香港部长宣言》中，规则谈判小组呼吁各成员在澄清和完善反倾销规则时，应特别考虑在保留反倾销的基本概念、原则、有效性以及此类被证明合理的措施目标的前提下，避免不合理的反倾销行为；在增强反倾销的法定诉讼程序、透明度和可预见的同时，尽量减少相关利益方和调查当局的成本、降低诉讼的复杂性。规则谈判小组还就具体议题进行讨论。

（3）公布《反倾销协议》的修正草案。2007 年 11 月 30 日，WTO 规则谈判小组主席公布了《反倾销协议》的修正草案（主席文本）。从此，规则小组进入实质性磋商阶段。经过磋商，2008 年 12 月 19 日，WTO 规则小组公布了新的主席文本。涉及的主要问题包括：倾销幅度计算中的"归零法"，损害认定中因果关系的"非归因性"，公共利益，从低征税原则，日落复查等。

因成员之间分歧较大，到 2015 年底尚未形成正式的协议修订文本。

第二节　《补贴与反补贴措施协议》

一、协议的产生背景与目的

补贴作为公共经济政策的重要组成部分，为世界各国广泛采用。补贴措施如使用不当会导致不公平竞争，对进口方或第三方的相关产业或其他合法利益造成损害，扭曲贸易和影响资源的合理配置。补贴与倾销不同，补贴是政府行为，倾销是企业行为。

在 GATT 1947 中对补贴与反补贴作了一些规定，但表述含混，处理措施乏力。在东京回合中，达成《关于解释与适用 1947 年关贸总协定第 6 条、第 16 条和第 23 条的协议》，也称《反补贴守则》。该守则确立了补贴的一般纪律，补充了反补贴的规定，制定了补贴争端解决的规则。因自愿签署，仅有 24 个缔约方签署，使约束范围有限。

乌拉圭回合中，在加强以前规则基础上达成多边的《补贴与反补贴措施协议》(*Agreement on Subsidies and Countervailing Measures*，SCM)。其目的是区分补贴类别，规范反补贴措施的实施。

协议由 11 个部分和 7 个附件组成。分别是：总则，禁止性补贴，可诉补贴，不可诉补贴，反补贴措施，机构，通知和监督，发展中成员，过渡性安排，争端解决，最后条款。

二、补贴的定义与范围

补贴是指 WTO 政府或任何公共机构对企业提供的财政资助。其范围包括：政府直接转让资金的行为，如赠款、贷款和控股；潜在的资金或债务的直接转移，如贷款担保；政府放弃或未征收在其他情况下应征收的政府税收，如税收减免类的财政鼓励；政府提供一般基础设施以外的货物或服务,或购买货物;政府通过基金机构支付,或向私人机构担保或指示私人机构履行通常应由政府执行的功能;政府给予企业其他形式的收入和价格补贴。

三、补贴的分类

WTO 成员对于补贴行为能否采取反补贴措施,需要根据补贴性质来判断。为此,SCM 将补贴分为三类:禁止性补贴,可诉补贴,不可诉补贴。

(一)禁止性补贴

SCM 列出禁止性补贴有 13 项。

(1)政府视出口实绩对一公司或一企业提供的直接补贴。

(2)涉及出口奖励的货币留成方案或任何类似做法。

(3)政府提供或授权的对出口货物征收的内部运输和货物运费用,条件优于给予国内装运货物的条件。

(4)由政府或其代理机构直接或间接通过政府授权的方案,提供在生产出口货物中使用的进口或国内产品或服务,在条件上优于给予为生产供国内消费货物所提供同类或直接竞争产品或服务的条件;在产品上,在条件上优于其出口商在世界市场中商业上可获得的条款或条件。

(5)全部或部分免除、减免或递延工业或商业企业已付或应付的、专门与出口产品有关的直接税或社会福利费用。

(6)在计算直接税的征税基础时,与出口或出口实绩直接相关的特殊扣除备抵,超过给予供国内消费的生产的特殊扣除备抵。

(7)对于出口产品的生产和分销,间接税的免除或减免超过对于销售供国内消费的同类产品的生产和分销所征收的间接税。

(8)对用于生产出口产品的货物或服务所征收的前段累积间接税的免除、减免或递延超过对用于生产国内消费的同类产品的货物或服务所征收的前阶段累计间接税的免除、减免或递延;但是如前阶段累积间接税是对生产出口产品过程中消耗的投入物所征收的(扣除正常损耗),则即使当同类产品销售供国内消费时的同类产品的前阶段累积间接税不予免除、减免或递延,对出口产品征收的前阶段累计间接税也可予以免除、减免或递延。

(9)对进口费用的减免或退还超过对生产出口产品生产过程中消耗的进口投入物所收取的进口费用(扣除正常损耗)。

(10)政府(或政府控制的特殊机构)提供的出口信贷担保或保险计划、针对出口产品成本增加或外汇风险计划的保险或担保计划,保险费率不足以弥补长期营业成本和计划的亏损。

(11)政府(或政府控制的和/或根据政府授权活动的特殊机构)给予的出口信贷,利率低于它们使用该资金所实际应支付的利率,或它们支付的出口商或其他金融机构为获得信贷所产生的全部或部分费用,只要这些费用保证在出口信贷方面能获得实质性的优势。

(12) 对构成 GATT 1994 第 16 条意义上的出口补贴的官方账户收取的任何其他费用。

(13) 替代进口退税制度。替代进口退税制度构成的出口补贴是指进口费用的退税额超过最初对要求退税的进口投入物所收取的进口费用。政府在退税方案下任何退还的款项支付的利息在实付或应付利息的限度内，则被视为对进口费用的过量退税。

（二）可诉性补贴

可诉性补贴指政府给企业直接转让资金或潜在资金或债务的直接转移，豁免或不征收应征收的政府税收，提供货品或服务或收购产品，通过基金会或私人机构进行补贴，以及对收入或价格的支持。

确定为可诉性补贴需要两个条件：第一，属于专向性补贴[①]，对其他成员企业造成不利影响或严重损害。第二，不利影响是指损害另一成员的国内产业，丧失或减损应获得的直接或间接利益，严重侵害另一成员的利益。严重侵害是指对一产品从价补贴的总额超过 5%，用以弥补一产业承受的经营亏损的补贴，属于直接的债务补贴。

（三）不可诉补贴

不可诉补贴是指成员实施某些 WTO 允许的补贴，受损害的成员通常不能向 WTO 起诉，且不能采取反补贴措施。不可诉补贴包括不具有专向性的补贴和特定要求的专向性补贴。特定要求的专向性补贴包括三类：政府对企业或高等院校、科研机构通过契约进行研究的补贴，其条件是资助不超过工业研究费用的 75%，或应用研究费用的 50%；按照地区发展总体框架对落后地区的援助，且属于非专向性补贴；对法规要求的环保进行的补贴。

根据《补贴与反补贴措施协议》规定，不可诉补贴的规定临时适用 5 年（1995 年 1 月 1 日至 1999 年 12 月 31 日）。

四、补贴的救济措施

对补贴的救济措施，SCM 规定可采取双轨制，即直接通过 WTO 争端解决机制，或者征收反补贴税。

（一）通过争端解决的补贴救济

根据补贴导致的贸易后果采取不同的救济措施。

1. 禁止性补贴的救济程序

其程序是：双方磋商。如磋商未果，则可将争端提交争端解决机构。争端解决机构受理争端后，立即成立专家组。如专家组认定补贴为禁止性的，

9-2 补贴与反补贴磋商文件

[①] 专向性补贴指协议补贴范围内补贴由授予当局给予管辖范围的特定企业、产业或企业集团。判定是否属于专向性补贴的原则为：立法制定适用于获得补贴资格和补贴数量的客观标准或条件，则不存在专向性；根据立法将补贴的获得明确限于某些企业，则为专向性补贴；如事实上存在某些企业存在补贴的特殊情况，而表面上为非专向性补贴，则可判定该补贴为专向性补贴。

则应建议立即撤销补贴,并明确限定撤销补贴的时限。如专家组报告被上诉,由上诉机构裁定,争端各方必须无条件接受上诉机构报告,如被诉方没有执行,争端解决机构应授权申诉方采取适当的报复措施。如一方就反补贴措施是否得当存在质疑,可请求仲裁。

2. 可诉补贴的救济程序

程序与禁止性补贴的争端解决相似。

3. 不可诉补贴的救济程序

若成员认为一种不可诉补贴对国内产业产生严重不利影响,可向补贴与反补贴措施委员会寻求对此问题的建议和裁决。委员会可建议实施补贴的成员修改补贴计划,消除影响,如建议未得到执行,可授权受害成员采取相应反制措施,进行救济。

(二)通过反补贴措施的救济

WTO 成员也可采取加征反补贴税的方式救济。其程序如下。

1. 申诉

申诉方要能代表国内有关产业,并提供补贴及伤害存在因果关系的充分证据。

2. 调查

进口成员主管机关依申请书审查,认为须立案调查时,向所有利害关系成员发出通知,要其提供书面证据。

如调查机构证实补贴额微小(不足从价的 1%)或补贴进口量和损害可以忽略不计,则应立即终止调查。一般情况下,反补贴调查应在提出后 12 个月内结束,特殊情况下不得超过 18 个月。

3. 磋商

当补贴指控提出以后,进口成员应通知出口成员立即举行磋商,以资解决。在调查期间,出口成员有权进行磋商,通过协议解决问题。

4. 产业损害的确定

产业损害包括实质损害、实质损害威胁和实质阻碍习惯产业建立。确定是否存在实质损害时应考虑的因素包括补贴进口产品的数量、价格、对国内产业影响的程度等。证实补贴进口与损害之间的因果关系。

5. 救济措施

进口成员主管部门经过立案调查,如发现存在补贴与损害,且二者有因果关系。则可单方面决定对申诉产业提供救济,包括采取临时措施、具结、征收反补贴税、司法审查和追溯征税等。反补贴税一般可持续 5 年。

对一项专向性补贴,进口成员可同时通过两项管道寻求救济,但最终获得救济只能为一项,即或经过 WTO 采取反制措施,或通过反补贴措施征收反补贴税。

五、对成员实施协议的时间要求

(一)发展中成员

补贴可在发展中成员的经济发展计划中发挥重要作用。因此,协议对发展中成员和最不发达成员在补贴方面提供特殊与差别待遇。

1. 禁止性补贴

（1）最不发达成员可以无限期使用出口补贴，并在 WTO 成立后 8 年内（至 2002 年底），可使用进口替代补贴。

（2）对 20 个发展中成员，在其年人均国民生产总值达到 1 000 美元之前，有权使用出口补贴，并在 WTO 成立后 5 年内（至 1999 年底），可保留进口替代补贴。

（3）其他发展中成员在 WTO 成立后 8 年内（至 2002 年底），可以保留出口补贴，但应在这 8 年内逐步取消，且不得提高其出口补贴的水平。如果能证明延长保留出口补贴的期限，是出于经济、金融和发展的需要，则可延长这一期限。

如它们某一产品已经具有"出口竞争力"，即该种产品的出口连续 2 年达到同类产品世界贸易 3.25% 的份额，则该成员应在 2 年内取消对这种产品的出口补贴。但 20 个发展中成员除外。

2. 可诉补贴

如果发展中国家维持出口补贴、进口替代补贴的做法符合协议规定，则其他成员不得援引有关禁止性补贴的争端解决程序，只能援引可诉补贴的程序。

3. 反补贴调查

如果发展中成员产品的补贴水平不足从价金额的 2%（非发展中成员为 1%），则针对其采取的反补贴调查应立即终止。

（二）转型经济成员

处于自中央计划经济转型为市场和自由企业经济的成员可在 WTO 成立后的 7 年内，保留已向 WTO 通知的出口补贴和进口替代补贴。但在 7 年内应逐步取消。在此期限内，为了经济结构调整，它们可以免除政府持有的债务，向企业提供偿还债务赠款，而不受"严重侵害"条款的制约。

（三）发达成员

发达成员在 WTO 成立 3 年后，取消禁止性补贴。

六、协议执行与管理

为执行与管理 SCM，WTO 设立补贴与反补贴措施委员会和常设专家小组。常设专家小组可以在争端解决机构专家组的请求下，确定某一补贴是否属于被禁止的补贴。

七、SCM 的实施情况与运用趋势

（一）基本情况

WTO 成员基本实施协议的各种规定。

（二）反补贴行动特点

（1）对中国施加了特殊条款。在中国入世议定书 15 条（b）项内规定了衡量补贴利益基准调整做法的内容。其要点是：在补贴相关程序上原则上可使用 WTO《补贴与反补贴措施协议》规定；如使用遇到困难，可参照投诉成员国内做法进行调整；没有规定调整终止的具体时间；该条款终止的前提是"一旦中国根据该 WTO 进口成员的国内法证实其是一个市场经济体"时。

（2）反补贴的发起数量低于反倾销。从 1995 年到 2014 年 6 月，21 个 WTO 成员共发起反补贴调查 355 起，最终实施 193 起反补贴措施。

（3）美、欧、加是反补贴调查和实施的主要成员。上述期间，在发起反补贴调查中，美国为 150 起，占整个反补贴调查的 42.3%；欧盟为 73 起，占总数的 20.1%；加拿大为 40 起，占总数的 11.3%。它们也是实施反补贴措施的主要成员，实施比率美国为 52.7%，欧盟为 46.6%，加拿大为 60%。

（4）中国、印度成为反补贴的主要目标成员。上述期间，全球反补贴调查共涉及 46 个国际和地区。中国是 WTO 成员反补贴调查和最终实施反补贴措施的主要目标。受调查数占整个调查总数的 23.7%，而最终实施反补贴措施占被调查数的 63.1%；印度相应的数字分别为 17.5% 和 54.8%。

（5）贱金属、化工和塑料产品是反补贴涉案的主要产品。

（6）发达成员是协议争端的主要运用者。上述期间，由本协议引发的贸易争端 105 起。17 个 WTO 成员是起诉方，其中，美国 29 起，欧盟 24 起，加拿大 12 起，巴西 9 起，韩国 7 起，日本 6 起，印度、墨西哥和中国各为 5 起；20 个 WTO 成员为应诉方。其中，美国 33 起，欧盟 15 起，中国 14 起，加拿大 10 起，巴西 6 起。引发争端的焦点是补贴定义、禁止性补贴和损害的确定。

（三）对反补贴措施关注向纵深发展

发达成员美、澳、加企图掌握 SCM 谈判的主动权；反补贴措施的使用逐渐由传统产业向高技术、新兴产业拓展；由一种贸易救济手段转变为反倾销、反补贴并用；贸易不公平行为面由企业层面向政府政策和经济体制层面，涵盖更多的政治因素，"非市场经济"概念出现滥用。

八、SCM 的修正活动

WTO 成员在履行协议的同时，也对 SCM 展开修正活动。

在第一届 WTO 部长级会议发表的《新加坡部长宣言》提出要继续审议本协议。在第四届部长级会议上，将补贴与反补贴作为规则谈判的内容之一，纳入多哈回合谈判的整体框架，并考虑发展中国家成员要求，将渔业补贴作为规则谈判的关键议题之一。在 WTO 第五届部长级会议发表的《坎昆部长宣言草案》中，提出负责补贴与反补贴规则谈判小组应切实寻求解决方案。在 WTO 第六届部长级会议发表的《香港部长宣言》附件 D 中，说明各成员提交修订协议的提案情况，呼吁以此为基础进行深入分析，以保证在谈判小组授权的所有方面获得平衡的结果，加快谈判进程，谈判小组主席尽早起草本协议的综合案文。

2007 年和 2008 年规则谈判小组相继出台了两个主席文本。2011 年规则谈判小组又出台了新的主席文本。但并未形成完整的协议修订草案，而是对各成员争议较大的议题予以说明。涉及的核心争议点包括：隐蔽性补贴，补贴利益转移，补贴利益认定的外部基准，管制价格的补贴专向性和扩大禁止性补贴范围等。

第三节 《保障措施协议》

一、协议产生背景与宗旨

保障措施是指成员在进口激增并对其国内相关产业造成严重损害或严重损害威胁时，采取的进口限制措施。

保障措施在性质上完全不同于反倾销措施和反补贴措施。保障措施针对的是公平贸易条件下的进口产品，反倾销措施和反补贴措施针对的是不公平贸易。

1943 年，美国和墨西哥签订的《互惠贸易协定》首次规定了保障条款。在美国的倡导下，该条款纳入 GSTT 1947 成为第 19 条的"对某种产品进口的紧急措施"。

但该条款的实施并不理想，主要原因是该条款缺乏对重要概念的定义，没有界定"增加的进口"与"损害"之间的因果联系，程序规则不明确等。加以"自愿出口限制"之类的"灰色区域"措施泛滥，该条款形同虚设。因此，缔约方希望能进一步加强该条款。

为此，乌拉圭回合达成多边的《保障措施协议》（*Agreement on Safeguards*）将第 19 条具体化。协议宗旨是改善和加强以 GATT 1994 为基础的国际贸易体制的总体目标，重建对保障措施的多边控制，增加而非限制国际市场中竞争的必要性。

协议由 14 个条款和 1 个附件组成。内容包括总则、条件调查、严重损害和严重威胁的确定、保障措施的运用、临时保障措施、减让水平与其他义务、发展中国家成员、先前存在的第 19 条措施、禁止取消若干措施、通知与磋商、监督、争端解决等条款。

二、保障措施的定义与特征

保障措施是指如因不能预见的情况和某个成员在本协议项下负担包括关税减让在内义务的影响，某一产品进口到该成员的数量大量增加，并对生产相似或直接竞争的产品的国内产业造成严重损害或严重损害威胁，该成员可在适当时间和程度内，对该产品全部或部分中止义务或撤销或修改减让，以消除或减轻此种损害或损害威胁。

保障措施的作用主要是暂时免除一成员已承诺的义务，允许他对有损害产品的进口提高关税、实行配额等，以限制或减少进口，保护国内同类产品的生产。这种临时性保护措施，最终为国内产业赢得结构调整时间与机会。

保障措施具有四个特征：第一，特定性。保障措施实施是针对有损害行为的特定产品，不是针对其他进口产品。第二，暂时性。保障措施实施应限于临时性或暂时性，在估计能消除损害造成的影响内实施，一旦损害消除，保障措施应即取消，以免造成保障过当。第三，递减性。在保障措施实施中，其程度要随国内产业竞争力的恢复与增强而逐步放宽，直到恢复采取保障措施的水平。第四，非歧视性。一成员采取保障措施时，应在最惠国待遇原则上实施，不能有选择地针对某个成员。但"自由贸易区"或"关税同盟"不受保障措施的限制。

三、实施保障措施的条件与程序

（一）实施保障措施必需的条件

WTO 成员实施保障措施必须具备三个条件：第一，某项产品的进口激增；第二，进口激增是由于不可预见的情况和成员履行 WTO 义务的结果；第三，进口激增对国内生产同类产品或直接竞争产品的产业，造成了严重损害或严重损害威胁。

进口激增是指产品进口数量的急剧增长，包括绝对增长和相对增长两种情况。前者指产品实际进口数量的增长，后者指进口产品所占市场份额上升。

进口激增是由于不可预见的情况和 WTO 成员履行 WTO 义务的结果。"不可预见的情况"并无明确含义。后者主要指成员履行关税减让和削减非关税壁垒等义务。

进口激增对国内生产同类产品或直接竞争产品的产业，造成了严重损害或严重损害威胁。

"严重损害"是指对国内某一产业的状况总体上造成重大损害。在确定对国内某一产业造成严重损害或严重损害威胁的调查中，主管机构评估影响的因素应包括：进口绝对增长或相对增长的比例和数量，国内产业的销售水平、总产量、生产率、设备利用率、盈亏与就业的变化等。

"严重损害威胁"是指损害危机是显而易见的，对其判定要基于事实，不能任意凭空指控。

（二）实施保障措施的程序

实施保障措施的程序主要包括调查、通报和磋商三个环节。

1. 调查

WTO 成员主管机构在采取保障措施前，应向所有利害关系方发出公告，举行公开听证会，或给进口商、出口商及其他利害关系方提供适当的机会，以陈述证据和看法，对其他相关方的陈述作出答复。调查结束后，主管机构应公布调查报告，列明对一切相关事实和法律问题的调查结果，以及作出的合理结论。

2. 通报

WTO 成员应将下列事项立即通报保障措施委员会：发起调查的决定及理由；对进口增长造成严重损害或损害威胁的调查结果；就实施或延长保障措施作出的决定。

3. 磋商

保障措施会影响 WTO 成员相关产品所享有的权利，因此采取或延长保障措施的成员应与各利害关系方进行磋商，并达成谅解。磋商结果应及时通知 WTO 货物贸易理事会。

四、保障措施形式与实施

（一）保障措施形式和期限

1. 形式

保障措施可以采取提高关税、纯粹的数量限制和关税配额等形式。在实施数量限制时，不得使进口数量低于过去三个有代表性年份的平均进口水平。在实施配额限制时，应与有利害关系的供应方就配额分配进行磋商。如磋商未能达成协议,则进口方应基于供应方前一有代表性时期的进口份额进行分配。

2. 期限

保障措施的实施期限一般不应超过 4 年。如果仍需以保障措施防止损害或救济受损害的产业,或有证据表明该产业正在进行调整,则可延长实施期限。但总期限(包括临时保障措施)不得超过 8 年。

(二)临时保障措施

在紧急情况下,如果迟延实施保障措施会造成难以弥补的损失,进口成员方可不经磋商就采取临时保障措施,但应在采取临时保障措施前通知保障措施委员会,在采取措施后应尽快与各利害关系方举行磋商。

临时保障措施的实施期限不得超过 200 天,并把此期限计入保障措施总的期限。临时保障措施应采取提高进口关税办法。如果随后的调查不能证实进口激增对国内有关产业已经造成损害或损害威胁,则增收的进口关税应迅速退还给原交税的进口商。

(三)实施保障措施递减

如果某一保障措施的适用期预计超过 1 年,进口方在适用期内应按固定的时间间隔逐渐放宽该措施;如果实施期超过 3 年,进口方须在中期审查实施情况,并根据审查结果撤销或加快放宽该措施。延长期内的保障措施不得比最初适用的措施更加严格,且应继续放宽。

(四)补偿与报复

由于保障措施针对的是公平贸易条件下的产品进口,其实施必然影响出口方的正当利益。为此,有关 WTO 成员可就保障措施对贸易产生的不利影响,协商贸易补偿的方式。如果协商在 30 天内未达成协议,受影响的 WTO 出口方可以对实施方对等地中止义务,进行报复。但应在进口方实施保障措施后的 90 天后,且在货物贸易理事会收到中止义务的书面通知且不持异议的 30 天后进行。

五、禁止及取消"灰色区域"措施

"灰色区域"措施指有关国家根据双边达成的非正式协议,实施的与 WTO 规则不符的进口限制措施。因这些协议透明度很低,故被称为"灰色区域"措施。其主要特征是:名义上是出口国自愿承担的单方面行动,实际上是在进口方的压力下作出的;规避了取消数量限制和非歧视性原则;有关协议的内容一般包括提高产品价格、限制进口数量及进口监督等。

"灰色区域"措施种类很多。其中包括:自愿出口限制,有秩序的销售安排,出口节制,出口价格或进口价格调控机制,出口或进口监督,强制的进口卡特尔,任意性出口或进口许可制度等。"灰色区域"措施削弱了保障措施的作用。

协议明确规定,WTO 成员不应寻求、采取或维持任何此类措施;WTO 成员不应鼓励或支持国营或私营企业,采取或维持与上述做法效果相同的措施。协议要求,到1999年底,所有的"灰色区域"措施都应取消。

六、发展中成员的特殊待遇

协议规定,如果源自发展中成员的产品,在进口成员该产品进口总量中的比例不超过3%,则不对该产品实施保障措施。但当比例均不超过3%的几个发展中成员的合计比例超过9%时,则适用保障措施。发展中成员实施保障措施最长可至10年。

七、协议监督与争端解决

协议规定在货物贸易理事会下设立保障措施委员会,每年向货物贸易理事会提出报告,监督协议执行并提出建议。成员之间就协议实施发生争端,可按争端解决程序解决。

八、协议实施与修正

9-3 钢铁大战——美国钢铁保障措施案始末

(一)实施情况

(1)发起数量远高于最终实施和不实施数量。1995年到2014年6月,49个WTO成员共发起295起保障措施调查,最终实施139起保障措施,超过半数的标准措施调查最终未采取任何措施。

(2)发展中成员是使用保障措施的主要成员。发展中成员印度、印度尼西亚、土耳其、约旦、智利是使用保障措施的主要成员。上述成员在保障措施发起总数中的比重相应为13.2%、8.8%、6.8%、3.8%和5.1%。印度、印度尼西亚和土耳其是最终实施的主要成员,它们在实施比率中分别为48.7%、53.8%和70%。

(3)贱金属、化工、石料等制品是保障措施涉案的主要产品。

(4)发达国家与发展中成员运用争端基本持平。保障措施起诉方来自22个成员,其中,欧盟6件,阿根廷5件,美国4件,哥伦比亚、智利、日本各为3件,韩国、挪威、新西兰、危地马拉各为2件。10个WTO成员为应诉方。应诉件中,美国为15件,阿根廷、智利各为8件,欧盟为4件。引发的争端集中在保障措施的实施条件和对严重损害的定义等。

(二)协议修正活动

在WTO第一届部长级会议上,此协议受到关注,但未列入多哈回合谈判范畴,仅有与农产品相关的特殊保障措施作为农产品谈判焦点。

本 章 小 结

(1)倾销是企业不公平的对外贸易行为。受到有倾销行为进口商品伤害的企业可以请求政府采取反倾销措施,维护公平竞争。根据WTO负责实施管理的《反倾销协议》,

实施反倾销措施的基本要件为存在倾销、产生伤害、倾销与伤害之间存在因果关系。反倾销措施的基本程序有：申请人申请、进口方主管机构审查立案、反倾销调查、行政复审和司法审议。采取反倾销措施的措施有临时征收、价格承诺和最终征收。反倾销税率不得高于倾销幅度。反倾销为 WTO 成员普遍运用，整体而言，它对促进国际贸易公平竞争产生积极作用。

（2）补贴是政府维护社会稳定的一种广泛行为。政府通过补贴扩大出口贸易，属于不公平竞争行为，如伤害进口国家同类产业，该产业可请求政府采取反补贴，以保护公平竞争。为此，在《补贴与反补贴措施协议》中对补贴进行了分类，即禁止性补贴、可诉补贴、不可诉补贴。对前二者可采取反补贴措施，其方法是征收反补贴税。发展中成员尤其是最不发达成员根据该协议规定，可以享受一些特殊的差别待遇。反补贴活动开始向纵深发展。

（3）《保障措施协议》的目的是强化保障措施的正当运用，它不同于《反倾销协议》和《补贴与反补贴措施协议》，带有救济性质。该协议规定，WTO 成员实施保障措施必须满足三个条件：第一，某项产品的进口激增；第二，进口激增是由于不可预见的情况和成员履行 WTO 义务的结果；第三，进口激增对国内生产同类产品或直接竞争产品的产业，造成了严重损害或严重损害威胁。如果违背上述条件，则属于滥用。

（4）WTO 成立后，WTO 成员加强对反倾销和反补贴措施的运用，历届部长级会议关注这两个协议的修正，但相关谈判都未结束，尚未形成 WTO 成员普遍接受的协议修正文本。

思 考 题

1. 何谓倾销？
2. 进行反倾销需要具备什么要件？
3. 通过什么程序进行反倾销？
4. 补贴分为几类？
5. 反补贴是针对哪种类型的补贴？
6. 实施保障措施的要件是什么？

9-4　应急贸易措施的差异

第十章

特定领域产品贸易协议与规定

本章导读

在乌拉圭回合前后和 WTO 建立后,GATT 1947 缔约方和 WTO 成员等就一些特定商品贸易达成一些协议。其中多边协议有《农业协议》和《纺织品与服装协议》;诸边协议有《政府采购协议》《民用航空器贸易协议》《国际牛肉协议》和《国际奶制品协议》,后两个协议已并入其他协议,不复存在。诸边协议还有《信息技术协议》。此外,还就出口和国营企业贸易作出一些规定。本章就这些协议达成的背景、内容和特点进行系统的介绍。

学习目标

通过学习,应了解这些协议的宗旨,知悉主要的内容,掌握它们的重要特点和作用。

第一节 《农业协议》

一、协议出现背景

(一)农业对经济社会发展的重大作用

在世界贸易中,农产品贸易占 10% 左右。其中,发达国家占 6% 以上,发展中国家约占 3%。但农业在国内生产总值中的比重,发展中国家稍高于 10%,发达国家占 2%。虽然二者比重不高,但农业作用最大。农业是促进世界各国经济增长、减少贫困和保护环境的厚实基础,对国家政局稳定有很大影响,因此世界各国对农业的发展和保护非常重视。有些国家和集团甚至通过立法加以保护。以欧盟为例。共同农业政策是欧盟最早实施的一项共同政策,在《罗马条约》中就已提出。1960 年 6 月 30 日,欧委会又正式提出建立共同农业政策,并于 1962 年起逐步实施。其基本目标是提高农业生产率、确保农业人员的"公平收入"、稳定农产品市场、保持对消费者合理的价格以及确保农产品的供应。为此采取了许多保护措施。欧盟共同农业政策给予的农业补贴高达 440 亿欧元。

（二）世界各国对农业保护多样措施

1. 运用关税和非关税壁垒限制农产品进口

为了保护农业，世界各国普遍运用关税和非关税壁垒限制进口。在共同农业政策下，欧盟对农产品进口设置高关税，实施差价税和进口关税配额。

2. 对出口农产品进行补贴

世界各国尤其是发达国家对农产品出口进行补贴。美国对农产品出口制订了一系列的补贴和鼓励措施。美国"出口促进计划"允许对出口商申请普遍实施保护政策产品贸易作为一个特殊的领域，一直游离于关税与贸易总协定规则的现金补贴，该计划适用于出口到 70 多个国家和地区的农产品。"市场进入计划"对美国企业在外国市场上进行的农产品促进销售活动提供资助。

3. 国内价格支持

为了支持国内农业生产和保持生态环境，政府通过各种途径对农业生产者予以各种价格补贴。这些保护农业的做法有些背离了比较优势理论，使农产品的国际贸易出现严重扭曲。

在乌拉圭回合中，农产品贸易自由化问题被列为中心议题之一。由于农产品贸易谈判各方利益冲突，谈判曾数度陷入破裂的边缘。经过艰苦的努力，谈判参加方终于在 1993 年 12 月 15 日达成了一个妥协性的《农业协议》（*Agreement on Agriculture*）。

二、协议宗旨与主要内容

协议有 13 个部分，有 21 个条款和 5 个附件。包括宗旨、扩大农产品市场开放、削减农产品生产补贴和削减农产品出口补贴。

（一）协议宗旨与基础

协议长期目标是"建立一个公平的、以市场为导向的农产品贸易体制。并应通过支持和保持承诺的谈判及建立增强的和更行之有效的 GATT 规则和纪律发动改革进程"。这种长期目标体现在四个方面。

（1）确定期限内达到的目标。即"在议定的期限内，持续对农业支持和保护逐步进行实质性的削减，从而纠正和防止世界农产品贸易市场的限制和扭曲"。

（2）在每个领域达成具体约束承诺。这些具体承诺包括市场准入、国内支持、出口竞争，并就卫生与植物卫生问题达成协议。

（3）考虑发展中成员的特殊需要和条件。为此，发达成员对发展中成员"有特殊利益的农产品在更大程度上改进准入机会和条件"，"给予热带农产品贸易的全面自由化。及鼓励对以生产多样化为途径停止种植非法麻醉作物有特殊重要性的产品。"

（4）承诺以公平方式在成员之间作出改革计划。在改革计划中要"注意到非贸易关注，包括粮食安全和保护环境的需要"。同时关注发展中成员的特殊和差别待遇及对最不发达成员和粮食净进口发展中成员的消极影响。

（二）协议主要内容

1. 扩大农产品市场开放

针对许多国家利用关税及非关税壁垒限制农产品进口的情况，协议要求成员将非关税措施转化为关税，并逐步降低关税，以保证一定水平的市场准入机会。

（1）关税化。现行的非关税措施应转化成等值的从量税或从价税。某种农产品的关税等值，等于该产品的国内市场平均价格减去该产品或相近产品的国际市场平均价格；某种农产品加工品的关税等值，等于农产品原料的关税等值乘以农产品原料占农产品加工品的比重。

（2）约束所有农产品关税，包括关税化后的关税。

（3）确立关税削减基数。从1995年开始，发达成员在6年内，发展中成员在10年内，分年度削减农产品关税。以1986—1988年关税平均水平为基础，用简单算术平均法计算，发达成员削减36%，每个关税税号至少削减15%；发展中成员削减24%，每个关税税号至少削减10%。

（4）实施关税配额。以1986—1988年为基准期，有关成员在这一期间进口必须进行关税化的农产品，如不达到国内消费量的5%，则应承诺最低数量的进口准入机会。在关税减让实施期的第一年，承诺的最低进口准入数量应为基准期国内消费量的3%，在实施期结束时应该提高到5%。如基准期的进口数量超过国内消费量的5%，则应维持原有的市场准入机会。通过关税配额实施最低的市场准入，配额内的进口享受较低或最低的关税，配额外的进口缴纳关税化后的关税。

（5）建立特殊保障机制。针对关税化的农产品，建立特殊保障机制。启用该机制的前提条件是，某年度的进口量超过前3年进口量的平均水平（根据该成员进口量占消费量的比例确定），或者进口价格低于1986—1988年进口参考价格平均水平10%。

（6）最不发达成员列入关税化及关税约束，但免于削减关税承诺。

2. 削减农产品生产补贴

协议对不同的国内农产品生产支持措施进行分类处理。

1）保留"绿箱"措施

"绿箱"措施是指由成员政府提供的、其费用不转嫁给消费者，且对生产者不具有价格支持作用的政府服务计划。这些措施对农产品贸易和农业生产不会产生或者仅有微小的扭曲影响，可以继续保留，成员无须承担约束和削减的义务。

其内容主要包括：一般农业服务支出，如农业科研、病虫害控制、培训、推广和咨询服务、检验服务、农产品市场促销服务、农业基础设施建设等；粮食安全储备补贴；粮食援助补贴；与生产不挂钩的收入补贴；收入保险计划；自然灾害救济补贴；农业生产者退休或转业补贴；农业资源储备补贴；农业结构调整投资补贴；农业环境保护补贴；落后地区援助补贴等。

2）保留"蓝箱"措施

"蓝箱"措施是指成员政府为了保持生态环境和土地生息，强迫部分土地休耕和约束养畜数量，为此给农业生产者和畜牧业者造成收入的损失予以补贴。这些补贴与政府对农畜产品限产计划有关，继续保留，成员不需承担削减义务。

3）削减微量外的"黄箱"措施

"黄箱"措施是指政府对农产品的直接价格干预和补贴，包括对种子、肥料、灌溉等农业投入品的补贴，对农产品营销贷款的补贴等。这些措施会对农产品贸易产生扭曲，对超过农业生产总值比重的补贴，成员必须承担约束和削减补贴义务；对不高于该比重的成员，则不需要削减。

协议规定，自1995年开始，以1986—1988年为基准期，发达成员在6年内逐步将综合支持量削减20%，发展中成员在10年内逐步削减13%。在此期间，每年的综合支持量不能超过所承诺的约束水平。

对特定农产品的支持，实行微量允许。对综合支持量不超过该产品生产总值或农业生产总值的5%的发达成员和10%的发展中成员，则不需削减。

发展中成员的一些"黄箱"措施也被列入免予削减的范围。主要包括农业投资补贴，对低收入或资源贫乏地区生产者提供的农业投入品补贴，为鼓励生产者不生产违禁麻醉作物而提供的支持等。

3. 削减农产品出口补贴

出口补贴是一项对贸易产生严重扭曲的政策措施。协议规定，不禁止成员对农产品出口实行补贴，但要削减这些出口补贴。

1）削减出口补贴的基准与削减程度

协议规定，以1986—1990年出口补贴的平均水平作为削减基准，或在某些出口补贴已经增加的条件下，以1991—1992年的平均水平为削减基准。从1995年开始，每年进行等量削减。对农产品出口补贴的预算开支，规定发达成员在6年内减少36%，发展中成员在10年内减少24%；对享受补贴的农产品出口数量，发达成员在6年内要减少21%，发展中成员在10年内要减少14%。对于农产品加工品的出口补贴，成员方只需削减预算开支。最不发达成员不需要作任何削减。

2）削减承诺约束的出口补贴

协议规定下列出口补贴措施要受到削减承诺的约束。其中包括：视农产品出口实绩而提供的直接补贴；以低于同类农产品的国内价格，将非商业性政府库存农产品处置给出口商而形成的补贴；利用征收的农产品税，对相关农产品产生的出口补贴；农产品的出口营销补贴，但发展中成员除外；出口农产品的国内运费补贴，但发展中成员除外；视出口产品所包含的农产品成分，对所含农产品提供的补贴。

3）禁止实施未采取过的补贴

协议规定，在上述基期内，成员政府没有对某种农产品实施出口补贴措施，则禁止该成员将来对这种农产品出口进行补贴。

4）遵守卫生与植物卫生措施协议

协议规定与农产品贸易有关的卫生与植物卫生措施，应遵循 WTO SPS 的有关规定。

乌拉圭回合有关农产品自由化措施见表10.1。

表 10.1　乌拉圭回合有关农产品自由化措施　　　　　　　　　　%

项目名称	发达成员（1995—2000 年）	发展中成员（1995—2004 年）
关税		
全部农产品平均削减	36	24
每项农产品最低削减	15	10
国内支持		
综合支持量削减	20	13
（基期：1986—1988 年）		
出口补贴		
补贴额削减	36	24
补贴量削减	21	14
（基期：1986—1990 年）		

注：（1）最不发达成员不需承诺削减关税或补贴；
　　（2）关税削减的基础税率为 1995 年 1 月 1 日前的约束税率；对于原未约束的关税，基础税率为 1986 年 9 月"乌拉圭回合"开始时的实施税率。

资料来源：《农业协议》附件。

三、协议的执行

（一）出口补贴

出口补贴的绝大多数集中于欧盟、美国、加拿大和挪威 4 个成员。它们都基本上履行了承诺。

（二）国内支持

欧盟和日本的综合支持量持续下降，美国和挪威综合支持量相对稳定，但均满足微量允许条件（5%）。在支持手段上，挪威主要采用"黄箱"，欧盟和日本则以"绿箱"为主。

（三）协议争端

在协议执行期间，成员共提出 77 起争端。其中，美国作为被告和原告的参与贸易争端共 36 起，欧盟参与 26 起，中国参与 5 起。

（四）成员农业政策加速调整

调整方向是，都把农业视为战略产业，增加对农业的补贴和投入，转向"绿箱"调整政策，实行"与生产脱钩"的补贴及收入支持政策，对农业的支持由片面的农业保护逐渐转向农业、农民和农村全面发展。

四、农业接续谈判

在协议执行的同时，WTO 成员开始接续农业谈判。2002 年启动的多哈发展议程提出，农业谈判应不迟于 2003 年 3 月

10-1　农业重要性与农业国际谈判

31 日完成。但迄今为止，谈判尚未结束。

（一）谈判经历阶段

第一阶段（2000 年 3 月—2002 年 3 月），主要是接受成员议案并逐一讨论。此间，有 121 个成员提出 45 个议案，进行 7 轮讨论。

第二阶段（2002 年 3 月—2004 年 8 月），为实现多哈发展议程授权的目标制定具体模式、量化指标和新规则。

第三阶段（2004 年 8 月—2008 年 12 月），模式谈判全面深入，2008 年 7 月几乎达成一致，因个别议题未果，使谈判破裂。

第四阶段（2008 年 12 月—2013 年 12 月），是早期收获阶段。2013 年 12 月，WTO 第九届部长级会议就早期收获一揽子协议达成一致。

第五阶段（2013 年—　　），根据巴厘岛部长级会议达成的早期收获，原计划 2014 年 8 月 1 日实施，因粮食安全问题议题达成较晚，早期收获未能如期实施。

（二）谈判的主要内容

1. 国内支持

国内支持包括扭曲贸易的支持总量削减，综合支持总量削减，特定产品综合支持量封顶、微量允许、蓝箱、绿箱和棉花国内支持削减等内容。

在扭曲贸易支持总量削减上，发达成员分三个层次进行不低于 55% 的削减；有削减义务的发展中成员削减 33%；粮食净进口发展中成员、新加入成员、低收入转型小经济体免于削减。发达成员实施期为 5 年，有削减义务的发展中成员实施期为 8 年。

综合支持总量削减。发达成员分三个层次削减不低于 45%；有削减义务的发展中成员削减 30%。粮食净进口发展中成员、新加入成员、低收入转型小经济体免于削减。两类成员实施期同上。

特定产品综合支持量封顶。一般发达成员以 1995—2000 年的平均水平封顶。发展中成员可选择三种方案中一个进行封顶。

微量允许。发达成员特定产品和非特定产品微量允许水平均削减 50%；发展中成员削减幅度为发达成员的 2/3。

蓝箱分为限产直接支付和与产量脱钩支付两类，确定后，不能随意变更。绿箱内容包括：农民安置、土地改革、乡村发展、生计安全方面的行政管理和法律服务支出；发达成员自然灾害救助等不变。

棉花国内支持。棉花蓝箱支持将按高于一般产品的削减公式系数进行削减。

2. 市场准入

相关内容见关税与关税减让章。

3. 出口竞争

出口补贴。发达成员 2013 年底前取消所有形式的出口补贴；发展中成员 2016 年底前完全取消出口补贴。

出口信贷。发达成员出口信贷补贴偿还期最长不超过 180 天；发展中成员出口信息补贴偿还期最长不超过 306~540 天。

粮食援助。只能采取捐赠形式，与商业脱钩，取消援粮再出口，不允许援粮货币化。

此外，谈判内容还有出口禁止和限制纪律的强化，新加入成员的灵活性和棉花部门的改革等。

第二节 《纺织品与服装协议》

一、协议产生背景与特征

（一）协议产生背景

第二次世界大战结束后，发展中国家在经济发展中，首先发展劳动密集型产品纺织品出口，因价格低廉，在世界纺织品市场上取得竞争优势。纺织品与服装贸易在世界货物贸易中的比重在 6%左右，其中，发展中国家约占 4%，发达国家占 2%。发达国家为了保护竞争力逐渐衰退的纺织品与服装产业，它们背离 GATT 1947 贸易自由化的宗旨。从 1961 年开始，发达国家与发展中国家先后形成了《短期棉纺织品协议》《长期棉纺织品贸易协议》和《多种纤维协议》，根据这些协议，发达国家对从发展中国家进口的纺织品与服装进行配额限制，约束发展速度，抑制了发展中国家的经济发展。

在发展中国家努力下，乌拉圭回合把纺织品与服装贸易列为 15 个谈判议题之一。经过发展中国家和地区的不懈努力，发达国家被迫作出纺织品与服装贸易逐步自由化的妥协，达成了《纺织品与服装协议》（Agreement on Textiles and Clothing，ATC）。为最终取消纺织品与服装贸易中的配额限制作了过渡性安排。

（二）协议特征

《多种纤维协议》与 ATC 的最大差异是参与者与约束性不同。前者是自愿参加，后者是受 WTO 管辖的多边贸易协议，所有 WTO 成员均需遵守。《多种纤维协议》与 GATT 1947 是双轨制，而 ATC 是 WTO 负责事实管理的协定与协议的一部分，成为单轨体制，但又延续了《多种纤维协议》的管理做法。按照 ATC，纺织品与服装分三个阶段回归到 GATT 1947 的自由贸易体制。在回归的过渡期间，ATC 继续保留配额，并容许发达成员采取救济措施。重新建立纺织品监督机构，监督协议的执行与成员间的贸易争端。因此 ATC 是个阶段性的协议。

二、协议目标与主要内容

《纺织品与服装协议》有 9 个条款 1 个附件。主要内容为：基本规则，适用产品的范围，分阶段取消配额限制，过渡性的保障措施，非法转口的处理，设立纺织品监督机构等。

（一）协议目标

协议序言指出，其目标是使纺织品与服装贸易"在加强的 GATT 规则和纪律基础上最终纳入 GATT，从而也对贸易进一步自由化的目标作出贡献"。在 2004 年 12 月 31 日以前的 10 年内，逐步取消纺织品与服装贸易的配额限制。在实施中，应对最不发达成员给予特殊待遇。

（二）基本规则

（1）在纺织品和服装贸易领域使小的供应方的市场准入获得有意义的增长，并为新参加方创造贸易机会。

（2）对原《多种纤维协议》成员给予特殊待遇。

（3）反映产棉出口成员的特殊利益。

（4）鼓励成员自主调整产业，以增加市场上的竞争力。

（5）适用的纺织品和服装按照附件列出的产品范围。

（三）过渡阶段自由化措施

1. 分阶段取消配额限制

协议要求，在 10 年过渡期内，成员不得设立新的纺织品与服装贸易限制，并逐步取消已有的限制。

协议规定，对于其附件中所列产品，应在 10 年内分四个阶段取消进口数量限制。

第一阶段，1995 年 1 月 1 日至 1997 年 12 月 31 日，成员在 1995 年 1 月 1 日取消配额限制的产品比例，不低于 1990 年该成员进口附件中所列产品总量的 16%。

第二阶段，1998 年 1 月 1 日至 2001 年 12 月 31 日，成员在 1998 年 1 月 1 日取消配额限制的产品比例，不低于 1990 年该成员进口附件中所列产品总量的 17%。

第三阶段，2002 年 1 月 1 日至 2004 年 12 月 31 日，成员在 2002 年 1 月 1 日取消配额限制的产品比例，不低于 1990 年该成员进口附件中所列产品总量的 18%。

第四阶段，2005 年 1 月 1 日，成员取消所有剩余产品（占 1990 年该成员进口附件中所列产品总量的 49%）的配额限制。届时《纺织品与服装协议》自行终止。

在符合规定比例的前提下，每个成员可自主决定各个步骤中取消配额限制的具体产品类别，但必须包括以下四组产品：毛条和纱、机织物、纺织制品、服装。成员在各个步骤取消配额限制的产品清单，应提前一年通报 WTO。

2. 逐步增加配额数量

对尚未取消配额限制的产品，要逐步放宽限制，增加配额数量。具体做法是，以《多种纤维协议》达成的双边协议中的现行配额数量为基础，从 1995 年 1 月 1 日起，通过提高配额年度增长率的方式，逐年增加配额数量。

提高配额年增率的具体步骤是：从 1995 年 1 月 1 日起，在《多种纤维协议》规定的年增长率基础上增加 16%，作为第一阶段的年增长率；从 1998 年 1 月 1 日起，在第一阶段年增长率的基础上再增加 25%，作为第二阶段的年增长率；从 2002 年 1 月 1 日起，在第二阶段年增长率的基础上又增加 27%，作为第三阶段的年增长率；第四阶段于 2005 年 1 月 1 日完全取消配额。

对于结转（本年度剩余配额转入下年度）、类转（各个配额类别之间进行数量转移）

和预借（下年度配额提前到本年度使用）等灵活条款的混合使用，不实行比例的限制。

实施《纺织品与服装协议》的四个阶段见表 10.2。

表 10.2　实施《纺织品与服装协议》的四个阶段　　　　　　　　　%

阶　　段	纳入 GATT 1994 的产品比例	剩余配额的年增长率
第一阶段（1995 年 1 月 1 日至 1997 年 12 月 31 日）	16	6.96
第二阶段（1998 年 1 月 1 日至 2001 年 12 月 31 日）	17	8.7
第三阶段（2002 年 1 月 1 日至 2004 年 12 月 31 日）	18	11.05
第四阶段（2005 年 1 月 1 日《纺织品与服装协议》终止）	49	配额全部取消

注：（1）表中"纳入 GATT 1994 的产品比例"，以 1990 年进口量为基数。
　　（2）表中"剩余配额的年增长率"，以 1994 年《多种纤维协议》下使用的年增长率 6% 为基础。
资料来源：《纺织品与服装协议》。

3. 其他措施并行实施

纺织品与服装逐步取消配额限制的进程要与各成员在乌拉圭回合中其他领域所作出的影响纺织品与服装贸易的承诺挂钩。所有成员应采取削减和约束关税，减少或取消非关税壁垒等措施，改善纺织品与服装的市场准入；在反倾销措施、补贴和反补贴措施以及知识产权保护等方面，保证实施可使纺织品与服装贸易公平、公正进行的政策；因总体贸易政策原因而采取措施时，要避免对纺织品与服装进口造成歧视。

如果任何成员认为另一成员未采取上述措施，使 ATC 项下的权利和义务的平衡受到破坏，该成员可向 WTO 的争端解决机构提出申诉。如争端解决机构裁决被诉方未遵守 ATC，可以授权申诉方对被诉方原本自动享受的下一阶段配额的年度增长率进行调整。

（四）进口成员过渡性保障措施

过渡性保障措施是指某项纺织品或服装的配额限制在取消前，若进口成员证明该产品进口数量剧增，对国内有关产业造成严重损害或有严重损害的实际威胁，则可针对该出口成员采取保护行动。

过渡性保障措施只对尚未纳入 GATT 1994 的产品使用，而对纳入 GATT 1994 的产品应采用 WTO 的保障措施。

过渡性保障措施可以在双方磋商同意后采取，磋商未能达成协议时可以单方面采取，但均须接受纺织品监督机构的审议。过渡性保障措施可以维持 3 年，不得延长，当该产品纳入 GATT 1994 约束时，即自行终止。过渡性保障措施的实施时间超过 1 年，则随后各年的进口限制水平，应在第一年限制水平基础上每年至少增长 6%。在使用过渡性保障措施的规定时，应给予最不发达成员、小供应国、新进入市场的国家等以更优惠的待遇。

任何成员欲保留使用过渡性保障措施的权利，都应在规定的时间内通知纺织品监督机构。绝大多数 WTO 成员保留了这一权利，并同时提交了逐步取消纺织品与服装限制的方案。只有少数几个 WTO 成员放弃了这一权利，这些成员被认定已将附件所列产品全部纳入 GATT 1994，提前实现了自由化。

（五）对非法转口的处理

非法转口又称"舞弊"，是指出口成员通过转运、改道、谎报原产地或原产国、伪造文件来规避协议的规定和逃避配额管理的做法。如有足够的证据说明进口产品属非法转口，进口成员在与涉及非法转口的出口成员以及其他有关参与方进行磋商之后，可以采取制止行动，包括拒绝清关，如产品已经入境，则可以扣除有关出口成员相应数量的配额。

ATC 要求，所有 WTO 成员应在符合本国法律和程序的情况下，制定必要的法规和行政措施来处理并打击非法转口行为。在处理此类问题时，有关成员各方要进行磋商，并充分合作开展调查。

（六）设立纺织品监督机构

WTO 专门设立纺织品监督机构，发挥调解和准司法的作用。该机构是一个常设机构，由 1 名独立主席和 10 名成员组成。成员的组成应具有广泛的代表性，还要间隔进行轮换。纺织品监督机构的成员由货物贸易理事会指定 WTO 成员任命，他们以个人身份履行职责，以协商一致方式作出决定。

纺织品监督机构负责监督《纺织品与服装协议》的实施，审查成员所采取的措施是否符合协议的规定，包括各成员的纺织品与服装贸易自由化方案，以及所采取的过渡性保障措施等，并就这些事项提出建议或作出裁决。各成员应尽量全面接受这些建议或裁决，如不能接受，应说明理由，纺织品监督机构在审议后，再次提出建议；如仍未解决问题，有关成员可以通过 WTO 争端解决机制处理。在过渡期的每一个阶段结束时，纺织品监督机构还需向货物贸易理事会提交一份全面报告。

三、协议的执行

（一）一般执行完毕

自 1995 年该协议生效以来，经过 10 年过渡期，到 2005 年 1 月 1 日，配额全部取消，成员之间的纺织品与服装贸易实现贸易自由化，协议回归到 GATT 1944。

（二）一般的例外

中国是《多种纤维协议》的成员，在 2001 年加入 WTO 后，理应享受该协议到 2005 年的贸易自由化。但因中国是纺织品和服装出口的最大成员，加入 WTO 后到 2004 年中国对美国、欧盟的纺织品和服装出口高速增长，它们对中国纺织品和服装进口采取限制措施，经过谈判，中国与美国、欧盟达成"纺织品过渡性保障机制"，所实施限制措施到 2008 年逐步取消。

10-2 商务部就《纺织品出口临时管理办法》答记者问

（三）主要争端

在 ATC 执行期间，WTO 成员共发起与 ATC 条款相关争端 16 起，其中，美国被控

6 起，土耳其被控 3 起，阿根廷被控 3 起，哥伦比亚、巴西、罗马尼亚和埃及各被控 1 起。争端很大一部分涉及纺织品服装出口限制和过渡性保护性措施的合理性。

第三节 《政府采购协议》

一、协议产生的渊源

（一）政府采购的含义与影响

政府采购是指政府为政府机关自用或为公共目的而选择购买货物或服务的活动，其所购买的货物或服务不用于商业转售，也不用于供商业销售的生产。大多数国家政府成为世界市场上各种货物和服务的最大买主，采购的金额达到几千亿美元，约占世界贸易的10%。

基于保护本国产业发展的目的，各国通过立法，把政府采购对象优先给予本国厂商，对别国厂商构成歧视，成为非关税壁垒，严重影响国际贸易的发展。

（二）协议产生与特性

GATT 1947 生效之初将政府采购排除在最惠国待遇和国民待遇之外，允许缔约方在进行政府采购时可以优先购买本国货物。

20 世纪 50 年代以后，随着国家公共服务职能的加强，许多国家的政府及其控制的机构成为重要的产品和服务采购人，政府采购占据的货物和服务市场份额不断增加。为消除政府采购政策可能引起的贸易壁垒，促进政府采购市场的对外开放和扩大国际贸易，国际社会认识到需要一个有约束力的政府间公共采购协议。

基于上述要求，东京回合达成《政府采购守则》，1981 年生效，但仅适用于参加方。成为诸边协议。

该守则将 GATT 1947 的非歧视、透明和公平竞争等基本原则引入政府采购领域，但其作用有限。第一，它只适用于货物的采购，没有包括服务（包括工程服务）的采购。第二，它只约束中央政府采购实体，地方政府和公用事业单位等重要的公共采购实体例外。

在乌拉圭回合中，签署《政府采购守则》的 12 个缔约方对它进行修订，达成《政府采购协议》（Agreement on Government Procurement），于 1996 年 1 月 1 日起生效，成为 WTO 诸边贸易协议之一。

截至 2007 年底，有 40 个成员签署《政府采购协议》。它们是美国、加拿大、荷属阿鲁巴、列支敦士登、瑞士、冰岛、挪威、以色列、日本、韩国、新加坡、中国香港。欧盟及其成员国（英国、爱尔兰、法国、德国、意大利、奥地利、荷兰、比利时、卢森堡、葡萄牙、西班牙、希腊、丹麦、芬兰、瑞典、匈牙利、马耳他、捷克、保加利亚、罗马尼亚）。

二、协议主要内容

协议由 24 个条款和 4 个附录组成。主要包括序言，适用范围，有关政府采购的基本原则和规则，成员间争端的解决，政府采购委员会的职能等内容。

（一）协议目标与基本要求

协议目标是："需要就有关政府采购额法律、法规、程序和做法建立一个有效的权利和义务的多边体制，以期实现世界贸易更大程度的自由化和扩大，改善进行世界贸易的国际框架。"

为此提出以下基本要求：政府采购的法规"不应对国内产品或服务供应商提供保护，也不应在国外产品或服务供应商之间造成歧视"；"有关政府采购的法律、法规、程序和做法宜具有透明度"；"需要建立关于通知、磋商、监督和争端解决的国际程序"；"考虑发展中国家，特别是最不发达国家的发展、财政和贸易需要"；"在互惠基础上扩展和改善该协议，并扩大该协议的适用范围以包括服务贸易"；"期望鼓励未参加本协议的政府接受和加入本协议"。

（二）适用范围

1. 清单中列出的采购实体

协议只适用于参加方在各自承诺的清单中列出的政府采购实体。采购实体包括三类，分别是中央政府采购实体、地方政府采购实体和其他采购实体（如供水、供电等公用设施单位）。只有列入清单的采购实体才受协议约束。

清单的具体内容，是成员根据本国政府采购市场开放需要并通过谈判确定的，所以清单范围并不相同。如美国清单中列出的采购实体包括所有的联邦政府机构，37 个州政府机构，11 个政府管理的实体；欧洲包括所有成员国的中央政府机构，次一级政府机构，以及电力、港口、机场等公用设施机构；日本包括所有的中央政府机构，47 个都道府县和 12 个城市政府机构和 84 个特殊法人。

2. 采购对象和采购方式

协议规定的采购对象是货物和服务，但武器、弹药或军事物资不包括在内。除去协议规定的例外，政府所有货物采购都应纳入约束范围。服务采购的具体范围，由参加方在清单中列明。

协议规定的采购合同包括购买、租赁、租购、有期权的购买和无期权的购买等方式。

3. 在采购限额基数内采购

当政府采购的金额达到协议规定的最低限额，或达到成员方经谈判达成的最低限额时，政府采购活动才受到该协议的约束。

中央政府采购实体购买货物和非工程服务的最低限额是 13 万特别提款权，中央政府采购实体购买工程服务的最低限额是 15 万特别提款权。地方政府采购实体和其他采购实体的最低限额，由各参加方根据自身的情况分别作出承诺。例如，美国承诺，地方政府采购货物和非工程服务的最低限额是 35.5 万特别提款权，采购工程服务的最低限额是 500 万特别提款权；政府所属机构采购货物和非工程服务的最低限额是 25 万特别提款权，采购工程服务的最低限额是 500 万特别提款权。日本承诺，地方政府采购货物和非工程服务的最低限额是 20 万特别提款权，采购工程服务的最低限额是 1 500 万特别提款权。

为防止参加方通过合同估价降低采购金额，规避协议约束，协议规定了合同估价的基本规则，不得分割任何采购项目。

（三）政府采购的基本原则和规定

1. 非歧视原则

参加方进行政府采购时，不应在外国的产品、服务和供应商之间实施差别待遇；给予外国产品、服务和供应商的待遇，也不应低于国内产品、服务和供应商所享受的待遇。

参加方应当保证，不得依据国别属性和所有权的构成，对在当地设立的不同供应商实行歧视待遇。

2. 透明度原则

协议要求参加方建立公开、透明的政府采购程序，公布协议所要求的有关法律、法规、程序和做法。

为此，参加方的采购实体应在已向 WTO 通知的刊物上发布有关政府采购的信息，包括招标的规章和程序，采购通知。在非有限招标时，采购实体要公布投标邀请书，包括统计数字在内的实际采购情况。

此外，参加方每年向 WTO 通知列入清单的采购实体的采购数据和中央政府采购实体未达到"最低限额"的采购统计数据。

3. 公平竞争原则

对清单中列明的采购实体进行的达到或超过最低限额的政府采购，采购实体应为供应商提供公平竞争的机会，即实行招标。

1）招标方式和招标程序

协议将招标分为公开招标、选择性招标和限制性招标三种。公开招标和选择性招标应是优先采用的采购方式。

公开招标是指所有有兴趣的供应商均可参加投标。选择性招标是指由采购实体邀请供应商参加投标。这实质上是对潜在供应商的预选。采购实体应拥有符合资格的供应商名单，该名单至少每年公布一次，并说明其有效性和条件。限制性招标又称单一招标，是指采购实体在无人回应招标，情况紧急而又无法通过公开招标或选择性招标进行采购，或需要原供应商增加供应等条件下，与供应商进行个别联系的约标。

在招标程序上，采购实体应以透明和非歧视的方式进行，保证实施国民待遇原则。对于未中标的供应商，采购实体应该向其解释未中标的原因。

2）对限制竞争做法的规定

为防止采购实体通过技术规格、供应商资格和原产地规则限制竞争，协议对它们作出运用规范。

第一，技术规格的制定、采用或实施，不得对国际贸易造成不必要的障碍。

协议规定，采购实体不得在招标文件中提及某一特定的商标或商号、专利、设计或型号、原产地、生产商或供应商。在制定具体采购规格时，寻求或接受与该采购活动有商业利益公司的建议。

第二，采购实体在审查供应商的资格时，不得在其他参加方的供应商之间，或者在本国供应商与其他参加方的供应商之间进行歧视。

第三，参加方对于政府采购项下从其他参加方进口的货物或服务而实行的原产地规则，应与正常贸易下实行的原产地规则一致。

4. 运用异议程序防止歧视

协议规定，参加方应提供一套非歧视、透明和及时、有效的程序，以便供应商对采购过程中违反该协议的情形提出申诉。为便于供应商运用异议程序参加方有义务在3年内保留与采购过程相关的文件。

异议案件应由法院或者与采购结果没有利害关系的公正独立的机构进行审理。

5. 对发展中国家给予特殊和差别待遇

各参加方在实施本协议时，要适当考虑发展中成员，特别是最不发达成员的发展、财政和贸易的需要。在制定和实施影响政府采购的法律、法规和程序时，应便利发展中国家进口的增长。在制定清单时，应努力列入购买对发展中成员有出口利益的产品和服务的实体。允许发展中成员在采购清单中，扩大国民待遇的例外。发达成员有义务就发展中成员在政府采购领域出现的问题，进行技术援助。

（四）争端解决的原则与具体程序

在原则上适用 WTO 争端解决机制基础上，协议作出如下一些具体规定：争端解决机构设立的专家组，应包括政府采购领域的专业人士；专家组应该尽量在不迟于其职责范围确定后 4 个月，向争端解决机构提交最后报告，如需推延提交时间，则应不迟于 7 个月；对于争端解决机构就本协议下的争端作出的决定或采取的行动，只有参加方才可以参与；在本协议下产生的任何争端，不应造成 WTO 其他协定和协议的参加方所作的减让或其他义务的中止。

（五）协议管理机构与职能

为便于本协议的实施，WTO 设立由参加方代表组成的政府采购委员会。该委员可设立工作组或其他附属机构，每年开会不得少于一次。该委员会的职能是，为各参加方提供机会，就执行本协议的任何事项进行磋商，并履行各参加方指定的其他职责。

三、协议的实施与发展

（一）协议的实施效果

扩大了参加方政府之间的采购；加大政府采购市场国际化的愿望，日益受到 WTO 成员的关注。

（二）达成新的《政府采购协议》文本

协议希望"参加方应进行进一步谈判，以期在互惠基础上改进本协定，并尽最大可能在所有参加方之间实现本协定适用范围的扩大"。自 2001 年起，经过 10 年谈判，42

个《政府采购协议》参加方就协议新文本和各参加方扩大的覆盖范围达成一致，完成修改该协议的谈判。2011年12月15日，WTO政府采购委员会达成了《关于〈政府采购协议〉第24条第7款谈判成果的决定》。截至2014年底，已有40个参加方通过国内的法律程序，接受了新的《政府采购协议》文本。2014年4月6日，《政府采购协议》新文本已正式生效。有29个WTO成员是《政府采购协议》的观察员，其中9个正在进行加入谈判。

（三）《政府采购协议》新文本的改进

1. 条款和附件增减不一，补充了强调内容

条款从24个条款缩减为22个，附件4个扩展为7个。新文本对电子采购进行了规范，加强了对透明度的要求，赋予采购方更多的灵活性，明确发展中成员可以采取的过渡性措施。

2. 扩大了参加方的政府采购覆盖范围

在中央政府实体层面，美国新增了10个中央实体，删除了11个，更名了1个；欧盟各成员共增加了150多个中央政府实体；其他参加方如以色列、韩国、瑞士也扩大了中央政府开放范围。日本、以色列等降低了中央政府采购门槛。日本、韩国、以色列等增加了地方实体开放范围。加拿大首次将省级地方政府列入涵盖范围。以色列、日本、韩国等增列了开放的国企名单。在附件4的服务项目上，日本、以色列、新加坡、瑞士等新增加了50多类政府采购服务项目，有些参加方甚至完全开放了电信服务领域的政府采购。

3. 对《政府采购协议》未来进行规划

列出未来研讨的议题。它们包括：公私合作伙伴关系的运用、透明度、法律框架以及与涵盖的采购项目之间的关系；统一货物、服务的名称；实行标准化通知；中小企业参与政府采购；统计数据收集与汇报；可持续采购；例外与约束事项；国际采购安全标准等。

4. 新文本提高了协议的地位和影响力

WTO前总干事拉米指出："《政府采购协议》正在从一个无名的诸边协议成长为WTO的一个重要支柱。"政府采购的规模越来越大，对政府采购市场开发的要求越来越强烈，而新《政府采购协议》顺应了这种趋势，其更严谨的规则、更加全面的覆盖，将对世界政府市场的一体化产生越来越重大的影响。

截至2015年4月30日，33个加入成员的23个成员接受了26项与政府采购相关的具体承诺。WTO成员中的中国、印度、俄罗斯、沙特等G20大国都拥有庞大的国有部门，政府采购在其国民经济中的份额高于发达成员。随着新兴成员在世界经济中的影响力和比重迅速上升，它们的政府采购市场受到更大的关注，将《政府采购协议》的覆盖范围扩展到这些成员，成为现有《政府采购协议》成员的最重要的目标之一。

四、中国加入《政府采购协议》的谈判

（一）中国政府加入WTO的承诺

在加入WTO谈判中，谈判方希望中国早日加入《政府采购协

10-3 中国加入GPA谈判

议》，为了回应 WTO 成员对中国加入《政府采购协议》的期盼，在"中国加入工作组报告书"第 339 段明确表示："中国代表答复表示，中国将自加入时起成为《政府采购协议》观察员，并将尽快通过提交附录 1 出价，开始加入该协定谈判。"

（二）中国加入谈判进展不速

2007 年底，中国提交了第一份出价清单；2010 年 7 月提交第二次出价清单；2011 年 11 月提交第三次出价清单；2012 年 11 月提交第四份出价清单；2014 年 1 月提交第五份出价清单；2014 年 12 月 22 日提交第六份出价清单。第六份出价清单与前相比，在形式上已接近于其他参加方的水平。但与美国、欧盟等主要参加方的要价相比仍有较大的差距。除了门槛金额、例外情况等技术性问题，焦点的问题是国有企业划分不清，中国与这些成员在标准上尚未取得共识。

（三）加入《政府采购协议》对中国经济的影响

（1）有利方面。通过互惠市场准入，中国获得进入其他成员政府采购市场的机会；借助《政府采购协议》促进我国政府采购体制的改革和完善。

（2）不利方面。开放规模庞大的政府采购市场，意味着中国相关产业在这一市场上将遭遇更激烈的国际竞争，可能失去部分原有的市场；《政府采购协议》规则在国内的实施将对中国现行的政府采购制度提出更高的要求。

第四节 《民用航空器贸易协议》

一、协议产生背景

第二次世界大战以后，随着国际贸易的扩大和旅游事业的发展，航空事业迅猛发展，民用航空器贸易发展迅速，在世界和各国经济与贸易中的地位不断提升，各国日益把航空器部门作为经济和产业政策的组成部分。

世界民用飞机制造业发展迅猛。继美国和欧洲共同体之后，加拿大、一些北欧国家及巴西等国的飞机制造业也在发展。

为了提高竞争力，各国在民用航空器的发展中，一方面把它作为战略产业加以各种补贴和资助，促进本国航空器产业的发展；另一方面在民用航空器的进口上实行关税和非关税壁垒，使得民用航空器贸易出现扭曲，影响民用航空器贸易的扩大。

为此，国际社会特别是民用航空器比较发达的国家寻求民用航空器贸易自由化，希望通过国际协议逐步消除民用航空器贸易上的障碍。

在东京回合中，美国和欧共体发起了关于民用航空器问题的谈判，其目的是将飞机进口关税削减为零，规范各国对飞机制造业给予的补贴和其他支持措施。经过谈判，达成《民用航空器贸易协议》（*Agreement on Trade in Civil Aircraft*），并于 1980 年 1 月 1 日正式生效。GATT 1947 缔约方可选择加入。但加拿大和巴西等国当时没有参加这个协议。

乌拉圭回合中，《民用航空器贸易协议》参加方曾试图对该协议的内容进行补充，扩大成员范围。由于意见分歧,最终未能取得共识。

《民用航空器贸易协议》如何与 WTO 法律框架相衔接,遇到了一些问题。例如,如何适用 WTO 的争端解决机制。1999 年 4 月,民用航空器委员会主席提出了一份"《民用航空器贸易协议》议定书草案",旨在澄清该协议在 WTO 中的法律地位,但至今该协议参加方仍未能就此达成一致。

此外,民用航空器委员会就更新 1996 年协调税制的税号,将"飞行器地面维护设备的模拟器"纳入《民用航空器贸易协议》附件等问题进行研讨;就美国"面向 21 世纪航空投资改革法案",欧共体"航空器引擎噪音控制规定",比利时"航空工业支持计划及大型飞行器的验证制度"等问题进行审议,但均未取得定论。

本协议的加入属于自愿,未经其他参加方同意,不得对本协议的任何条款提出保留,且其法律、法规和行政程序符合本协议的规定。任何参加方可退出本协议。

截至 2018 年 6 月,《民用航空器贸易协议》的参加方共有 32 个,分别有:阿尔巴尼亚、加拿大、埃及、欧盟(包括其 20 个独立签字的成员国:奥地利、比利时、保加利亚、丹麦、爱沙尼亚、法国、德国、希腊、爱尔兰、意大利、拉脱维亚、立陶宛、卢森堡、马耳他、荷兰、葡萄牙、罗马尼亚、西班牙、瑞典和英国)、格鲁吉亚、日本、中国澳门、黑山、挪威、瑞士、中国台北和美国。

二、协议目标与主要内容

协议由 9 个条款和 1 个附件组成。主要内容包括适用范围、有关民用航空器贸易的规则、机构设置和争端解决等。

(一)协议目标

宗旨:期望实现民用航空器、零件及相关设备世界贸易的最大限度自由化,包括取消关税和尽最大可能地减少或消除对贸易的限制或扭曲作用;期望在全世界范围内鼓励航空工业技术的继续发展;期望为民用航空器活动及其生产者参与世界民用航空器市场的扩大提供公正和平等的竞争机会。

(二)适用产品范围

(1)所有民用航空器。
(2)所有民用航空器发动机及其零件、部件。
(3)民用航空器的所有其他零件、部件及组件。
(4)所有地面飞行模拟机及其零件和部件。

在民用航空器的制造、修理、维护、改造、改型或改装中,上述产品无论是用作原装件还是替换件,都属于适用的产品范围。

(三)贸易规则

1. 取消关税和其他费用

各参加方取消对适用产品进口征收的关税和与进口有关的其他费用;取消对民用航

空器修理所征收的关税和其他费用。

2. 技术性贸易壁垒

协议规定，各参加方关于民用航空器认证要求，以及关于操作和维修程序的规格，应按 TBT 执行。

3. 进行公平竞争

协议规定，购买者只能根据价格、质量和交货条件购买民用航空器，并有权根据商业和技术因素选择供应商。各参加方不得要求航空公司、航空器制造商或从事民用航空器购买的其他实体，购买特定来源的民用航空器，也不得为此对他们施加不合理的压力，以免对供应商造成歧视。各参加方不得以数量限制或进出口许可程序限制民用航空器的进出口。各参加方不得直接或间接要求或鼓励各级政府、非政府机构和其他机构采取与该协议不一致的措施。《补贴与反补贴措施协议》适用于民用航空器贸易。

4. 确保政策的统一性

协议规定，参加方的法律、法规和行政程序符合该协议的规定，并将与本协议有关的法律、法规及其变化情况通知民用航空器贸易委员会。

三、协议管理与争端解决

为便于协议的实施，成立了民用航空器贸易委员会，由所有参加方代表组成。职责是：每年至少召开一次会议，为参加方就协议的运用事项进行磋商；确定是否修正协议；审查双边磋商中未能找到满意解决办法的事项；履行协议项下或各参加方所指定的职责。该委员会应每年审议协议的执行情况，并向 WTO 总理事会报告审议结果。

协议规定，如参加方认为其在该协议下的贸易利益受到另一参加方的影响，应首先通过双边磋商寻求双方可以接受的解决办法。如磋商未果，可请求民用航空器贸易委员会审议。该委员会应在 30 天内召开会议，尽快审议并作出裁决或建议。

在解决参加方之间的争端时，应适用 WTO 的争端解决程序，在细节上可作必要的修改。

中国尚未参加此协议。

第五节 《信息技术协议》

一、协议产生背景与宗旨

信息技术产品包括计算机，仪器设备，零部件和附件，软件，半导体、半导体生产设备，电信类。

20 世纪 90 年代以后，信息技术革命出现，信息技术迅猛发展，信息技术产品贸易额不断增加。1996 年达到 6 970 亿美元，超过当年全球农产品和纺织品与服装的出口总和。扩大全球范围内信息技术产品市场并降低成本，成为世界经济和贸易发展的关键，加大自由化，也成为信息产业具有优势国家的重要战略目标。1996 年初，美国率先提出到 20 世纪末实现信息技术产品贸易自由化的设想。

1996 年 7 月在新西兰召开的 APEC 贸易部长会议上，美国正式提出了关于谈判《信息技术协议》的建议得到与会者的原则支持。

1996 年 9 月，美国、欧洲共同体、日本、加拿大在美国西雅图召开四方贸易部长会议，同意在四方内部立即开始进行有关《信息技术协议》的谈判，争取在同年 12 月的 WTO 首届部长级会议召开前完成谈判。

1996 年 10 月，四方的专家在日内瓦就《信息技术协议》中产品范围进行谈判，并通过非正式会议与主要发展中国家沟通。

1996 年 12 月，WTO 首届部长级会议在新加坡举行。会前，上述四方已就有关《信息技术协议》的主要产品达成一致意见。部长级会议期间又举行了多次会议，最终达成了《关于信息技术产品贸易的部长宣言》，共有 29 个国家参加。该宣言由正文和附件（关税减让模式及关于产品范围的两个附表）组成。

宣言规定，该宣言如期生效条件是，在 1997 年 4 月 1 日之前，必须有占全球信息技术产品贸易总量约 90% 的参加方通知接受该宣言。

1997 年 3 月 26 日，接受宣言的 40 个国家的信息技术产品贸易，已占全球该产品贸易总量的 92.5%，该宣言如期生效。该宣言以及各参加方提交的信息技术产品关税减让表，构成《信息技术协议》（*Information Technology Agreement*）。

协议是 WTO 成立后达成的一个重要协议，任何 WTO 成员及申请加入 WTO 的国家或单独关税区均可参加该协议，但需要提交关税减让表、产品清单等文件，并获得《信息技术协议》已有成员的审议通过。截至目前，《信息技术协议》共有 1 个参加方。

二、协议宗旨与主要内容

协议主要内容包括在《关于信息技术产品贸易的部长宣言》中，内有参加方承诺的基本原则、关税削减时间表、产品范围等。

（一）协议的宗旨

其宗旨是通过取消信息技术产品关税，在世界范围内鼓励信息技术产业的技术发展，以及最大限度地实现世界信息技术产品贸易自由化。

（二）产品范围

协议涉及的产品非常广泛，约占《商品名称及编码协调制度》中的近 300 个税号。主要包括以下几大类：

（1）计算机及软件。包括计算机系统、笔记本电脑、中央处理器、键盘、打印机、显示器、扫描仪、硬盘驱动器、电源等零部件；磁盘、磁带或只读光盘等介质。

（2）电信设备。包括电话机、可视电话、传真机、电话交换机、调制解调器、送受话器、应答机、广播电视传输接收设备、寻呼机等。

（3）半导体、半导体生产设备，各种型号和容量的芯片及晶片。包括多种生产半导体的设备和测试仪器，如蒸汽析出装置、旋转式甩干机、刻机、激光切割机、锯床及切片机、离心机、注射机、烘箱及加热炉、离子注入机、显微镜、检测仪器，以及上述产品的零部件和附件。

（4）科学仪器。包括测量和检测仪器、分色仪、分光仪、光学射线设备等。

（5）其他产品。包括文字处理机、计算器、现金出纳机、自动提款机、静止式变压器、显示板、电容器、电阻器、印刷电路、电子开关、连接装置、电导体、光缆、复印设备、计算机网络（局域网、广域网设备）、液晶显示屏、绘图仪、多媒体开发工具等。但不包括消费类电子产品。

（三）加入的基本原则

要想成为《信息技术协议》的参加方，必须遵守下列原则。

（1）承诺必须涵盖宣言中所列出的全部产品。

（2）全部产品必须削减至零关税。

（3）所有其他的税费必须约束在零，对于产品范围不存在例外，但对于敏感产品，可以延长降税实施期，但届时必须削减至零关税。

（4）在 WTO 成员之间，《信息技术协议》项下所有的承诺均建立在最惠国待遇基础上。

（四）约束并分阶段取消关税

协议规定，接受方在 1997 年 7 月 1 日前约束信息技术产品的关税，并在 1997—2000 年分四个阶段均等削减关税至零，每一阶段削减现行关税的 25%。

第一阶段：在 1997 年 7 月 1 日前，各接受方将关税削减 25%。

第二阶段：在 1998 年 1 月 1 日前，关税进一步削减 25%。

第三阶段：在 1999 年 1 月 1 日前，关税再削减 25%。

第四阶段：在 2000 年 1 月 1 日前，削减余下的 25%，实现零关税。

（五）一些例外

（1）接受方在 1997 年 7 月 1 日前取消对进口和有关进口征收的任何种类的所有其他税费，但参加方减让表中特别规定的例外。

（2）一些发展中成员关税降至零可以拖后。哥斯达黎加、印度尼西亚、韩国、马来西亚、泰国、中国台北的部分信息产品在 2000 年以后降至零，但不超过 2005 年。

（六）建立《信息技术协议》委员会

该委员会在货物贸易理事会下工作，定期举行会议。职责是对附件中的产品进行审议、修改和增加新产品目录，并就信息产品的非关税壁垒进行协商，监督本协议的执行情况。

三、协议的执行与扩围

（一）促进信息技术产品贸易增长

根据 WTO 秘书处数据，从 1996 年协议生效到 2010 年，信息技术产品出口就增长了近 3 倍，达到 1.4 万亿美元，占全球贸

10-4 ITA 扩围谈判

易的 9.5%，而《信息技术协议》成员方占到全球 IT 产品贸易的 96%。2014 年 IT 产品贸易额增加到 5 万亿美元。

（二）协议成员增加与扩围成功

《信息技术协议》成员已从初期的 43 个，增加到 81 个。

1996 年《信息技术协议》生效后，其产品范围一直没有变化，对此有竞争优势的发达成员希望扩大市场，美、欧、日相继提出扩大《信息技术协议》产品的动议，并得到部分成员的支持。《信息技术协议》扩围磋商于 2012 年 5 月启动。

2015 年 12 月 16 日，WTO 的《信息技术协议》扩围谈判参加方在 WTO 肯尼亚内罗毕部长级会议上，宣布扩围达成全面协议，并发表了《关于扩大信息技术产品贸易的部长声明》，预计将每年为全球 GDP 增长贡献 1 900 亿美元。

（三）中国成为扩围的关键成员

自中国加入 WTO 后，IT 产业高速发展，中国成为 IT 产品第一大生产国和第一大贸易国。据 WTO 秘书处统计，2010 年中国 IT 产品进出口额分别位于世界第二位和第一位。为增强中国 IT 产品的国际竞争力，扩大中国 IT 产品的出口，促进中国的产业结构调整，中国于 2012 年 9 月在《信息技术协议》第 4 轮扩大范围谈判会议上，正式宣布参加《信息技术协议》扩围谈判。

2014 年 11 月 11 日，在北京举行的 APEC 领导人非正式会议期间，中美两国达成一项旨在扩大《信息技术协议》内容的协定，达成约 1 万亿美元的信息技术产品交易，超过 200 种关税细目适用的关税将降至零。中美协议对《信息技术协议》实现免税扩围的目标至关重要，推动了《信息技术协议》扩围的成功。

第六节　出口、国营贸易企业规则

一、出口控制与鼓励

WTO 对成员出口原则上要自由化，但必要时可采取出口限制措施；为促进出口，可实行出口退税措施。

（一）出口控制缘由

WTO 负责实施管理的贸易协定与协议中有关对进口实施限制的条款也适用于出口。禁止各成员为保护或促进国内加工业而对原材料的出口加以限制；为避免出口商之间的竞争而对出口实施限制。

（二）控制出口的措施

（1）设置出口关税。设置出口关税作用：第一，为政府提供额外税收，并以此资助那些已税商品和产品的生产商。第二，货币贬值未达到的期望。一国在货币贬值之后，如果按外币计算的价格也不能带来期望的出口增加,而仅仅给出口商提供额外的收入,可以征收临时出口关税。第三,改善恶化的贸易条件。第四,可以加大国内加工产业利用本国原材料的动力。第五,减少本国短缺物资的出口,确保本国国内市场的需要。第六,控制对自然资源的过度采掘,保护自然环境或防止生态恶化。

(2)进行出口数量限制措施。在设置出口关税的同时,可对出口产品实行数量限制。措施是实行出口配额和出口许可证等。

(3)设立强制性最低的出口价格。

(4)禁止出口。

(5)对出口征收过高税费。

(三)通过退税促进出口

1. 出口退税不是补贴

依照 GATT 1994 第 16 条(第 16 条的注释)和《补贴与反补贴措施协议》中附件 1 至附件 3 的规定,对一出口免征其同类产品供国内消费时所负担的关税或国内税,或免除此类关税或国内税的数量不超过增加的数量,不得视为一种补贴。

2. 出口退税的类别

(1)对出口产品在制造过程中使用和消耗的生产投入物征收的关税和其他间接税。

(2)对出口产品征收的间接税。

(3)对出口产品在生产和流通过程中征收的间接税。

这里的"间接税"是指"对销售、执照、营业、增值、特许经营、印花、转让、库存和设备所征收的税"。

3. 出口退税的作用

出口退税可以减少出口商的税负,降低出口商品成本,提高价格竞争能力,有利于出口的扩大。但同时,也会减少国家的税收。

(四) WTO 成员对出口承诺的主要具体义务

(1)确认非关税出口控制措施必须符合《WTO 协定》和 GATT 1994 规定。

(2)提高出口限制措施透明度。办法是列举出口限制措施的清单,并附之通报。

(3)将《进口许可证程序规定》的要求延伸至出口许可程序。

(4)确认出口关税配额应符合《建立 WTO 协定》和 GATT 1994.

(5)尽量少使用出口税。

(6)取消对出口征收的所有国内税费。

(7)细化、澄清和扩展 WTO 有关出口管理的承诺,以解决区域贸易协定问题。

(8)禁止性补贴不得维持或采用。

(9)鼓励取消所有与《补贴与反补贴措施协议》不一致的鼓励措施。

二、国营贸易企业遵守的规则

WTO 成员均有不同程度的国营贸易企业,为抑制国营贸易企业对贸易自由化的负面作用，GATT 1994 第 17 条为国营贸易企业作出一些具体规定。

（一）国营贸易企业的定义

国营贸易企业是指被授予包括法律或宪法规定权力在内的专营权或特权的政府和非政府企业，其中包括营销企业，在行使这些权力时，通过其购买或销售行为影响进出口产品的水平和流向。

（二）国营贸易企业的规则

1. 与私营贸易商同等对待

第 17 条 1 款规定，国营贸易企业在"其涉及进口或出口的购买和销售方面，应以符合本协定对影响私营贸易商进出口的政府措施所规定的非歧视待遇的一般原则行事"。

2. 实行最惠国待遇

第 17 条 1 款规定国营贸易企业在商业活动中，要给予其他成员企业充分竞争机会。国营贸易企业"在适当注意本协定其他规定的前提下，应仅依照商业因素进行任何此类购买或销售，包括价格、质量、可获性、适销性、运输和其他购销条件"，完全按照商业考虑进行采购和销售，并应给予其他成员的企业以充分参与采购和销售的竞争机会。

3. 确定维护和防止国营贸易企业对贸易带来严重障碍的措施

1）维护措施

第一，遵守互惠互利原则。第 17 条底款指出，国营贸易企业应"在互惠互利基础上进行谈判以限制或减少此类障碍对国际贸易的扩大"。

第二，保护国营贸易企业的机密信息。第 17 条第 4 款规定，"本款的规定不得要求任何成员方披露会阻碍执法或违背公共利益或损害特定企业合法商业利益的机密信息"。

第三，不应阻止正当贸易行为。WTO 成员政府不应阻止国营贸易企业根据非歧视原则和商业考虑开展商业活动。

2）确定减少障碍的措施

第一，通告。其内容包括：将本国国营贸易企业"进口至各自领土或各自领土出口产品通知成员方全体"。有国营贸易企业的成员"在有关产品贸易中占实质性份额的另一成员方的请求，应将最近代表期内该产品的进口加价通知全体成员，如无法进行此类通知，则应通知该产品的转售价格"。如果一成员认为另一成员国营贸易企业有不利影响，"在其请求下，全体成员可请建立、维持或授权建立该企业的成员提供关于其运用本协定条款情况的信息。"

第二，保持透明度。WTO 成员政府有义务向 WTO 通报有关国营贸易企业的情况，其中包括企业名单、进出口商品和根据问题单提供的其他信息，供 WTO 相关工作组进行审议。

三、加入成员对国营贸易企业管理的承诺与业务发展

（一）加入成员对国营贸易企业管理的承诺

（1）按照商业考虑运作。

(2) 依据商业考虑进行购买和销售的标准（包括价格、质量、可获得性和可销售性及运输。

(3) 保持进口购买程序透明度。

(4) 列明得到财政或规制优惠待遇的实体应当遵守的市场义务。如国营贸易企业的产品清单；确保国营贸易企业不会对进口提价以保护国内产业。

(5) 承诺鼓励国有企业和国营贸易企业的措施逐步减少。

(6) 厘清政府与国营贸易企业的关系。在中国加入 WTO 议定书第 6 条中，中国承诺"应避免采取任何措施对国营贸易企业购买或转售货物的数量、价值或原产地施加影响或指导"。

(7) 建立一个国营贸易企业的清单。

（二）国营贸易企业经营范围的扩大

国营贸易企业经营范围从货物贸易扩大到服务贸易和投资行为。

本 章 小 结

(1)《农业协议》是属于逐步回归到贸易自由化的协议。其措施包括：逐步取消出口补贴，降低进口关税，并把进口非关税壁垒关税化；在国内支持上，保留绿箱和蓝箱，限制黄箱。WTO 成员对该协议执行良好。在执行农业协议的同时，又发起了接续谈判，有所进展，但尚未结束谈判。

(2)《纺织品与服装协议》也是一个逐步回归到贸易自由化的协议。其主要措施是，从 1995 年 1 月 1 日至 2004 年 12 月 31 日的 10 年内，纺织品和服装进口成员逐步取消纺织品与服装贸易上的数量限制。因其有时间约束，该协议具有阶段性的特点，2005 年后，该协议执行完毕，但从 2005 年到 2008 年，又给纺织品与服装出口大国的中国施加了 3 年"纺织品过渡性保障机制"。

(3)《政府采购协议》是 WTO 的诸边协议，只适用于该协议的参加方。该协议作用日益受到 WTO 成员重视。自 2001 年起，经过 10 年谈判，42 个《政府采购协议》参加方就协定新文本和各参加方扩大的覆盖范围达成一致，完成修改《政府采购协议》的谈判。2011 年 12 月 15 日，WTO 政府采购委员会达成了《关于〈政府采购协议〉第 24 条第 7 款谈判成果的决定》。2014 年 4 月 6 日，《政府采购协议》新文本已正式生效。其地位和影响加大。中国于 2007 年开始进行加入谈判，因出价清单与要价清单存在较大差距。到目前，中国加入谈判仍在进行。

(4)《民用航空器贸易协议》是个诸边协议，其特点是接受该协议的 WTO 成员之间受到约束，不参加该协议 WTO 成员不受其约束。随着民用航空事业的发展，接受《民用航空器贸易协议》的 WTO 成员在逐步增加。

(5)《信息技术协议》的宗旨是，通过削减信息技术产品关税，在全球范围内实现信息技术产品贸易的最大自由化，促进信息技术产业不断发展。协议的核心内容是，2000 年 1 月 1 日前取消信息技术产品的关税及其他税费，一些发展中成员可以将其减税实施期延至 2005 年 1 月 1 日。非 WTO 成员也可以参加该协议，故称为展边协议。根据信息技术产品发展的要求，《信息技术协议》扩围磋商于 2012 年 5 月启动。2015 年 12 月 16 日，WTO 的《信息技术协议》扩围谈判参加方在 WTO 肯尼亚内罗毕部长级会议上，宣布扩围达成全面协议，并发表了《关于扩大信息技术产品贸易的部长声明》。中国作为世界最大的信息技术产品的生产和贸易成员，在推动该协议扩围成功上起了决定性作用。

（6）为防止出口控制影响 WTO 成贸易发展，WTO 对出口控制作出一些规定；为抑制有国营贸易企业的 WTO 成员出现不公平贸易，GATT 1994 专门对国营贸易企业作出规定，允许在非歧视基础上，国营贸易企业进行商业活动。

思 考 题

1. 《农业协议》为何是回归类型的协议？
2. 《纺织品与服装协议》为何是个阶段性协议？
3. WTO 成员为何加强对《政府采购协议》的关注？
4. 为什么说中国在《信息技术协议》扩围中起了决定性作用？
5. WTO 为何同意控制出口？
6. WTO 通过何种措施减少国营贸易企业对贸易发展的不利影响？

第十一章

《服务贸易总协定》

本章导读

WTO 负责实施管理的第二大多边协定是《服务贸易总协定》,其目的是促进国际服务贸易逐步自由化。GATS 界定服务业为 12 个领域,确定了国际服务贸易的四种形式,规定 WTO 成员的一般义务和纪律。WTO 成员具体谈判成果表现为服务市场准入表。GATS 促进了国际服务贸易的自由化,对 WTO 成员服务贸易的发展起了积极作用。为了加大 GATS 的作用,在执行 GATS 的同时,开始了服务贸易的后续谈判,并取得一些进展。多哈回合进展太缓慢,为了加强国际服务贸易的自由化,由美国、欧盟、澳大利亚等 WTO 成员自主结成"服务业挚友",开展《服务贸易协定》谈判。该协定目标是在 WTO GATS 框架内,多哈议程之外,达成高质量的服务贸易协定。本章系统完整地介绍了《服务贸易总协定》产生的背景,逐步自由化的规则和实施办法,GATS 执行的效果与后续谈判进展,在 GATS 基础上开展的 TISA 谈判。

学习目标

通过学习,可以了解国际服务贸易的特点,知悉国际服务贸易逐步自由化的原因,掌握国际服务贸易协定中的各种概念和逐步自由化的措施与执行,GATS 后续谈判进展,明悉 TISA 谈判的起因。

第一节 《服务贸易总协定》的产生

一、服务定义、产生与发展

《辞海》将"服务"界定为:"以提供活劳动形式来满足他人的某种需要,并取得相应报酬的商业行为。"[①] 英国经济学家希尔(T.P.Hill)给出的定义是:"服务可以被定义为是一个人或是隶属于某经济体的货物的状态的改变,这种改变是由于其他经济体根据与接收服务的人或经济体事先达成的协议所从事活动的结果。"[②] 该定义被学界广泛使用。

[①] 辞海[M]. 上海:上海辞书出版社,1997:3442.
[②] T P Hill. On Goods and Services[J]. Review of Income and Wealth,1977,23(4):318.

服务业号称第三产业，是农业和工业发展之后的产业。服务业跨越国界进行，就成为对外或国际服务贸易。发达国家产业结构的调整和国际分工的深化，货物贸易发展的扩大，随着资本国际化和跨国公司的兴起，运输、旅游、金融、保险、咨询等服务业迅速扩大。国际服务出口贸易额从 1967 年的 700 亿～900 亿美元增加到 1980 年的 6 500 亿美元、1990 年的 8 308 亿美元。国际服务贸易在世界总贸易中的比重从 20 世纪 70 年代的 10%提高到 1990 年的 19.2%。国际服务贸易成为各国尤其是发达国家大贸易的重要组成部分和提高竞争力的基础。

服务贸易与货物贸易不同，服务贸易具有如下主要特性。

第一，服务贸易标的具有不可储存性。服务的生产、供给和消费往往同时完成，属于同一个过程。

第二，服务贸易具有跨国流动的特性。包括服务贸易的提供者和服务设施，均可通过投资到别国境内进行。出口与进口的划分不再是货物贸易的关境，而是境内服务的提供和消费地。

第三，国家对服务贸易的管理不同于货物贸易。国家对服务贸易的管理不再是边境和关境措施，而是通过国内法和行政进行管理，对象主要是服务的提供者和消费者，而非服务本身。

第四，服务贸易统计与货物贸易不同。货物贸易反映在海关统计上，而服务贸易则反映在一国国际收支表上。由于统计制度不一，公布的服务贸易额往往低于实际的服务贸易额。

世界各国由于经济发展阶段不同，发达国家在服务贸易上具有优势，希望通过服务自由化，扩大服务业市场。而发展中国家服务业比较落后，竞争力弱，倾向进行保护。

二、服务贸易壁垒的产生与种类

（一）服务贸易壁垒的含义

服务贸易壁垒是指一国政府对外国服务提供者的服务或销售所设置的各种限制措施。其目的有二：一方面保护本国服务业的市场、扶植本国服务部门，增强其竞争力；另一方面抵御外来竞争者进入本国服务市场。随着服务业的快速发展和应对保护措施的增加，服务壁垒种类不断增加。

（二）服务贸易壁垒的种类

（1）产品移动壁垒。产品移动壁垒包括数量限制、当地成分或本地要求、补贴、政府采购、歧视性技术标准和税收制度，以及落后的知识产权保护体系等。

（2）资本移动壁垒。资本移动壁垒的形式主要有外汇管制、浮动汇率和投资收益汇出的限制等。如限制外国服务厂商将利润、版税、管理费汇回母国，或限制外国资本抽调回国，或限制汇回利润的额度等措施。这类限制措施大量存在于建筑业、计算机服务业和娱乐业。

（3）人员移动壁垒。如种种移民限制和出入境的烦琐手续，通过工作许可证等制度限制技术人员的就近服务。

(4) 开业权壁垒。开业权壁垒又称生产创业壁垒。例如,1985 年以前澳大利亚禁止外国银行设立分支机构,1985 年后,首次允许外资银行进入,但仅从众多申请者中选择了 16 家银行,其选择标准是互惠性和他们对金融制度的潜在贡献。加拿大规定外国银行在国内开业银行中的数量不得超过预定比例等。美国民权法、马来西亚定额制度、欧洲就业许可制度、巴西本地雇员比例法令等,都具有这类性质。

表 11.1 列出世界主要服务业贸易壁垒内容概要。

表 11.1 世界主要服务业贸易壁垒内容概要

行 业	主 要 壁 垒
航空业	国家垄断和补贴问题。给本国航空公司提供优惠待遇,如把空运的货源和航线保留给国内航空公司;为本国飞机提供机构的有限使用权;国内用户接受本国航空服务贸易通过对等原则的双边协议进行
广告业	对外来广告企业要求本国参股权,政府在广告业的竞争中偏袒本国企业。如严格限制外国广告企业经营电视广告
银行与保险	主要是开业权和国民待遇问题。许多国家禁止外国银行在本国设立任何形式的机构,如允许设立分支机构,但必须与母行中断业务上的直接联系。只允许外国银行在低储蓄地区、高税收率和限制财产经营范围的地区开业。对外国保险公司有绝对控股权和禁止经营某些保险业务
工程建筑	主要是开业权、移民限制和国民待遇问题。禁止外国公司承建某些工程,在工程招标中偏袒本国公司
咨询服务业	对设在本国的外国咨询机构要求有参与权,必须与本国相应的机构合作经营业务。在咨询程序上不透明
教育服务	进行移民限制和歧视外国文凭
医疗服务	歧视外国医生的开业资格和商业存在开业权
电信和信息服务	国家垄断和控制。知识产权保护、"幼稚工业"保护、技术标准和不公平税收等
影视服务业	对本国影视直接拨款或通过税收优惠进行补贴,对外国影视业要求参与权、版权保护、进口垄断和限制播放
零售商业	国内零售规则的不够透明,对不动产所有权、外国雇员的移民和利润汇回进行限制等
旅游业	出入境限制、外汇管制、限制旅游设施所有权、开办旅行社和旅游购物等
海运业	国家特许经营与垄断,为本国海运公司保留货源,倾销性运价等

资料来源:江林,王玉平.关税总协定法律体系引用指南[M].上海:华东师范大学出版社,1993.

三、GATS 的产生、宗旨与特色

服务贸易壁垒抑制发达国家服务业的优势发挥。在发达国家尤其是在美国和欧盟的推动下,服务贸易规则谈判首次列为乌拉圭回合议题。经过发达国家和发展中国家艰苦的谈判,最终达成《服务贸易总协定》(General Agreement on Trade in services,GATS)。服务贸易正式纳入多边贸易体制的管辖范围。

GATS 由 6 个部分 32 个条款组成。内容主要包括管辖范围、

11-1 GATS 的特点

般义务和纪律、具体承诺、逐步自由化、机构条款和最后条款等。协定还有 8 个附件。

GATS 的前言确定其宗旨为:"建立一个服务贸易原则和规则的多边框架,以期在透明和逐步自由化的条件下扩大服务贸易,并以此为手段促进所有贸易伙伴的经济增长和发展中成员的发展。"为此期望"在互利基础上促进所有参加方的利益,并保证权利与义务的总体平衡,以便早日实现服务贸易自由化水平的逐步提高";"便利发展中成员更多参与服务贸易和扩大服务出口,特别是通过增强其国内服务能力、效率和竞争力"。

GATS 具有以下特点:第一,协定是框架式的国际服务贸易规则,成为各类服务贸易进一步谈判、达成具体协议的基础;第二,关注成员国内与服务贸易相关政策法规的修订,具有浓厚的妥协成分;第三,对发展中成员的服务贸易发展和利益十分关注,强调发展中成员的特殊权利和差别待遇,以便利它们更多地参与服务贸易和扩大服务出口;第四,协定结构不是很严密。

第二节　国际服务贸易的概念与类别

服务与货物不同,有本身特定的术语与含义。为此,GATS 就协定范围内的名词术语、类别作出界定。

一、服务的提供与消费

服务的提供包括服务的生产、分销、营销、销售和交付。服务提供者指提供服务的任何人。人指自然人或法人。自然人指成员的国民或有永久居留权的居民。法人是指根据适用法律适当组建或组织的任何法人实体,其类型包括公司、基金、合伙企业、独资企业或协会,其范围包括营利与非营利,私营所有和政府所有的法人。商业存在指任何类型的商业或专业机构,包括为提供服务而在一成员领土内组建、收购或维持法人或创建或维持一分支机构或代表处。服务消费者则指服务的接受者。

二、服务部门分类

GATS 将服务分为 12 个部门,即商务服务,通信服务,建筑和相关工程服务,分销服务,教育服务,环境服务,金融服务,健康服务,旅游服务,娱乐、文化和体育服务,运输服务,其他服务。这 12 个部门又进一步细分为 160 多个子部门。

11-2　中国在 WTO 中的服务开放

政府行使职权提供的服务不包括在协定的服务范围内。该服务是指不依据商业基础提供,也不与一个或多个服务提供者竞争的任何服务。

三、国际服务贸易的概念

服务贸易的出口与进口界定地与货物贸易的出口与进口不同。货物贸易的进出口是以海关界定的,而服务贸易的进出口则是以服务提供和消费地点界定的。服务的提供成为一个成员的出口,服务的消费成为一个成员的进口。它们是发生在成员境内的同时出现的服务行为。就此,协定界定了国际服务贸易的四种形式,即跨境交付、境外消费、商业存在和自然人流动。

(一) 跨境交付

跨境交付(cross border supply)是指自一成员的领土向任何其他成员领土提供服务。例如,在美国的律师为在英国的客户提供法律咨询服务。

(二) 境外消费

境外消费(consumption abroad)是指在一成员领土内向任何其他成员的服务消费者提供服务。例如,一成员的国民到另一成员领土内旅游、求学等。

(三) 商业存在

商业存在(commercial presence)是指一成员的服务提供者通过在任何其他成员领土内的商业存在提供服务。例如,一成员的银行或保险公司到另一成员领土内开设分行或分公司,提供金融、保险服务。

(四) 自然人流动

自然人流动(movement of natural persons)是指一成员的服务提供者通过在任何其他成员的领土内的自然人存在提供服务。例如,某先生是 A 国的律师,他来到 B 国后,没有设立自己的律师事务所,而直接提供法律咨询服务。

第三节 WTO 成员一般义务和纪律

一、最惠国待遇原则

服务贸易上的最惠国待遇是指 GATS 的任何措施,每一成员对于任何其他成员的服务和服务提供者,应立即和无条件地给予不低于其给予任何其他国家同类服务和服务提供者的待遇。

但下列情况,为最惠国待遇例外。

(1) 任何成员可列出最惠国待遇例外清单,从而有权继续在特定的服务部门给予特定国家以更优惠的待遇。这些例外只能一次确定,且例外清单中的内容不得增加。

(2) 区域贸易集团内成员之间提供的优惠待遇。

(3) 成员对相邻国家授予或给予的优惠。

二、国民待遇原则

国民待遇是指对于列入成员减让表的服务部门,在遵守其中所列任何条件和资格的前提下,每一成员在影响服务提供的所有措施方面给予任何其他成员的服务和服务提供者的待遇，不得低于其给予本国同类服务和服务提供者的待遇。

三、逐步自由化

乌拉圭回合有关服务贸易自由化仅是开端，其目标是通过不断扩大服务减让表中市场开放承诺，推进服务贸易自由化进程。

为此，GATS 作出如下具体规定。

（一）定期举行服务自由化谈判

自协定生效起，各成员定期举行谈判，以逐步实现更高的自由化水平。谈判内容是减少或取消对各种服务贸易发展的不利措施。

（二）自由化进程要以本国为基础

自由化进程应适当尊重各成员本身的政策目标和总体部门的发展水平。发展中成员应有适当的灵活性，开放较少的服务部门和较少类型的服务交易，给予最不发达成员的特殊待遇。

（三）提高协定下的具体承诺水平

定期谈判的目标应是提高各成员在 GATS 下所作具体承诺的总体水平。

四、透明化原则

GATS 规定，WTO 成员应及时公布影响 GATS 实施的、普遍适用的相关服务贸易措施。如 WTO 成员新制定或修改后的法律、法规和行政措施，对该成员在 GATS 下的服务贸易具体承诺产生影响，则应及时通知服务贸易理事会。

为此，WTO 成员应设立各自的服务贸易咨询点。发达成员和具备条件的其他成员还应设立联系点，以便发展中成员的政府和服务提供者，获得有关的商业、技术资料和有关专业资格要求等方面的信息。

五、关于国内法规的纪律

GATS 要求，对已作出具体承诺的服务部门，成员应以合理、客观、公正的方式实施相关的所有措施，在合理的时间内答复提供某种服务的申请。此外，还应提供司法或其他程序，以便服务提供者就影响其贸易利益的行政决定提出复议的申请。

在服务贸易具体多边规则形成以前，成员在实施各自的标准和要求时，不能对服务提供者构成不必要的贸易限制。

GATS 敦促 WTO 成员承认其他成员服务提供者所具有的学历或其他资格，鼓励各成员之间就资格的相互承认进行谈判，同时给予其他具有类似标准的成员参与谈判的机会。对资格的要求应尽可能地以国际公认的标准为基础，不能在成员间造成歧视和对服务贸易构成隐蔽性限制。

六、对不公平竞争行为的约束

WTO 成员任何一种服务的垄断提供者，均不得滥用垄断地位，违背该成员的最惠国待遇义务和已作出的具体承诺。如一成员在对提供某种服务作出具体承诺后，又对提供该种服务授予垄断经营权，从而否认或损害已有的承诺，则该成员应通过谈判作出相应补偿。

GATS 承认服务提供者的"某些商业惯例"可能会抑制竞争，从而限制服务贸易。为此，应 WTO 其他成员请求，就此问题磋商，进行信息交流，以最终取消这些限制性商业惯例。

七、例外规定

GATS 允许处于严重国际收支困难中的，或受国际收支困难威胁的 WTO 成员，对其具体承诺的服务贸易采取限制措施。但这些限制不得造成歧视，对其他成员的利益造成不必要的损害。

这些限制措施应该是暂时的，一旦情况好转，就应取消。在采取或维持这些限制措施时，成员可以优先考虑对经济和发展具有重要意义的服务部门，但不能利用这种限制措施来保护特定的服务部门。

采取限制措施的成员应与其他成员进行定期磋商。磋商在国际收支委员会中进行，所遵循的规则与货物贸易领域中的规则相同。此外，除非因国际收支平衡原因而获得 WTO 的允许，任何成员不得对与其具体承诺有关的经常交易项目实施国际支付和转移方面的限制。

各成员政府购买自用的服务可以不受最惠国待遇原则、市场准入和国民待遇承诺的限制。

只要不在情况类似的国家间造成任意的、不合理的歧视，或构成对服务贸易的变相限制，成员有权援用一般例外和安全例外条款采取相应措施。这些例外内容包括：维护公共道德，保护人类、动植物的生命或健康等；防止欺诈做法，在处理个人资料时保护个人隐私，平等有效地课征税收等。

安全例外不要求成员披露会违背其根本安全利益的信息，也不阻止成员为保护其根本安全利益而采取任何行动。这些行动可以是与有关军事机构的给养有关的服务，也可以是与核聚变和裂变材料有关的行动；可以是在战时或其他国际关系紧张时采取的行动，也可以是根据《联合国宪章》为维护和平和安全而采取的行动。

八、关于保障措施和补贴纪律

在保障措施问题上，有关谈判应在非歧视原则基础上进行。在补贴问题上，GATS 承认补贴对服务贸易会产生扭曲，同时也承认补贴对发展中成员服务业的发展所起的正面作用。但一成员在受另一成员补贴措施的不利影响时，可要求磋商，有关成员应给予同情的考虑。

但成员不能完全自由地利用补贴来帮助本国的服务提供者。如它们在服务贸易承诺表中未明确说明补贴措施不适用外国服务提供者，则根据国民待遇原则，成员有义务在纳入具体承诺表的服务部门给予外国服务者同样的补贴。

第四节 服务市场准入减让表

一、减让表的作用与构成

在乌拉圭回合中，参与谈判方通过谈判，确定本国对外开放的服务贸易部门，表现在服务贸易具体承诺的减让表上。它成为 GATS 的组成部分。

在服务承诺的减让表上，要列明如下内容：市场准入的条款、限制和条件；国民待遇的条件和资格；与附加承诺有关的承诺；实施此类承诺的时限和生效的日期。

（一）市场准入

市场准入是指每一成员对任何其他成员的服务和服务提供者给予的待遇，不低于其在具体减让表中同意和列明的条款、限制和条件。

GATS 指出，如不在减让表中列明，则不能维持或采取下面的六种影响市场准入的措施：第一，以数量配额、垄断、专营服务提供和经济需求测试要求的形式，限制服务提供者的数量；第二，以数量配额或经济需求测试要求的形式限制服务交易或资产总值；第三，以配额或经济需求测试要求的形式，限制服务业务总数或以指定数量单位表示的服务产出总量；第四，以配额或经济需求测试要求的形式，限制特定服务部门或服务提供者可以雇用的、提供具体服务所必需且直接有关的自然人总数；第五，限制或要求服务提供者通过特定类型法律实体或合营企业提供服务的措施；第六，以限制外国资股权最高百分比或限制单个或总体外国投资总额的方式限制外国资本的参与。

（二）国民待遇

根据服务逐自由化的原则，GATS 规定，服务业的国民待遇只适用于成员已经作出承诺的服务部门。在开放的服务业，对其他成员的服务或服务提供者，应给予其不低于本国服务或服务提供者的待遇。对非整体开放的服务业要列出国民待遇的限制内容。

加入 WTO 的新成员也要达成服务贸易具体承诺的减让表，其格式与乌拉圭回合谈判各方承诺的服务贸易具体承诺的减让表相同。中华人民共和国服务贸易具体承诺减让表格式见表 11.2。

二、减让表的修改或撤销

（1）修改或撤销时间。减让表中任何承诺生效 3 年期满后的任何时间都可修改或撤销。但此前 3 个月，要将修改或撤销意向通知服务贸易理事会。

（2）给予受影响成员补偿。如修改或撤销减让表中任何承诺影响别的成员利益，可与该成员谈判，就补偿性调整达成协议。

（3）在补偿性调整达成协议之前，不可修改或撤销原承诺。

表 11.2　中华人民共和国服务贸易具体承诺减让表格式

服务提供方式（1）跨境交付（2）境外交付（3）商业存在（4）自然人流动

部门或分部门	市场准入限制	国民待遇限制	其他承诺
一、水平承诺			
本减让表中包括的所有部门	（3）在中国，外商投资企业包括外资企业（也称为外商独资企业）和合资企业，合资企业有两种类型：股权式合资企业和契约式合资企业。① 股权式合资企业中的外资比例不得少于该合资企业注册资本的 25% 由于关于外国企业分支机构的法律和法规正在制定中，因此对于外国企业在中国设立分支机构不作承诺，除非在具体分部门中另有标明 允许在中国设立外国企业的代表处，但代表处不得从事任何营利性活动，在 CPC 861、862、863、865 下部门具体承诺中的代表除外	（3）对于给予视听服务、空运服务和医疗服务部门中的国内服务提供者的所有现有补贴不作承诺	
二、具体承诺			
A. 专业服务 a. 法律服务 （CPC 861，不含中国法律业务）	（1）没有限制。 （2）没有限制。 （3）外国律师事务所只能在北京、上海、广州、深圳、海口、大连、青岛、宁波、烟台、天津、苏州、厦门、珠海、杭州、福州、武汉、成都、沈阳和昆明以代表处的形式提供法律服务。 代表处可以从事营利性活动。驻华代表处的数量不得少于截至中国加入之日已设立的数量。一外国律师事务所只能设立一个驻华代表处。上述地域限制和数量限制将在中国加入 WTO 后 1 年内取消。 外国代表处的业务范围仅限于下列内容： （a）就该律师事务所律师允许从事律师业务的国家/地区	（1）没有限制。 （2）没有限制。 （3）所有代表在华居留时间每年不得少于 6 个月。代表处不得雇用中国国家注册律师	

资料来源：石广生. 中国加入世界贸易组织法律文件导读[M]. 北京：人民出版社，2002：807、810.

（4）未按期达成协议时允许仲裁。在规定期限内未能达成补偿性调整协议时，受修改或撤销减让表中任何承诺影响的任何成员将此问题提交仲裁。

（5）对未遵守仲裁可实施报复。如果仲裁认定应给予补偿，而原成员未遵守仲裁结果，则任何参加仲裁的受影响成员可以享受被影响成员可修改或撤销实质上相等的利益。

第五节　GATS 管理、争端解决与执行

一、服务贸易理事会

WTO 设立服务贸易理事会，监督 GATS 的实施。该理事会在总理会指导下工作。服

---

① 依照中国法律、法规及其他措施订立的设立"契约式合资企业"的合同条款，规定诸如该合资企业经营方式以及合资的投资或其他参与方式等事项。契约式合资企业的参与方式根据合资企业的合同规定，并不要求所有参与方均进行资金投入。

务贸易理事会可以设立附属机构。WTO 成员均可派代表参加理事会和其附属机构。理事会主席由各成员选举产生。

服务贸易理事会分支机构应履行如下职责。

（1）透过持续的检讨和监督以确保 GATS 在各服务部门的适用。

（2）向服务贸易理事会及相关部门就有关问题提出建议或参考意见。

（3）对服务部门的专门附录提出修改建议，并向服务贸易理事会提出适当的意见。

（4）提供技术性论坛，研究和检讨有关服务贸易的技术事项。

（5）对发展中成员服务贸易提供技术协助。

（6）与其他服务贸易分支机构和有关国际组织进行合作。

二、争端解决

WTO 整个争端解决机制适用于服务贸易领域，GATS 可依本身特点作出补充规定。主要包括磋商、仲裁、争端解决和实施三个程序。

（一）磋商

磋商可由当事成员双方直接进行，也可经过有关机构进行。成员就有关服务贸易问题向另一成员提出磋商请求时，被请求成员应予考虑，并进行磋商。磋商没有结果，可请求服务贸易理事会或争端解决机制参与磋商。

（二）仲裁

仲裁主要用于解决有关避免双重课税国际协定范围内的服务贸易争端。一成员对另一成员采用的措施，不能援用国民待遇。该措施是否属于该协定范围，各成员就此产生争端，可由任一成员送交服务贸易理事会进行仲裁。仲裁具有一次解决的特点，结果对双方均有约束力。

（三）争端解决和实施

WTO 成员如认为某个成员未能实现它在 GATS 下承诺的责任和特定义务，可诉诸 WTO 争端解决机制。该机制如认为情况严重，经认可后可暂停实施成员所承诺的责任和特定义务。如成员采用的措施与 GATS 不抵触，但使另一成员预期可得到的利益丧失或受损，也可向 WTO 争端解决机制申诉，由该机制或服务贸易理事会参与磋商，如磋商没有结果，受损成员可请求争端解决机制授权暂停履行对该成员依照 GATS 项下的义务。

三、GATS 的执行

（一）促进成员服务贸易的发展，推动加入成员的服务业的开放

到 2014 年 6 月，加入 WTO 成员达到 32 个，在 WTO 列出的 160 多个服务业中，开放服务业在 100 个以上的有 19 个成员，开放 80~100 个的有 6 个，开放在 80 个以下的有 7 个。开放服务业最多的加入成员为乌克兰，为 137 个；为最低的加入成员为蒙古，

开放37个。中国为93个。

（二）发展中成员多为贸易争端的被诉方

从1995年到2014年底，WTO成员提起的涉及GATS的案件有23起。2000年至2014年案件数为12件，接近整个案件数的60%。其特点如下：

（1）申诉方多为发达成员。在12起案件中，美国、美国与欧盟为5起，其中美国为4起。俄罗斯、巴拿马、加拿大、安提瓜和巴布达、厄瓜多尔、洪都拉斯和哥伦比亚各1起。

（2）被诉方多为发展中成员。在12起案件中，被诉发达成员只有2个，分别为欧盟和美国。其余为发展中成员，中国占据其中5件。对中国的申诉方为美国、美国与欧盟、加拿大。美国占3件，其他各为1件。

第六节　GATS后续谈判

一、GATS后续谈判源起

根据GATS规定，WTO各成员应自《建立WTO协定》生效后5年内开始定期举行谈判，逐步实现高水平的服务贸易自由化。谈判的内容主要是减少服务贸易壁垒，提供有效的市场准入方式。

二、后续谈判的历程

2000年2月25日，在多哈回合启动前，服务贸易理事会就按照GATS要求，正式启动了服务贸易后续谈判。

2001年3月28日，服务贸易理事会通过了《服务贸易谈判准则和程序》，确定了此次谈判的基调。

2001年11月举行的WTO多哈部长级会议正式发动新一轮贸易谈判。在服务贸易方面，《多哈部长宣言》强调，服务贸易谈判必须遵循促进所有贸易参加方的经济增长和发展中成员以及最不发达成员的经济发展，必须以《服务贸易谈判准则和程序》为指导。至此，服务贸易谈判正式纳入WTO新一轮多边贸易谈判。

2004年8月1日WTO以总理事会决定形式就多哈回合谈判议题达成一份框架性协议——《多哈工作议程》，在附件C中，提出《服务贸易理事会特别委员会的建议》，推动后续谈判的开展。

2005年12月13日至18日，在WTO香港第六届部长级会议后公布的《香港部长宣言》中，强调应继续就服务贸易国内法规、保障措施、反补贴、政府采购等领域的规则进行谈判；要求各成员有针对性地提高四种服务贸易形式的具体承诺水平；各成员应立即提交具体承诺的首轮出价，并在2006年7月31日前提交第二轮出价，在该年12月31日前提交具体承诺表的最终草案。

2006年7月27日，WTO总理事会正式批准了总干事拉米提出全面中止多哈回合谈判的建议。服务贸易后续谈判陷入停顿。

随着多哈回合的重新启动，服务贸易后续谈判接续。2009年3月，服务贸易理事会主席向贸易谈判委员会提交谈判盘点报告，指出服务贸易谈判的分歧所在。

2010年3月22日，WTO贸易谈判委员会公布了服务贸易谈判的最新动态，涉及市场准入、国内法规、GATS规则以及最不发达成员模式的实施进展。

2011年4月，服务贸易理事会主席向贸易谈判委员会提交了报告，告知上述四个方面取得的谈判成果与分歧。

2011年12月，WTO第八届部长级会议通过豁免决议，允许WTO成员对来自最不发达成员的服务和服务提供者给予优惠待遇，同意WTO成员暂时不对跨境电子商务交易征税。

2013年12月7日，在WTO第九届部长级会议上，通过《巴厘一揽子协定》，强调后巴厘工作中服务贸易的重要性。

2014年4月1日，WTO举行了有关服务贸易的正式会议。会上，各成员强调服务贸易的重要性，表达在后巴厘工作计划中，将服务贸易列入其中的强烈愿望。服务贸易理事会于2014年12月17日举行非正式会议。成员一致同意将2015年7月作为完成多哈回合整体工作谈判的新期限。列出关注的问题。其中包括：请求和提供谈判；服务贸易理事会特别会议2005年建议；2008年新闻发布会上所有主要服务部门作出的市场准入承诺；2011年贸易谈判委员会主席的报告；解决已经存在的谈判问题的重要性和迫切性；实现与其他多哈回合谈判议题（农业和非农业市场准入）的均衡；解决服务贸易谈判议程、服务部门之间、服务模式以及市场准入和规则之间的内部平衡；避免自选择问题；将发展目标作为谈判维度的核心；为成员提供新的服务市场准入出价途径。

三、2014年以来服务贸易谈判的进展

整体后续谈判进展不顺。表现在：市场准入谈判进展不大，国内规则谈判稍有进展，GATS规则谈判达成一些共识。后续谈判也取得部分成果。

（一）逐步确立和明确了推进多边服务贸易谈判的内容、方式和目标

WTO服务贸易理事会制定的《服务贸易谈判准则和程序》，确定把所有服务部门、服务提供模式以及最惠国待遇例外情况等列入谈判，决定把要价—出价作为谈判的主要方式，辅以诸边谈判的方式，并确定推进自由化作为谈判的目标。此后，把服务也列进政府采购中。

（二）提高了发展中成员参与服务贸易谈判的程度

在服务贸易谈判中，均考虑了发展中成员服务贸易发展的现实，确认逐步自由化，提高发展中成员的参与度，给予发展中成员一定程度上的谈判弹性，对最不发达成员给

予特殊考虑，对发展中成员的小型服务贸易提供者的需要予以考虑。与此同时，发展中成员也逐步认识到服务贸易发展与参与规则谈判对维护本身的利益日益重要，主动参与服务贸易谈判的意愿有所提高。

（三）在部分议题上取得一些积极进展

（1）市场准入取得一定进展。一些成员分别提出要价、最初出价和修改要价。WTO香港部长级会议启动了服务贸易诸边谈判方式，制定了谈判时间表。

（2）在 WTO 规则方面的谈判议题上取得一定共识。在服务贸易规则议题谈判中，成员参与境内法规谈判的程度较高，谈判进程也较快；在服务贸易补贴议题上，各成员已同意进行补贴的信息交换；对于紧急保障措施，开始进行评估。

（3）服务贸易提供模式方面有所进步。各成员对跨境交付的自由化达成基本共识。

（4）在发展中成员优惠待遇方面达成共识。

（5）在一些服务部门谈判达成一些共识。在电子商务方面，成员同意暂时不对跨境电子商务交易征收关税。在会计服务、空运服务、计算机相关服务、海运服务等议题方面取得一定的进展。

第七节 《服务贸易协定》构建

一、源起

为突破多哈回合谈判的困境，进一步加速服务贸易自由化，由美国、欧盟、澳大利亚等 WTO 成员自主结成了"服务业挚友"（really good friends of services，RGFs）集团，探索服务贸易谈判的新途径，谋划构建《服务贸易协定》（Trade in Services Agreement，TISA）。2012 年 7 月，该集团成员在日内瓦发表了题为《推进服务贸易谈判》的联合声明。倡议构建一个在 GATS 框架内、多哈议程之外的 TISA，并勾勒出其基本轮廓。主要内容包括：谈判不预先排除任何服务部门或服务提供方式，以期实现实质性的行业覆盖范围；通过谈判，使成员所承诺的服务开放程度尽可能符合其实际水平，在此基础上增进服务市场的准入；通过谈判，对现有服务贸易规则进行改进和完善，并积极发展新规则。

该集团成员从最初的 16 个谈判方扩展到 2015 年的 24 个[①]，其服务贸易总额约占全球服务贸易总额的 70%。但在全球服务贸易进出口排名前 20 个成员中，中国、印度、新加坡、俄罗斯、泰国、巴西与马来西亚等成员尚未加入 TISA 谈判。中国自 2013 年 9 月提出申请，因美国反对，至今未能加入谈判。

截至 2015 年 9 月 30 日，TISA 已举行 13 轮谈判，谈判方同意在 2015 年 9 月 15 日

---

① 澳大利亚、加拿大、智利、哥伦比亚、哥斯达黎加、毛里求斯、欧盟、中国香港、冰岛、以色列、日本、列支敦士登、墨西哥、新西兰、挪威、巴基斯坦、巴拿马、巴拉圭、秘鲁、韩国、瑞士、中国台北、土耳其和美国。欧盟代表其28 个成员作为一个谈判方。

以前将已完成的市场准入承诺进行列表。

二、TISA 谈判中的焦点问题

根据 RGFs 达成的基本共识，TISA 谈判将以 GATS 既有成果为基础，结合现行的诸边贸易协议实践，进一步扩大服务市场的开放幅度，并建立一个广泛、实用、遵循自由化宗旨的服务贸易新规则，为 WTO 多边服务谈判树立典范效应。基于这种共识，确定的 TISA 谈判议题主要包括：服务市场的进一步开放，对 GATS 规则的强化，新议题的加入。

（一）服务市场的进一步开放

服务市场的进一步开放涉及的问题主要有"具体承诺的列表模式""特殊条款对具体承诺的约束"和"自然人移动"。

在 TISA 提出时，美国力主在服务市场准入与国民待遇的具体承诺上均采用《北美自由贸易协定》(NAFTA)的负面清单模式。欧盟则担心负面清单模式会降低 WTO 成员加入 TISA 的意愿，且不利于 TISA 谈判成果的最终多边化，因而主张 TISA 谈判延续 GATS 现行的正面清单模式。经过美欧等成员技术性的磋商，最终决定采用折中方案，即在保持服务市场准入正面清单的基础上，实施国民待遇的水平承诺要求，使 TISA 框架下的国民待遇趋于一般义务。TISA 拟采用的"市场准入正面清单+国民待遇水平承诺（负面清单）"的混合模式，可增加成员列表操作的灵活性和可控性，有助于各成员实现服务市场更高水平自由化，也便于吸引更多新兴国家与发展中国家的积极参与。

在 TISA 深入构建阶段，美欧等成员认为新协定的开放承诺应反映现实的服务市场的自由化水平，即以成员现有的服务市场开放水平为承诺的起点，提供新的和进一步的服务市场准入。为此，TISA 拟引入"静止条款"(standstill clause)与"棘轮条款"(ratchet-in clause)。根据前条款，成员将不得实施较缔约时已存在的限制措施更为严厉的服务贸易限制措施，意在将 TISA 谈判项下的各成员的服务市场开放点锁定在现有实际水平上。依据后条款，则成员一旦在未来自发展和实施更高水平的服务市场自由化，则该自由化措施应适用于所有成员，并且以后不得再恢复其原有的限制程度。该条款具有自动修正承诺表的功能，使未来 TISA 成员单方面所采取的服务市场自由化成果产生永久的效力，并受 TISA 的约束。

对于参与 TISA 谈判的 RGFs 成员来说，其中多数已在 GATS 承诺表中纳入"静止条款"，故对将它引入 TISA 并无过多分歧。但把"棘轮条款"引入 TISA，则存在较大异议。在各方达成 TISA 实施国民待遇水平承诺的共识后，美国和日本认为，"棘轮条款"可以保障那些在具体承诺表中就国民待遇不符措施作出保留的成员，在未来继续落实服务贸易的渐进式开放。而欧盟则认为，"棘轮条款"将过渡限制成员调整其贸易政策的弹性空间，并有可能阻却其他成员加入谈判。在该条款具体实施方式上也存在争端，尚未达成共识。

此外，在 TISA 谈判框架中，特别强调了自然人流动模式上要增强自由化的意识。因为 GATS 本身并未明确"成员对哪些自然人流动应给予准入"。土耳其、瑞士和加拿大以非穷尽方式，各自提出自然人流动承诺应涵盖的自然人分类"软清单"，作为具体承诺表的附件。该清单普遍涵盖的四种自然人分别为商业访问人员，公司内部调任人员，合同服务提供者和独立专业人员，咨询专家等。TISA 谈判方还提出，应关注半熟练技术人员的流动问题，提高签证发放透明度，以保证自然人流动的便利化。

（二）对 GATS 规则的强化

在 TISA 谈判中，还关注对 GATS 现行规则的完善和强化。TISA 谈判者拟在 GATS 现有成果基础上，制定覆盖所有服务部门的关于国内规制的横向规则。为促进缔约方之间的规则合作的协调，TISA 拟建立一套一般部门与具体部门相结合的规制合作机制。此外，还将针对电信、金融、和能源等基础性关键服务业，设置专门的规制合作条款。

TISA 作为高标准的服务贸易协定，认为有必要针对政府采购的特点构建适当的规则。TISA 拟修改目前 GATS 给予"政府采购"豁免的方式。该方式下政府采购的豁免范围局限于警察、国防、司法等与国家核心职能直接相关的服务采购。TISA 拟将豁免范围扩大到只要政府采购的服务不涉及国家的核心职能，其采购活动就应接受 TISA 规则的管辖，以促进服务采购市场的整体开放。此外，TISA 还可能通过对"采购活动"的进一步界定，把国有企业在内的服务采购活动纳入 TISA 的规则框架内。

（三）新议题的引入

为构建面向 21 世纪的高质量的服务贸易协定，解决和应对全球服务贸易发展中出现的新问题与新挑战，根据谈判成员的提案，TISA 适当扩充了谈判议题，并拟出新增加的相关规则。其中，美国提出的"国有企业"和"跨境数据流动"两大议题是其构建服务贸易公平竞争环境的核心内容，受到较为广泛的关注，成为 TISA 谈判必须回应和解决的问题。

TISA 拟在竞争章节中纳入专门的"国有企业规则"，要求国有企业透明化经营、商业化运作，申明其所获的各种补贴并进行公开采购等，以实现竞争中立。在 TISA 谈判中，关于"国有企业规则"的适用方式，美国和欧盟存在较大分歧。美国要求 TISA 将"国有企业规则"作为普遍使用的一般义务。欧盟与部分 RGFs 成员则主张，应仅针对构建服务部门制定相应的"国有企业规则"。美国可能作出妥协，同意采用较为温和的部门适用方案，国有企业规则将主要聚焦于金融、电信等发达成员具有竞争优势的关键服务部门。

关于跨境数据流动，RGFs 各方确认将在 TISA 框架下提出具体准则。该准则原则上将保证跨境服务贸易中数据的自由流动。但如何解决跨境数据流动与隐私保护、国家安全等公共政策目标之间的冲突，有待 RGFs 成员进一步谈判。从互联网规制与数据保护的国内法体系来看，美国和欧盟存在根本性的差异与分歧。美国一贯倚重企业自治的市场模式，强调以企业自觉采取的技术手段为依托保障数据安全。欧洲则偏好政府直接监管模式，更多依靠法律来规范企业使用数据的行为。

三、TISA 与中国

2013 年 9 月 30 日，中国宣布希望加入 TISA 谈判的正式意向。因 TISA 谈判对新成员采取的是自主选择机制，中国的加入意向需经 TISA 现有成员的一致同意。美国对中国加入 TISA 谈判持反对立场，主要理由如下：第一，中国市场虽然广阔，但仅在建筑和航运业有比较优势，服务业的总体竞争力弱，因此具有强烈的保护主义倾向，未来落实其开放承诺的阻力很大。第二，中国入世后的服务市场开放并未取得明显成效，国有企业仍占据较大份额，国内改革进展缓慢，包括外企在内的民营经济体难以进入服务市场，因此中国加入 TISA，谈判的诚意不足。第三，中国加入 TISA 谈判有遏制美国贸易战略的意图，可能会导致 ITA 扩围谈判僵局的重演。美国特别提出，中国在 GPA 的加入谈判以及 ITA 扩围谈判中的出价水平有限，导致谈判进展缓慢。因此，中国只有在这两项谈判中改进出价，展现出与 TISA 谈判成员志同道合的自由化雄心，美国才能考虑吸收中国加入谈判。但中国拒绝将 ITA、GPA 谈判上的出价作为加入 TISA 谈判的条件。

中国服务市场具有巨大的潜力和后发优势，TISA 自身的未来多边化的目标，也将促使 TISA 成员不得不重视中国加入 TISA 的谈判问题。在重要的服务贸易规则制定中，如果没有中国的参与，其规则对于中国而言，可接受度自然会低很多，TISA 多边化的愿望将会落空。

本 章 小 结

（1）随着世界各国产业结构的优化、国际货物贸易发展的需要和资本国际化的兴起，服务业和国际服务贸易得到迅速发展，但因各国对服务业的重视保护的过度，影响了国际服务贸易的发展。在服务业上具有竞争优势的发达国家积极关注国际服务贸易自由化，在他们的要求下，服务贸易自由化列入乌拉圭回合，经过艰苦谈判，最终达成 GATS，成为此轮回合重要的谈判成果。由此，服务贸易被正式纳入多边贸易体制的管辖范围。

（2）GATS 界定服务业为 12 个领域，确定了国际服务贸易的四种形式，规定 WTO 成员的一般义务和纪律。WTO 成员具体谈判成果表现为服务市场准入表。

（3）鉴于发展中国家成员服务业发展比较落后，竞争能力不强，在 GATS 中给予一些特殊和差别待遇，以有利于其服务业的发展。

（4）GATS 促进了国际服务贸易的自由化，对 WTO 成员服务贸易的发展起了积极作用。为了加大 GATS 的作用，在 WTO 框架内，开始进行扩大 GATS 的后续谈判，因受多哈回合曲折进程影响，整体进展不顺，但取得部分成果。

（5）为了突破多哈回合谈判的困境，加强国际服务贸易的自由化，美国、欧盟、澳大利亚等 WTO 成员自主结成"服务业挚友"，开展《服务贸易协定》（TISA）谈判。该协定目标是在 WTO GATS 框架内、多哈议程之外达成高质量的服务贸易协定。

思 考 题

1. 服务的特点是什么？
2. 各国保护服务业的原因是什么？
3. GATS 把服务贸易分为多少部门？
4. GATS 界定的国际服务形式包括几个？
5. GATS 市场准入减让表有什么特点？
6. GATS 接续谈判取得什么进展？
7. TISA 追求的目标什么？

第十二章

《与贸易有关的知识产权协定》

本章导读

《与贸易有关的知识产权协定》(TRIPs)是 WTO 负责实施管理的第三大多边协定，其目的是促进与贸易有关的知识产权制度的建立。该协定所指的知识产权，包括版权及相关权利、商标权、地理标识权、工业品外观设计权、专利权、集成电路布图设计权、未披露信息专有权等。该协定确定了总则和基本原则，关于知识产权的效力、范围及使用标准，知识产权执法，知识产权的获得、维持及有关当事人之间的程序，争端的防止与解决，过渡性安排，机构安排和最后条款。本章系统完整地介绍了与贸易有关的知识产权协定产生的背景，知识产权制度的规则和实施办法。WTO 运行后，WTO 成员在执行该协定的同时，谋求该协定的修正与发展，已成为多哈回合重要的谈判议题，谈判有所进展，但尚未达成共识。

学习目标

通过学习，了解与贸易有关的知识产权的类别，知悉与贸易有关的知识产权的获取，掌握与贸易有关的知识产权的维权措施与作用。

第一节 TRIPs 概述

TRIPs 是与 GATT 1994 和 GATS 并列的三大多边贸易协定之一，它对加强与贸易有关的知识产权制度有重要作用。

一、知识产权与国际保护

知识产权(intellectual property)这一概念在 17 世纪由法国人卡普佐夫最先提出。它指公民或法人对其在科学、技术、文化、艺术等领域的发明、成果和作品依法享有的专有权，即人们通过脑力活动创造出来的智力成果所依法享有的权利。

随着科技的高速发展，智力成果的国际市场逐步扩大，统一知识产权制度的法律，成为国际社会的普遍要求。

1883 年制定的《保护工业产权巴黎公约》，是知识产权国际保护的开端。1967 年在瑞典斯德哥尔摩签订《成立世界知识产权组织公约》。世界知识产权组织于 1970 年 4 月成立。该组织在1974年成为联合国的一个专门机构，主管工业产权、著作权及商标注册的国际合作。知识产权的国际保护得到加强。

知识产权国际公约包括的公约主要有《保护工业产权巴黎公约》（通称《巴黎公约》）、《商标国际注册马德里协定》（通称《马德里协定》）、《专利合作条约》、《保护植物新品种国际公约》、《保护文学艺术作品伯尔尼公约》（通称《伯尔尼公约》）、《保护表演者、录音制品制作者与广播组织公约》（通称《罗马公约》）《集成电路知识产权条约》等。

通过转让技术、专利和商标的使用权及版权许可，含有知识产权的产品在国际贸易中所占比重越来越大。它们包括新药品、新科技产品，计算机软件、电影、音乐、书籍，知名品牌商品，植物新品种等。

由于各国对知识产权的保护水平不一，法律规定存在差异；为了竞争，假冒商标、盗版书籍和盗版电影等侵犯知识产权的现象不断发生，对国际贸易发展造成障碍。为促进科技成果传播，加强与贸易有关的知识产权保护，成为国际贸易发展的迫切需要。

二、知识产权的特征

知识产权作为一种财产权，与普通意义上的财产权不同，具有以下特征。

（一）客体的无形性

它是指基于智力活动而形成的创新成果，是无形财产。因其不占据一定的空间，难以实际控制。知识产权所有权人即使在其权利全部转让后，仍有利用其创造的智力成果获取利益的可能性。因此，法律上有关知识产权的保护、知识产权侵权的认定、知识产权贸易等，远比货物贸易的促进与保护措施复杂。

知识产权的无形性必须通过一定的物质载体表现出来，才能使人们感受和了解。但知识产权保护的已有法律体系着重于这些智力劳动成果本身，而不在于这些物质载体上。如著作出版后，读者可购买该著作，并拥有所有权，但没有该著作的著作权。

（二）主体的专有性

它是指权利人对其智力成果享有垄断性的专有权，非经其同意或法律规定，其他任何人均不得占有或使用该项权利，其他任何单位或个人无权干预或妨碍知识产权人行使其权利。

各国法律对于权利人的这种独占的专有权都实行严格的保护。除通过依法规定的条件和程序，采用"强制许可"对权利人的专有权加以限制外，其他任何侵犯专有权的行为均构成侵权。专有权是知识产权最基本的法律特征，也是知识产权制度存在的保证和发展的动力。

（三）有效期的有限性

它是指在一个法定的期限内受到保护。法律对知识产权的有效期作了限制，超出该期限，权利即告终止。此后进入公有领域，成为人类共享的公共知识，任何人都可以合法使用。由于各国对知识产权不同对象的保护期限存在差别，因而同一知识产权在不同国家获得的保护期限是不同的。如对发明专利的保护期有的国家为 15 年,有的国家为 20 年。

对商标各国虽然规定了有效期,但允许商标所有权人到期申请延续,对延续次数没有限制。例如可口可乐等一些历史较长的商标可能经历了数十年,甚至上百年。

(四)专有权的地域性

它是指按照一国法律获得确认和保护的知识产权只在该国具有法律效力,其他国家对该国知识产权没有保护义务。但如签有国际公约或双边互惠协定,则属例外。

此外,某项知识产权经过一定的国际间合作方式,可以在更多的国家与地区范围内得到保护。

(五)国家机构的认可性

知识产权因国家主管机关依法确认或授予而产生。知识产权所有者想正常地按自己意愿行使对其知识产权的占有、使用、处理权,就必须通过国家主管机关授权或认可,才得到国家法律的保护。此外,政府机构对知识产权进行审查、注册,也可把一些不符合创新性等法定标准的智力成果排除在保护范围之外。注册时对知识产权人、法律保护期、具体知识产权内容进行明确记录,也有利于知识产权侵权纠纷的解决。

三、TRIPs 的产生与宗旨

在乌拉圭回合之前,虽有知识产权国际公约,但它们所规定义务的实施完全依赖国内法,缺乏有效的国际监督机制。GATT 1947 本身直接涉及知识产权的条款和内容很有限。

东京回合曾就假冒商品贸易问题谈判,但未能达成协议。1982 年 11 月,GATT 1947 首次将假冒商品贸易的议题列入议程。1985 年,GATT 1947 总理事会设立的专家组认为,假冒商品贸易活动越来越严重,应当采取多边行动。

以美国、瑞士等为代表的发达缔约方,认为应将知识产权列入多边谈判的议题。以印度、巴西、埃及、阿根廷和南斯拉夫为代表的发展中缔约方认为,保护知识产权是世界知识产权组织(WIPO)的任务,应当把制止假冒商品贸易与广泛的知识产权保护区别开来。在乌拉圭回合谈判中,经过激烈的讨价与还价,双方作出妥协,把它列入乌拉圭回合谈判议题。

1991 年,GATT 1947 总干事提出的乌拉圭回合最后文本草案的框架获得通过,其中包括《与贸易(包括假冒商品贸易在内)有关的知识产权协定》,后更名为《与贸易有关的知识产权协定》(Agreement on Trade-Related Aspects of Intellectual Property Rights,TRIPs)。

该协定共有 7 个部分 73 个条文。主要内容有:总则和基本原则,知识产权的效力、范围及使用标准,知识产权执法,知识产权的获得、维持及有关当事人之间的程序,争端的防止与解决,过渡性安排,机构安排和最后条款等。

该协定的宗旨是:"期望减少对国际贸易的扭曲和阻碍,并考虑到需要促进对知识产权的有效和处分保护,并保证实施知识产权的措施和程序本身不成为合法贸易的障碍";为此目的,需要制定有关知识产权制度的新的规则和纪律。

四、TRIPs 的特色

(一) 与贸易有关的知识产权成为重点

TRIPs 关注的是知识产权对贸易的影响。其他与贸易无关的知识产权,如科学发现权、与民间文学有关的权利、实用技术专有权、创作者的精神权利等,没有进入协定范围。

(二) 加强对与贸易有关知识产权的保护

与原有的知识产权国际公约相比,协定全面规定了对与贸易有关知识产权的保护标准;对知识产权保护执法和救济提出了严格要求;对知识产权国际争端的解决提供了途径;对原有的知识产权国际公约作出突破,如扩大了专利保护领域,将发明专利的保护期统一为 20 年等。

此外,协定为多边协定,WTO 所有成员都要接受和执行。因此,其保护的力度超过原有的知识产权保护的国际协定。

(三) 对成员提出保护的最低标准

协定要求所有成员都应达到知识产权保护的最低标准,如对涉及的知识产权均设置了保护期。

(四) 纳入最惠国待遇原则

协定规定在所涉及的知识产权范围内,在既有国民待遇基础上,纳入最惠国待遇原则。而原有的知识产权公约,均没有这个原则。

五、TRIPs 中的基本原则

(一) 国民待遇原则与例外

协定规定,在符合《巴黎公约》《伯尔尼公约》《罗马公约》及《集成电路知识产权条约》所规定的例外前提下,每一成员给予其他成员国民待遇不得低于给予本国国民的待遇。

但协定对国民待遇适用范围有所限制,作出一些规定。

(1) 例外。《巴黎公约》《伯尔尼公约》《罗马公约》及《集成电路知识产权条约》规定例外;有关知识产权在司法和行政程序方面的例外,它不能对正常贸易构成隐性的限制,也不能与协定的义务相抵触。

(2) 在特定情况下,如 WTO 成员依照协定规定,引用《伯尔尼公约》《罗马公约》,可以实行"互惠待遇",但必须在事前通告协定理事会。

（二）最惠国待遇原则的单独实施与例外

协定规定，最惠国待遇仅适用于知识产权的保护，但也作出一些例外规定。

（1）成员在加入 WTO 前已经签订的司法协助或法律实施的双边或多边国际协定的优惠等例外。因为这些协定中提供的优惠、利益、特权或豁免权具有一般性，并非专门针对知识产权保护。

（2）依照《伯尔尼公约》和《罗马公约》的规定，容许以另一个国家所给予的待遇标准而给予的互惠性保护例外。

（3）协定所未规定的表演者、录音制品制作者和传播媒体的权利，不受最惠国待遇原则约束。

（4）WTO 生效前的有关知识产权在国际协定中的规定例外。但事前必须通告协定理事会，且不得对其他成员的国民构成任意或不正当的歧视。

（5）由 WTO 监督下所缔结的有关知识产权取得或维持的多边协定中所规定的程序，包括优惠、利益、特权或豁免权等，仅能在该协定签约方之间生效与适用，不能扩及所有 WTO 成员。

（三）权利用尽原则纳入争端解决

协定对此作出原则性规定，指出"就本协定项下的争端解决而言，在遵守第 2 条和第 4 条规定的前提下，本协定任何规定不得用于处理知识产权的权利用尽问题"。

第二节　与贸易有关知识产权保护与获得

一、保护的知识产权类别与时间

协定列入的与贸易有关的知识产权包括版权和相关权利、商标权、地理标识权、工业设计权、专利权、集成电路布图设计（拓扑图）权、对未披露信息的保护权和对许可合同中限制竞争行为的控制权。

（一）版权和相关权利

1. 概念

版权是指作者对其创作的文学、艺术和科学作品依法享有的专有权利，包括署名、发表、出版、获得报酬等权利。

相关权利是指与作品传播有关的权利，即表演者、录音制品制作者和传媒许可或禁止对其作品复制的权利。如未经表演者许可，不得对其表演进行录音、传播和复制；录音制作者对其录音制品的复制和商业出租享有专有权；传媒有权禁止未经许可对其传播内容进行录制、翻录和转播。

2. 保护期限

版权保护期不得少于 50 年；表演者和录音制品制作者的权利应至少保护 50 年；传

媒的权利应至少保护 20 年。

（二）商标权

1. 概念

商标是一家企业的商品或服务与其他企业的商品或服务区分开的标记或标记组合。它们包括人名、字母、数字、图案、颜色的组合。注册商标所有人享有专有权，以防止任何第三方在贸易活动中未经许可使用与注册商标相同或近似的标记，来标示相同或类似的商品或服务。

驰名商标应受到特别的保护，即使不同的商品或服务，也不得使用他人已注册的驰名商标。

2. 保护期限

商标首次注册及各次续展注册的保护期，均不得少于 7 年，并可无限期地续展。

（三）地理标识权

1. 概念

地理标识是指识别一货物来源于一成员领土或该领土内一地区或地方的标识，该货物的特定数量、声誉或其他归因于其地理来源的特定性。

各 WTO 成员应对地理标识提供保护，对含有虚假地理标识的商标拒绝注册或宣布注册无效。对葡萄酒和烈酒地理标识要提供更为严格的保护，防止将葡萄酒和烈酒的专用地理标识，用于标识其他地方的葡萄酒和烈酒。

12-1　中国的地理标识管理

2. 保护期限

地理标识保护期限不受限制。

（四）工业设计权

1. 概念

对新的或原创性的独立创造的工业设计提供保护，如工业设计不能显著区别已知的设计或已知设计特征的组合，则不属于新的或原创性设计。受保护的工业设计的所有人有权阻止未经所有权人同意而生产、销售或进口所载或所含设计是受保护设计的复制品。

鉴于纺织品设计具有周期短、数量大、易复制的特点，要予以特别重视。对纺织品设计保护设置的条件，特别是费用、审查或公布的要求，要加强审查，不得随便寻求和获得保护的机会。

2. 保护期限

工业设计的保护期限应至少达到 10 年。

（五）专利权

1. 概念

所有技术领域中的任何发明，无论是产品还是方法，只要它们具有新颖性、包括发明性步骤，并可供工业应用都可授予专利。

但如果某些产品发明或方法发明的商业性开发，会对保护人类、动植物或植物的生命或健康或对环境造成严重损害；对人类或动物的诊断、治疗和外科手术方法等均可拒绝授予专利权。

2. 专利权内容

专利所有人享有的专有权包括：防止对于未经他同意的第三方制造、使用、销售，或为这些目的而进口该产品的行为；防止第三方未经他同意而使用该方法的行为，以及使用、销售或为上述目的进口依该方法直接获得的产品。

3. 专利权强制使用

WTO 各成员的法律可以规定，在特殊情况下，允许未经专利持有人授权，政府使用或授权他人使用某项专利，即强制许可或非自愿许可。但其使用须有严格的条件和限制，如只有在此前合理时间内，以合理商业条件要求授权而未成功，才可申请强制许可；并给予专利所有者给予适当的报酬等。

4. 保护期限

专利保护期应不少于 20 年。

（六）集成电路布图设计（拓扑图）权

1. 概念

集成电路是指以半导体材料为基片，将两个以上元件的部分或全部互连集成在基片之中，以执行某种电子功能的中间产品或最终产品。电路布图设计是指集成电路中的两个以上元件的部分或全部互连的三维配置，或者为集成电路的制造而准备的上述三维配置。

2. 专利持有人权利

WTO 成员应禁止未经权利持有人许可的下列商业目的的行为：如进口、销售或以其他方式发行受保护的布图设计；进口、销售或以其他方式发行含有受保护的布图设计的集成电路；进口、销售或以其他方式发行含有上述集成电路的物品。

3. 保护期限

集成电路布图设计保护期应不少于 10 年。

（七）对未披露信息的保护权

1. 未披露信息的特征

未披露信息具有三个特征：一是属于秘密；二是具有商业价值；三是已采取合理步骤来保持其保密的性质。

2. 未披露信息拥有者的权利

未披露信息拥有者有权防止他人未经许可而以违背诚实商业行为的方式，披露、获得或使用该信息。为获得药品或农药的营销许可而向政府提交的机密数据，也应该获得保护。如果出现窃密行为，则要受到刑事处分。

（八）对许可合同中限制竞争行为的控制权

国际技术许可合同中的限制竞争行为，可能对贸易具有消极影响，并可能阻碍技术的转让与传播。例如，独占性返授，即技术转让方要求受让方将其改进技术的使用权只授予转让方，而不得转让给第三方；又如，禁止对有关知识产权的有效性提出异议或强迫性的一揽子许可，即技术的转让方强迫受让方同时接受几项专利技术或非专利技术。

成员方可采取适当措施防止或控制这些行为。有关成员还可就正在进行的限制竞争行为进行诉讼或磋商，并在控制这些行为方面进行有效合作。

二、知识产权的获得与执法

（1）履行符合协定规定的合理程序和手续。

（2）有关知识产权符合获得权利的实质性条件，应在合理期限内注册授予。

（3）《巴黎公约》中关于商标注册的规定，也适用于服务标记。

（4）获得或维持知识产权的有关程序，以及成员法律中行政撤销和当事人之间有关异议、撤销与注销等程序，应遵循协定中"知识产权执法"所规定的一般原则。

（5）行政裁决，应受司法或准司法机构的审议。但在异议或行政撤销不成立的情况下，只要行使这种程序的理由依照无效诉讼的程序处理，成员则无义务提供机会对这种行政裁决进行复议。

第三节 知识产权实施义务与措施

知识产权实施是协定中的重要组成部分，它涉及成员对协定的落实。内容包括：成员的一般义务，民事和行政程序，临时措施，边境措施，刑事程序，等等。

一、成员的一般义务

（1）应保证国内法中含有协定规定的执法程序。在实施这些程序时，应避免对合法贸易造成障碍，并防止滥用。

（2）知识产权实施的程序应公平、公正。这些程序不应过于烦琐或费用高昂，不应限定不合理的时限或导致无端的迟延。

（3）案件裁决，最好采取书面形式，并陈述理由，且在合理的时间内告知诉讼当事方。只有在听取各方对证据的意见后才可作出裁决。

（4）诉讼当事方应有机会要求司法机构对行政机构的决定进行审议，在遵守法律中有关案件司法管辖权规定的前提下，要求对初步司法决定的法律方面进行审议。但对刑事案件的无罪判决，成员没有义务提供审议机会。

（5）不要求各成员建立一套不同于一般执法体系的知识产权执法体系，也不影响它们实施一般法律的能力。

二、民事程序及相关措施

（一）坚持公平和公正的程序

各成员应使权利持有人可获得有关实施协定涵盖的任何知识产权的民事司法程序。

(二)有权要求获得证据

如一当事方已出示合理获得的、足以支持其权利要求的证据,并指明了对方控制的、与证明权利请求相关的其他证据,司法机构在保证机密信息受到保护的条件下,有权命令对方出示该证据。

(三)有权责令停止侵权

司法机构有权责令一当事方停止侵权,特别是有权在清关后立即阻止那些涉及知识产权侵权行为的进口商品,进入其管辖内的商业渠道。

(四)有权责令损害赔偿

对明知或应知自己从事侵权活动的侵权人,司法机构有权责令其向权利持有人支付足够的损害赔偿;有权责令侵权人向权利持有人支付有关费用,包括相应的律师费用。

(五)有权清除销毁侵权物品

为有效地遏制知识产权侵权,成员司法机构有权在不给予任何补偿的情况下,下令将侵权的货物清除出商业渠道;或者在不违背成员宪法情况下,下令将侵权的货物销毁;有权在不给予任何补偿的情况下,把主要用于制造侵权产品的材料和工具清除出商业渠道。

(六)有权获得侵权者的信息

司法机构有权责令知识产权侵权人将有关参与生产、分销侵权产品或服务的第三方的身份,以及它们的分销渠道告知权利持有人。

(七)可责令滥用者进行赔偿

如应一当事方请求,政府采取了相应措施,但该当事方有滥用执法程序的行为,司法机关有权责令该当事方向受到错误禁止或限制的当事方就因此种滥用而受到的损害提供足够的赔偿。司法机构还有权责令该申请当事方支付辩论方费用。

三、临时措施与边境措施

协定规定成员司法当局有权采取迅速而有效的临时措施和边境行为,制止侵权行为。

(一)临时维权措施

为防止侵犯任何知识产权,特别是防止货物进入其管辖范围内的商业渠道,包括结关后的进口货物,保存关于被指控侵权的有关证据,成员司法机关有权责令采取迅速有效的临时措施,进行处理。如迟延采取措施将造成不可补救的损害,司法有权采取不作预先通知的临时措施。但申请采取临时措施者要提供证据、信息并提供担保。如事后侵权并不存在,则要向因这些措施造成损害者提供适当补偿。

（二）海关中止放行

WTO 成员可制定程序，允许权利持有人在有正当理由怀疑假冒商标或盗版货物有可能进口时，向行政或司法主管机构提出书面申请，要求海关中止放行这些货物进入市场。

任何援用上述程序的权利持有人，在提出书面申请时，应按要求提供充分的证据，以使主管机构相信和海关容易辨认。主管机构应在合理期限内告知申请人，是否已受理其申请，以及在作出决定的情况下海关何时采取行动。

主管机构有权要求申请人提供足以保护被告和主管机构，以及防止滥用程序的保证金或相当的担保。海关要把中止放行决定通知进口商和申请人。

根据非司法机构的裁定，海关对涉及侵权物品中止放行。但在正式授权部门未给予临时救济的情况下，如果货物暂停放行的期限已到，且已满足有关进口的所有其他条件，则货物的所有人、进口商或收货人在对任何侵权交纳一笔足以保护权利持有人的保证金后，有权要求予以放行。保证金的支付不得妨碍权利持有人的任何其他救济，若权利持有人未能在合理期限内行使诉讼权，则该保证金应予发还。

对因被错误扣押，或因扣押超过期限已放行的货物而遭受的损失，有关主管机构有权责令申请人向遭受损失的进口商、收货人和货物所有人支付适当的补偿。

在不妨碍权利持有人享有的其他行为权利，并在被告有权要求司法机构进行复议的情况下，主管机构有权责令销毁或处理侵权货物。对假冒商标货物，主管机构不得允许侵权货物在未作改变的状态下，再出口。

四、刑事程序与救济手段

WTO 成员应规定对侵权的刑事程序和处罚。采用的救济手段包括：监禁和/或罚金、扣押、没收、销毁侵权货物和侵权活动的任何材料与工具。

五、争端解决、实施时间与协定管理

（一）争端的解决与减少争端的途径

WTO 成员在实施协定中相互产生的争议，可适用 WTO 争端解决机制。为减少争议的出现，协定期望成员实施与协定相关的法规，普遍适用的司法终审判决和行政终局裁决，均应以该成员文字公布。应成员请求，可向其提供有关法律和法规的相关信息，但不包括妨碍执法或违背各个利益等机密信息。与协定有关的法规应通知与贸易有关的知识产权理事会。

12-2 有关 TRIPS 的磋商文件

（二）实施协定时间与实施援助

原则上，WTO 成员在《建立 WTO 协定》生效 1 年内实施协定。但发展中成员和经济转型成员有权将实施日期推迟 4 年，最不发达成员的实施日期可推迟 10 年。

为促进协定实施，发达成员应发展中成员和最不发达成员的请求，并按双方同意的条款和条件，提供技术与资金合作，协助制定有关知识产权保护和实施以及防止滥用的

(三)协定管理

为监督协定的实施和便于成员磋商,WTO 建立与贸易有关的知识产权理事会,由各成员代表参加。理事会要履行各成员所指定的其他职责,审议协定实施情况,提出修正建议,在争端解决程序方面提供各成员要求的帮助。

第四节 协定的实施、修订与发展

一、协定的实施阶段与争端

(一)实施阶段

WTO 建立后,协定实施经历了两个阶段。

第一阶段(1995—2000)

本阶段实施协定的重点有二:第一是通过争端解决机制推进各成员对其所承担的协定义务的遵循和落实;第二是以协定理事会为中心,通过 WTO 的通报机制和政策审议机制,促进各成员知识产权制度的透明化及其对协定规定的履行。

第二阶段(2001 年至今)

本阶段开始以来,主要围绕多哈回合谈判的筹备、发动而展开。其显著特征是通过对协定谈判议题的筹划讨论,进行修订与发展。

(二)与协定有关的争端

1. 争端起数与解决情况

1995 年至 2014 年 12 月 31 日,WTO 争端解决机制已接到 34 起涉及协定的磋商请求。其中 14 起通过双边磋商获得解决,8 起被诉方已经通报执行情况,1 起申诉方请求报复授权,1 起报告通过建议被诉方调整措施,4 起处在专家组审理阶段,5 起尚在磋商,1 起申诉方中止专家组工作。2015 年至 2018 年 3 月底,新增 4 起案件,其中 3 起正在磋商,1 起正在成立专家组。

2. 争端案件特点

(1)案件集中在专利和版权。34 起案件中,涉及专利领域的案件占 32.4%,涉及版权领域案件占 20.6%,涉及其他知识产权领域的占 47%。

(2)发达成员之间案件占主要地位。在 34 起案件中,发达成员之间的案件占 50%,发达成员诉发展中成员案件占 26.5%,发展成员诉发达成员案件占 23.5%。

(3)美国、欧盟是案件的集中者。在 34 起案件中,有 31 起涉及美国。美国作为原告 17 件,作为被告 4 件,作为第三方 10 件。在 34 起案件中,涉及欧盟的有 25 起。欧盟作为原告 6 件,作为被告 8 件,作为第三方 11 件。

(4)新兴成员涉案争端增多,但作为原告较少。在 34 起案件中,印度涉案的有 14

起,其中,原告 1 起,被告 2 起,第三方 11 起。巴西涉案 13 起,其中,原告 2 起,被告 1 起,第三方 10 起;阿根廷涉案 9 起,其中,原告为 0,被告 2 起,第三方 7 起;中国涉案 9 起,其中,原告为 0,被告 2 起,第三方 7 起。34 起案件中涉案较多的 WTO 成员,见表 12.1。

表 12.1 34 起涉 TRIPs 案件较多的 WTO 成员一览表

成员	原告	被告	第三方	涉案总数
美国	17	4	10	31
欧盟	6	8	11	25
加拿大	1	2	9	12
日本	0	2	8	10
瑞士	0	0	5	5
澳大利亚	1	5	5	11
印度	1	2	11	14
巴西	2	1	10	13
阿根廷	0	2	7	9
中国	0	2	7	9

资料来源:WTO 官方网站。

二、对协定的修订、技术转移的关注

(一)对协定修订案的决定与接受

1. 修订背景

20 世纪末以来,艾滋病、肺结核、疟疾等致命流行病在一些发展中成员蔓延,对当地人民生命安全和社会经济发展构成严重威胁,受到国际社会的关注。严重威胁加重的重要原因是发达成员的药品专利权人严格控制药品的生产和定价,高昂的价格阻碍了贫穷国家患者获得及时有效的治疗。尽管协定允许官方通过强制许可解决本国公共健康问题,但根据该条款生产的药品仅能用于本国市场。对于没有或者缺乏药品生产能力的发展中成员,特别是最不发达成员,该规定无济于事。故发展中成员迫切要求修改协定相关条款。

在 2001 年 11 月 WTO 多哈回合部长级会议上,通过《TRIPs 与公共健康多哈宣言》,确认上述情况的存在,指示 TRIPs 理事会设计一个"快捷的解决方案"。

2003 年 8 月 30 日,WTO 总理事会通过《关于执行〈TRIPs 与公共健康多哈宣言〉第 6 段的决定》。免除强制许可下的药品应主要供应国内市场的义务,准许此等药品向正在遭受公共健康危机的国家出口。但该决定只是临时安排,缺乏永久性。

2005 年 12 月 6 日,WTO 总理事会通过《关于 TRIPs 修正案的决定》,将临时安排更改为永久性。该决定的附件《修改 TRIPs 议定书》则成为 TRIPs 的正式修正案。2017 年 1 月 23 日,批准《修改 TRIPs 议定书》的 WTO 成员达 112 个,超过 WTO 成员总数的 2/3,该修改案正式生效。

2. 议定书对协定内容的增加

允许 WTO 成员向"有资格进口的成员"出口药品目的而授予专利强制许可,突破了协定原有的仅能供应国内市场的控制;出口成员授予强制许可后,应对药品专利权利人支付适当报酬,同时考虑该出口成员的授权使用对进口成员的经济价值,如果进口成员对同一产品授予强制许可,则免除进口成员向药品专利权利人再次支付报酬的义务;允许区域贸易协定(至少一半现有成员为最不发达成员)中的发展成员或最不发达成员,可以将一项强制许可项下的生产或进口的药品,出口至该区域贸易协定的其他遭受共同公共健康问题的发展成员或最不发达成员,以利用规模经济,增强药品的购买力,并促进药物生产的本地化。

(二)对有关发展中成员的技术转移予以关注

协定专门就最不发达成员在获得对其发展有帮助的技术面临的困难规定了相关政策。要求发达成员有义务提供激励,以促进和鼓励向最不发达成员转让技术,以使后者从协定中受益。但该义务的确切范围和本质没有具体规定,使发达成员对此拥有相当大的自由裁量权。

2001 年 11 月 WTO 多哈部长级会议对发达成员义务具体化予以关注。根据《多哈部长宣言》授权,协定理事会在 2003 年 2 月 9 日通过一项关于执行协定相关条款的决议。决定发达成员需提交为鼓励其领土内企业和组织向最不发达成员转让技术所采取或计划采取的行动的报告。并不断更新,接受协定理事会的审查。2003 年 8 月 30 日 WTO 总理事会通过的《关于执行〈TRIPs 与公共健康多哈宣言〉第 6 段的决定》,再次提出"各成员有必要促进在制药领域的技术转移和能力建设,以克服《多哈宣言》第 6 段确认的难题"。此后,不断强调该问题。但因经济发展水平存在差距,利益基点不同,该问题讨论进展缓慢,尚未达成具有共识的文本。

三、对协定具体内容谋求发展

在 WTO 多哈第四届部长级会议通过的《多哈部长宣言》中专门指出,WTO 成员"就建立一个葡萄酒和烈酒地理标志通知和注册的多边体制问题进行谈判"。要特别审查协定与《国际生物公约》(CBD)[①]之间的关系。多哈回合开启后,WTO 就这两个议题进行了谈判,迄今为止,尚未达成共识。

(一)地理标志谈判案文与争议

根据《多哈部长宣言》授权,协定理事会于 2002 年 3 月开始进行地理标志通知和注册多边体制一体的谈判。2011 年 4 月 21 日,该理事会提出该议题的谈判案文,表明各

---

① 《国际生物公约》(Convention on Biological Diversity,CBD)是一项保护地球生物资源的国际性公约,旨在保护濒临灭绝的植物和动物,最大限度地保护地球上多种多样的生物资源。于 1992 年 6 月 1 日由联合国环境规划署发起的政府间谈判委员会第 7 次会议在内罗毕通过。1992 年 6 月 5 日,由签约国在巴西里约热内卢举行的联合国环境与发展大会上签署。公约于 1993 年 12 月 29 日正式生效。截至 2004 年 2 月,该公约的签署国有 188 个。中国于 1992 年 6 月 11 日签署该公约,1992 年 11 月 7 日全国人民代表大会批准,1993 年 1 月 5 日交存加入书。

主要谈判方在几个问题上的立场。

1. 关于通知和注册多边适用的产品范围问题

欧盟认为该条款应适用于所有的地理标志产品，而其他谈判方主张仅对葡萄酒和烈酒产品的通知与注册多边体制进行谈判，不同意将范围扩大。

2. 通知和注册多边制度的加入方式问题

欧盟主张建立一个全体成员强制性参与的通知和注册多边制度，一旦某一地理标志在该通知和注册制度进行注册，就应该在所有的成员境内获得保护。而美国等持反对态度。

3. 关于通知和注册多边制度的法律效力问题

欧盟主张该制度对所有 WTO 成员具有法律约束力。美国等持反对态度。它们认为该制度仅作为一个信息数据库，对各成员在其本国立法中有关对相关地理标志予以保护仅具有参照意义，并无实质意义上的法律约束力。

中国是拥有较多地理标志的成员，但在葡萄酒和烈酒地理标志产品的出口利益并不明显，但将它们的地理标志的保护延伸到其他产品对中国较为有利。故主张将该制度与扩大保护范围议题进行"一揽子"谈判，平衡解决。

（二）协定与 CBD 等关系议题

CBD 由联合国环境规划署发起谈判，1992 年获得通过。但 TRIPs 没有吸收 CBD 相关内容。在众多发展中成员动议下，《多哈部长宣言》指示协定理事会审查协定与 CBD 的关系、传统知识和民间文艺的保护问题。2011 年 4 月 21 日，WTO 总干事的帕斯卡尔·拉米提交一份报告，督促 WTO 成员就此进行谈判。

在谈判中，巴西、印度、中国、秘鲁等发展中成员与美国、加拿大、澳大利亚和日本等发达成员立场相左。前者认为两者同时实施但背后的公共政策目标并不相同，因此要修改协定。后者认为二者之间并无任何矛盾之处，二者是相互支持的，现行措施已足以对遗传资源进行保护，没有必要修改 TRIPs。

本 章 小 结

（1）TRIPs 的产生，有其深刻的历史背景。随着科技的高速发展，智力成果成为国际市场竞争力的重要基础。国际贸易中的侵权、盗版和假冒层出不穷，严重影响了国际贸易中公平竞争和产权持有人的利益。统一和加强与贸易有关的知识产权制度的法律，成为国际社会特别是发达国家的关注焦点。在发达国家强烈要求下，乌拉圭回合将与贸易有关的知识产权列入多边谈判的议题，经过艰苦谈判，最终达成 TRIPs。

（2）TRIPs 所指的知识产权，包括版权及相关权利、商标权、地理标识权、工业品外观设计权、专利权、集成电路布图设计权、未披露信息专有权等。TRIPs 确定了总则和基本原则，关于知识产权的效力、范围及使用标准，知识产权执法，知识产权的获得、维持及有关当事人之间的程序，争端的防止与解决，过渡性安排，机构安排和最后条款。

（3）TRIPs 是 WTO 负责实施管理的多边贸易协定，为 WTO 成员确定了知识产权制度的底线。WTO 成员已多达 160 多个，其对所列与贸易有关的知识产权的保护程度大大超过国际上其他有关的各种知识产权协定，使与贸易有关的知识产权制度地位提高，作用大大加强，促进了国际贸易的发展。

（4）WTO 运行后，WTO 成员在执行 TRIPs 的同时，谋求 TRIPs 的修订与发展，已成为多哈回合重要的谈判议题，谈判有所进展，但尚未达成共识。

思 考 题

1. 何谓知识产权？
2. 知识产权具有什么特点？
3. TRIPs 与已有的国际知识产权协定等是什么关系？
4. 7 种与贸易有关的知识产权的类别是什么？
5. TRIPs 的作用是什么？
6. TRIPs 如何进行修订与发展？

12-3　世界知识产权日

12-4　中国加强知识产权保护

第十三章

《贸易便利化协定》

本章导读

WTO 建立后，贸易便利化成为多哈回合的议题之一。经过 WTO 成员共同努力，达成《贸易便利化协定》。本协定已纳入 WTO 框架，成为多边协定。协定就贸易便利化作出许多具体规定，实施后将对 WTO 及其成员和中国都产生重要的影响。本章系统介绍了本协定产生的背景、宗旨；协定中有关货物便利化的规定；协定有关对发展中成员特别是对最不发达成员的特殊和差别待遇；协定生效后产生的意义和对中国贸易发展的巨大作用。

学习目标

通过学习，可以了解贸易便利化的含义，协定构成的框架，发展中成员和最不发达成员如何得到特殊和差别待遇，协定对 WTO、WTO 成员、中国新型开放经济体系的重要意义。

第一节　协定的产生与架构

WTO 和联合国贸易与发展会议（UNCTAD）认为，贸易便利化是指国际贸易程序（国际货物贸易流动所需要的收集、提供、沟通及处理数据的活动、做法和手续）的简化与协调。经济合作与发展组织（OECD）认为贸易便利化是国际货物从卖方流动到买方并向另一方支付所需要的程序及相关信息流动的简化和标准化。亚太经济合作组织（APEC）的定义是：贸易便利化一般是指使用新技术和其他措施，简化和协调与贸易有关的程序和行政障碍，降低成本，推动货物和服务更好地流通。

随着国际贸易规模的扩大和世界贸易环节的增多，作为一种"隐形"的"贸易的非效率"的市场准入壁垒日益受到国际社会的关注，强烈要求简化贸易环节，促进国际贸易便利化。

13-1　TFA 谈判

一、协定的产生与纳入 WTO 议定书

贸易便利化议题在 1996 年新加坡 WTO 部长级会议上纳入工作日程，并与贸易与投资、贸易与竞争政策及政府采购透明度统称为"新加坡议题"。

在 WTO 第四届部长级会议上，各方同意在就"新加坡议题"谈判模式达成一致的基础上启动谈判。2004 年 7 月，在 WTO 总理事会通过的多哈工作计划中，只有贸易便利化纳入工作计划，其他三个议题则被排除。贸易便利化谈判工作组于 2004 年 10 月成立并开始谈判。

由于多哈回合谈判进展缓慢，贸易便利化谈判并不顺利。在 2011 年底召开的第八届部长级会议上，各方承认短期内无法达成多哈回合一揽子协议的同时，同意首先解决那些可能先期达成协议的领域，主要谈判方在 2012 年开始探索部分议题实现早期收获的可能性。

2013 年印度尼西亚巴厘岛第九届部长级会议上，经过美印之间的激烈交锋，在中国积极"促谈、促和、促成"的谈判立场下，各方通过了包括贸易便利化、粮食安全和发展与最不发达成员问题等议题的早期收获，达成"巴厘一揽子协议"。《贸易便利化协定》（Agreement on Trade Facilitation，TFA）是其中的突出成果。

根据巴厘岛部长级会议决定，WTO 总理事会应不迟于 2014 年 7 月 31 日将该协定纳入《建立 WTO 协定》的议定书，以便 WTO 成员启动国（区）内审批程序。后因印度将通过议定书与粮食安全议题挂钩，致使该议定书未能按期通过。经过磋商，该协定相关议定书最终于 2014 年底获得通过。

2014 年 11 月 27 日，WTO 总理事会发布《修正〈马拉喀什建立世界贸易组织协定〉议定书》。在该议定书中，总理事会决定将 TFA 纳入 WTO 议定书，要成员核准。

2017 年 2 月 22 日，WTO 总干事阿泽维多在日内瓦 WTO 总部宣布，核准 TFA 成员已达 112 个，超过 WTO 164 个成员的 2/3，该协定正式生效。由此，该协定成为 WTO 的多边贸易协定。

二、协定的架构与宗旨

（一）架构

整个协定由序言和三大部分 24 条构成。第一部分（第 1~12 条），规定了各成员在贸易便利化方面的实质性义务。第二部分（第 13~22 条），规定了发展中成员在实施 TFA 第一部分条款方面可享受的特殊和差别待遇，主要体现在实施期和能力建设两个方面。第三部分（第 23~24 条），规定了机构安排等内容，包括各成员应成立国家贸易便利化委员会或指定一现有机制，以促进 TFA 的国内协调和实施。

（二）宗旨

在 TFA 序言中列出的宗旨为：期望澄清和改善 GATT 1994 第 5、8 和 10 条的相关方面，以期进一步加快货物，包括过境货物的流动、放行和结关；认识到发展中成员特别是最不发达成员的特殊需要及期望增强在此领域能力建设方面的援助和支持；认识到成员间需要在贸易便利和海关守法问题上的有效合作。

(三) 条款具体名称

第 1 条：信息的公布与可获性。第 2 条：评论机会、生效前信息及磋商。第 3 条：预裁定。第 4 条：上诉或审查程序。第 5 条：增强公正性、非歧视性及透明度的其他措施。第 6 条：关于对进出口征收或与进出口和处罚相关的规费和费用的纪律。第 7 条：货物放行与结关。第 8 条：边境机构合作。第 9 条：受海关监管的进口货物的移动。第 10 条：与进口、出口和过境相关的手续。第 11 条：过境自由。第 12 条：海关合作。第 13 条：总则。第 14 条：条款类别。第 15 条：关于 A 类条款的通知和实施。第 16 条：关于 B 类和 C 类条款最终实施日期的通知。第 17 条：预警机制：B 类和 C 类条款实施日期的延长。第 18 条：B 类和 C 类条款的实施。第 19 条：B 类和 C 类条款之间的转换。第 20 条：适用《关于争端解决规则与程序的谅解》的宽限期。第 21 条：能力建设他住的提供。第 22 条：向委员会提交的援助信息。第 23 条：机构安排。第 24 条：最后条款。

第二节 有关整个贸易环节便利化的规定

一、提高贸易法规透明度

(一) 信息公布与途径

1. 公布原则与内容

协定规定 WTO 成员应以非歧视和易获取的方式迅速公布进出口程序及表格和单证、关税和国内适用税率、进出口或过境征收的规费和费用；海关货物归类或估价规定、原产地规则有关的法律法规及行政裁决；进出口或过境的限制或禁止；针对违反进出口或过境程序行为的处罚规定，申诉程序，与任何一国或多国缔结的与进出口或过境有关的协定或协定部分内容，与关税配额有关的程序。

2. 公布途径

协定规定每一成员应通过互联网公布进出口和过境程序的说明；进出口和经该成员过境所需要的表格和单证；鼓励各成员通过互联网提供更多与贸易有关的信息。

每一成员应在其可获资源内，建立或设立一个或多个咨询点，以回答政府、贸易商和其他利益相关方提出的咨询；关税同盟的成员或参与区域一体化的成员可在区域一级建立或设立共同咨询点；鼓励各成员不对答复咨询和提供所需表格与单证收取费用，如收费，应将其规费和费用限制在所提供服务的近似成本以内；咨询点应在每一成员设定的合理时间范围内答复咨询和提供表格和单证，该时间可因请求的性质或复杂程度而不同。

3. 通报

协定规定每一成员应向贸易便利化委员会通报公布贸易信息的官方地点、网站链接地址、咨询点联络信息。

这些规定可以帮助贸易厂商明确、详细和及时获取贸易信息，减少贸易中的不确定因素，帮助企业较为准确地对贸易条件进行判断，对于信息资源不足的中小贸易厂商具有更加重要的意义。法律和法规信息可获得性的提高，可在一定程度上降低企业交易成本，有助于促进中小经贸企业的贸易发展。

（二）贸易法规应提前公布、给予评论与磋商机会

协定规定 WTO 成员在法律法规生效前应尽早公布如下信息：向贸易商及其他利益方提供机会和适当时限，就与货物包括过境货物的流动、放行和结关的拟议或普遍适用的法律法规进行评论；保证与货物，包括过境货物的流动、放行和结关相关的新立或修正的普遍适用的法律法规在生效前尽早公布或使相关信息可公开获得，以便贸易商和其他利益方能够知晓；在遵守上述规定下，在紧急情况下，关税税率的变更和具有效力的措施所适用的措施或国内法律和法律体系的微小变更除外；边境机构应与其领土内的贸易商或其他利害关系方进行定期磋商。

这些对新制定或修订的贸易法规提前公布的要求，增强了贸易法规的可预见性，可使贸易商能够提前知晓政策的变化，以便及时对贸易运营行为和策略作出必要调整，减少可能产生的负面影响。在制定或修订贸易法规过程中，边境机构通过定期与贸易商进行磋商、积极听取贸易厂商的意见或要求，有助于新制定或修订的贸易法规能够更好地体现企业诉求。

（三）预裁定的效力与撤销条件

1. 预裁定的内涵与内容

预裁定指一成员在申请所涵盖的货物进口之前向申请人提供的书面决定，其中列出该成员在货物进口时的相关待遇，包括货物的税则归类和货物的原产地。鼓励各成员提供关于下列事项的预裁定：诸如根据特定事实用于确定完税价格的适当方法或标准及其适用；成员对申请海关关税减免要求的适用性；成员关于配额要求的适用情况，包括关税配额；成员认为适合作出预裁定的任何其他事项。申请人指出口商、进口商或任何具有合理理由的人员或其代表。一成员可要求申请人在其领土内拥有法人代表或进行注册。在可行的限度内，此类要求不得限制有权申请预裁定的人员类别，并应特别考虑中小企业具体需要。这些要求应明确、透明且不构成任意的或不合理的歧视。

2. 做好预裁定的规定

所谓预裁定就是在货物进口前，海关就可通过经贸企业预先提交的材料，对货物的归类和原产地等事项作出初步评估。在货物实际到达后，海关只需进行简单核对即可放行，极大地减少了经贸企业通关时间，提高了通关效率，使货物能及早地投入市场。

协定鼓励进口成员作出预裁定，特作出如下规定。

（1）每一成员应以合理的方式并在规定时限内向已提交包括所有必要信息的书面请求的申请人作出预裁定。

（2）如一成员拒绝作出预裁定，则应立即书面通知申请人，列出相关事实和作出决定的依据。如申请中所提出的问题出现下列情形，如已包含在申请人提请任何政府部门、上诉法庭或法院审理的案件中或已由任何上诉法庭或法院作出裁决，则一成员可拒绝对一申请人作出预裁定。

（3）预裁定在作出后应在一合理时间内有效，除非支持该预裁定的法律、事实或情

形已变化。

（4）如一成员撤销、修改或废止该预裁定，应书面通知申请人，列出相关事实和作出决定的依据。

（5）对于具有追溯效力的预裁定，该成员仅可在该预裁定依据不完整、不正确、错误或误导性信息作出的情况下撤销、修改或废止该预裁定。

（6）对于寻求作出该裁定的申请人而言，一成员所作预裁定对该成员具有约束力。

（7）每一成员应至少公布申请预裁定的要求（包括应提供的信息和格式）、作出预裁定的时限和预裁定的有效期。

（8）应申请人书面请求，每一成员应提供对预裁定或对撤销、修改或废止预裁定的复审。每一成员应努力公布其认为对其他利益相关方具有实质利益的预裁定的任何信息，同时考虑保护商业机密信息的需要。

（四）申诉或审查程序

TFA 规定 WTO 成员应允许贸易厂商就海关行政决定提出行政申诉或司法审查。如成员未在其法律或法规规定的期限内作出申诉或审查决定，或出现不适当的拖延，贸易厂商有权向更高一级的行政机关或司法机关进一步提出上诉或审查的要求，以维护贸易厂商自身的合法权益。

（五）关于改进检验检疫程序等规定

鉴于 WTO 各成员对进口食品、农产品普遍采取严格而烦琐的检验检疫程序，且检验项目多，检验频率高，大大增加了通关时间及检验、仓储等通关成本，削弱了进口农产品及食品的竞争力。协定作出如下改进措施的规定。

第一，坚持非歧视、透明度原则。

第二，加强对成员发布加严进口食品安全检查通知的纪律，海关或其他主管机关扣留货物时应立即通知承运商或进口商。

第三，进口成员增加新的检验要求需要以风险评估为依据，采取产生贸易限制较小的方式，仅适用于特定入境地点，且在情况变化或不复存在后迅速终止等。

第四，在首次检验不合格的情况下，经申请，贸易厂商可获得二次检验的机会，减少它们由此带来的损失或运营成本的提高。

二、进出口收费和手续的纪律

（一）进出口收费的一般纪律

协定规定，除了关税和国内税外，WTO 成员对进出口征收费用的信息应予以公布，并在公布时间与生效时间之间留出过渡期；对收费要求要进行定期审议，以期减少收费的数量和种类；相关海关费用不得超过所提供服务的成本。

（二）公正处罚

为维护贸易厂商的合法权益，鼓励贸易厂商主动披露违规做法，以减轻海关处罚，推动贸易厂商诚信守法。协定要求 WTO 成员海关作出的处罚决定应与有关贸易行为违反程度和严重性相一致,处罚的认定和罚金收取应避免产生利益冲突或形成一种对海关官员的激励。海关在作出处罚时,应向被处罚人提供书面说明,列明违法性质和所使用的法律、法规或程序。如果被处罚人在海关发现前主动披露违法情节,则海关应减轻处罚。

(三) 海关建立风险管理制度等,便利货物的放行与清关

为在协定执行中,不影响一成员对货物进行检查、扣留、扣押或没收或以任何与其 WTO 权利和义务不相冲突的方式处理货物的权利。协定特作出如下规定。

(1) 每一成员应尽可能采用或设立为海关监管目的的风险管理制度。在设立中应以避免任意或不合理的歧视或形成对国际贸易变相限制的方式进行;在可能的限度内将其他相关边境监管集中在高风险货物上,对低风险货物加快放行;以选择性标准作为风险管理的依据。选择性标准可包括协调制度编码、货物性质与描述、原产国、货物装运国、货值、贸易商守法记录以及运输工具类型。

(2) 为加快货物放行,每一成员应采用或设立后续稽查以保证海关及其他相关法律法规得以遵守。在后续稽查中应坚持透明方式。如得出稽查结果,则该成员应立即将稽查结论、当事人的权利和义务以及作出结论的理由告知被稽查人。

(3) 鼓励各成员定期并以一致的方式测算和公布其货物平均放行时间,使用特别包括世界海关组织的《世界海关组织放行时间研究》等工具。鼓励各成员与委员会分享其在测算平均放行时间方面的经验,包括所使用的方法、发现的"瓶颈"问题及对效率产生的任何影响。

(4) 对经认证的经营者的贸易要采取便利化措施。鼓励各成员根据国际标准制定经认证的经营者计划,为加强向经营者提供的贸易便利化措施,成员间应通过谈判互认经认证的经营者合作的可能性。但它不得影响一成员对货物进行查验、扣留、扣押、没收或拒绝入境或实施后续稽查包括使用风险管理系统相关的权利。

(5) 其他便利进出口措施。

第一,进口商成员应允许进口商在货物抵达前办理舱单等进口单证提交业务,以便货物在抵达后能够快速放行。当货物的关税、费用等暂时无法确定时,在贸易商提供担保的前提下,海关可对货物先行放行。

第二,对经认证的经营者(指具备满足特定标准的贸易商,包括具有良好守法记录、拥有良好的内部控制记录管理系统和财务偿付能力等)给予通关便利,如降低单证和数据要求,降低查验比例,加快放行等。

第三,对航空运输入境的快运货物,如果在抵达前已提交放行所需信息,快运企业通过使用内部安保和追踪技术对货物保持高度控制,拥有良好守法记录等,给予通关便利,包括减少进口单证要求、尽快放行以及对于微量货值的货物免征关税和国内税等。

第四,对于易腐货物,如鲜活农产品等,应予以优先查验,并在最短时间内放行。

(四) 简化进出口手续

简化进出口手续可采取以下措施:减少和简化进出口手续与单证要求,接受进出口

证明单证副本；鼓励 WTO 成员以国际标准为依据，规定进出口手续和单证要求；设立具有一点提交和一点反馈功能的单一窗口；取消与税则归类和估价有关的装运前检验；不得强制性要求使用海关代理等。

三、提高过境自由度

为防止和抑制各成员通过寻求、采取或设立对过境运输的任何自愿限制或任何其他类似措施，影响贸易自由化，协定对商品过境作出如下规定。

（1）坚持非歧视原则。每一成员应给予自任何其他成员领土过境的产品不低于给予此类产品在不经其他成员领土而自原产地运输至目的地所应享受的待遇。

（2）鼓励各成员在可行的情况下为过境运输提供实际分开的基础设施（如通道、泊位及类似设施）。一旦货物进入过境程序并获准自一成员领土内始发地启运，不必支付任何海关费用或受到不必要的延迟或限制，直至其在该成员领土内的目的地结束过境过程。

（3）各成员不得对过境货物适用《技术性贸易壁垒协议》范围内的技术法规和合格评定程序。

（4）允许并规定货物抵达前提前提交和处理过境单证与数据。一旦过境运输抵达该成员领土内出境地点海关，如符合过境要求，则该海关应立即结束过境操作。如一成员对过境运输要求以保证金、押金或其他适当货币或非货币手段提供担保，则此种担保应仅以保证过境运输所产生的要求得以满足为限。一旦该成员确定其过境要求已得到满足，应立即解除担保。每一成员应以符合其法律法规的形式允许为同一经营者的多笔交易提供总担保或将担保展期转为对后续货物的担保而不予解除。每一成员应使公众获得其用以设定担保的相关信息，包括单笔交易担保，以及在可行的情况下，包括多笔交易担保。

（5）在存在高风险或在使用担保不能保证海关法律法规得以遵守的情况下，成员可要求对过境运输使用海关押运或海关护送。

（6）每一成员应努力指定一国家级过境协调机构，其他成员提出的有关过境操作良好运行的所有咨询和建议均可向该机构提出。

四、加强海关合作

海关已成为 WTO 成员间贸易便利化的节点，各成员海关在共性的基础上又有所差异和隔绝，海关效率已成为贸易便利化的基础，为此，协定对成员间的海关合作提出众多规则式的做法。它鼓励各成员通过委员会等方式分享保证海关规定得以遵守方面最佳做法的信息；鼓励各成员在能力建设的技术指导或援助和支持方面开展合作，以管理守法措施并提高此类措施的有效性。

（一）信息交换意义与保护

在符合本条规定的前提下，各成员应交换相关信息，以便在有合理理由怀疑一进口或出口申报的真实性或准确性时，对该项申报进行核实。

信息内容包括：所涉进口申报相对应的出口申报的序列号；提出请求成员寻求信息或单证的目的，并附上该请求相关人员的姓名和联系方式。

对被请求成员提供的所有信息或单证严格保密,并至少给予与被请求成员按其国内法律和法律制度规定的同等水平的保护和机密性;仅向处理所涉事项的海关提供信息或单证;未经被请求成员明确书面许可,不得披露信息或单证;不得将未经被请求成员验证的信息或单证用作在任何指定情况下减轻疑问的决定性因素;尊重被请求成员就特定案件提出的关于保留和处置保密信息或单证及个人数据的任何条件;应请求,将根据所提供的信息或单证就相关事项作出的任何决定或行动通知被请求成员。如提出请求成员根据其国内法律和法律制度可能无法遵守本协定的任何规定,则提出请求成员应在请求中对此予以说明;被请求成员对于根据本协定收到的任何请求及核实信息,应给予至少与自身类似信息相同的保护和机密性等级。

(二)信息的迅速提供与拒绝提供

1. 信息的迅速提供与被保证

在遵守本条的前提下,被请求成员应迅速做好以下有关信息的提供。其中包括:通过纸质或电子形式予以书面答复;提供进口或出口申报中所列具体信息,或在可获得的情况下提供申报本身,并附要求提出请求成员给予的保护和保密性等级的描述;如提出请求,提供下列用于证明进口或出口申报的单证中所列具体信息,或在可获得的情况下提供单证本身;商业发票、装箱单、原产地证书以及提单,以单证提交的形式提供,无论纸质或电子形式,并附要求提出请求成员给予的保护和保密性等级的描述;确认所提供单证为真实副本;在可能的情况下,在提出请求之日起 90 天内提供信息或对请求作出答复。

被请求成员可根据其国内法律和法律制度,在提供信息之前要求得到以下保证,即未经被请求成员明确书面许可,特定信息不被用作刑事调查或司法诉讼以及非海关诉讼的证据。如提出请求成员无法满足这一要求,则应向被请求成员予以说明。

2. 信息提供的迟缓与拒绝

在下列情况下,被请求成员可对提供信息的请求予以迟复或全部或部分拒绝,并应通知提出请求成员迟复或拒绝的原因。其中包括:与被请求成员国内法律和法律制度所体现的公共利益相抵触;其国内法律和法律制度禁止发布该信息;提供信息将妨碍执法或者干扰正在进行的行政或司法调查、起诉或诉讼;管辖保密信息或个人数据的收集、保护、使用、披露、保留和处理的国内法律和法律制度要求必须获得进口商或出口商同意,而未获同意;提供信息请求在被请求成员关于保留单证的法律规定失效后收到。

(三)信息提供做法的维护

1. 处理好平衡性

提出请求成员应考虑答复信息请求对被请求成员资源和成本的影响,要考虑寻求请求获得答复的财政利益与被请求成员为提供信息所付出努力之间的均衡性。

如一被请求成员自一个或多个提出请求成员处收到数量庞大的提供信息请求,或信息请求范围过大,无法在合理时间内满足此类请求,则该成员可要求一个或多个提出请求成员列出优先顺序,以期在其资源限度内议定一可行的限额。如未能达成双方同意的方式，则此类请求的执行应由被请求成员根据其自身优先排序结果自行决定。

2. 对违规做法的补救

如发生任何违反本条项下关于交换信息的使用或披露条件的情形，则收到信息的提出请求成员应迅速将此类未经授权的使用或披露的详细情况通知提供信息的被请求成员，同时可采必要措施弥补违反行为，防止未来的任何违反行为；采取的措施通知被请求成员；被请求成员可暂停履行本条项下对提出请求成员的义务。

3. 不得阻止原有的交换协议执行

本条任何规定不得阻止一成员达成或维持关于海关信息和数据共享或交换，包括自动或在货物抵达前等以安全快速为基础的共享或交换的双边、诸边或区域协定。

本条任何规定不得解释为改变或影响各成员在此类双边、诸边或区域协定项下的权利或义务，也不管辖根据其他此类协定项下的海关信息和数据交换。

第三节 成员待遇和组织机构

一、发展中成员和最不发达成员享受特殊待遇

协定明确规定，对发展中成员和最不发达成员实施特殊和差别待遇。作出如下规定。

（一）原则规定

（1）依据。以2004年7月框架协议及《香港部长宣言》确定的模式确立。

（2）目的。帮助这些成员依照本协定性质和范围实施这些条款。

（3）条件。实施本协定条款的程度和时限应与发展中成员和最不发达成员的实施能力相关联。如一发展中成员或最不发达成员仍然缺乏必要能力，则在获得实施能力前，不要求实施相关条款；最不发达成员可作出与其各自发展、财政和贸易需求或其管理和机构能力相一致的承诺。

（二）具体规定

1. 自行拟定执行条款类别

（1）A类。包含一发展中成员或最不发达成员指定的自本协定生效时起立即实施的条款，或对于最不发达成员在生效后1年内实施的条款。

（2）B类。包含一发展中成员或最不发达成员指定的在本协定生效后的一过渡期结束后的日期起实施的条款。

（3）C类。包含一发展中成员或最不发达成员指定的在本协定生效后的一过渡期结束后的日期起实施的、同时要求通过提供能力建设援助和支持以获得实施能力的条款。

2. A类条款的通知和实施

（1）自本协定生效时起，每一发展中成员应实施其A类条款。A类项下所指定的承诺将因此成为本协定组成部分。

（2）最不发达成员可在本协定生效后1年内向委员会通知其所指定的A类条款。每

一最不发达成员在 A 类项下所指定的承诺将成为本协定组成部分。

3. B 类和 C 类条款最终实施日期的通知

（1）自本协定生效时，每一发展中成员应将指定的 B 类条款及相应的指示性实施日期通知委员会。

（2）不迟于本协定生效后 1 年，每一发展中成员应将其实施 B 类条款的最终日期通知委员会。如一发展中成员在截止日期前，认为需要额外时间通知其最终日期，则该成员可请求委员会将期限延长至足以作出通知的长度。

（3）自本协定生效时起，每一发展中成员应将指定的 C 类条款及相应的指示性实施日期通知委员会。为提高透明度，提交的通知应包括该成员为实施目的而要求的能力建设援助和支持的信息。

（4）B 类信息通知。不迟于本协定生效后 1 年，一最不发达成员应将其 B 类条款通知委员会，还可通知这些条款相应的指示性实施日期，同时考虑给予最不发达成员的最大灵活性。在通知日期后 2 年，每一最不发达成员应向委员会作出通知，确认条款的指定情况，并通知其实施日期。如一最不发达成员在截止日期前，认为需要额外时间通知其最终日期，则该成员可请求委员会将期限延长至足以作出通知的长度。

（5）C 类信息通知。本协定生效 1 年后，每一最不发达成员应将其指定的 C 类条款通知委员会，同时考虑给予最不发达成员的最大灵活性。在此规定的日期后 1 年，最不发达成员应通知其为实施目的所要求的能力建设援助和支持的信息。在作出此项通知后 2 年内，最不发达成员及相关援助成员应在考虑根据此项提供的信息的情况下，向委员会提供该信息。委员会还应邀请非成员捐助方提供关于现行或已完成安排的信息。在此后 18 个月内，相关捐助成员和相应发展中成员应将提供能力建设援助和支持方面的进展通知委员会。每一最不发达成员应同时将其最终实施日期清单通知委员会。

（6）实施日期难以执行困难的处理。发展中成员和最不发达成员如因缺乏捐助支持或在提供援助和支持方面缺乏进展，致使其在所确定实施截止日期内提交最终实施日期方面遇到困难，则应在截止日期期满前尽早通知委员会。各成员同意开展合作以在处理此类困难方面提供协助，同时考虑有关成员所面临的具体情况和特殊问题。委员会应酌情采取行动处理此类困难，包括如必要，延长有关成员通知其最终实施日期的截止日期。

（7）按时提交所需附件。在最终实施日期通知后 60 天，委员会应注意到包含每一成员 B 类和 C 类条款最终实施日期的附件，使这些附件成为本协定组成部分。

4. B 类和 C 类条款实施日期的延长

（1）实施日期难以落实的通知。一发展中成员或最不发达成员认为确定的截止日期遇到困难，则应通知委员会。发展中成员应不迟于实施日期期满前 120 天通知委员会。最不发达成员应不迟于 90 天通知委员会。

（2）明确实施的新日期与原因。向委员会作出的通知应列明发展中成员或最不发达成员预计能够实施有关规定的新日期。通知还应详细说明推迟实施的原因。此类原因可包含有助于增加和支持能力建设的事先未预计到的或额外的援助与支持需求。

（3）额外实施时间确定的要求。如一发展中成员请求的额外实施时间不超过 18 个月或一最不发达成员请求的额外实施时间不超过 3 年，则提出请求成员有权获得此额外时间而无须委员会采取任何进一步行动。

（4）实施后续延期的规定。如一发展中成员或最不发达成员认为其所需第 1 次延期长于第 2 款所规定期限或需要第 2 次或后续延期，则该成员应向委员会提交所述信息的延期请求，发展中成员应不迟于原定最终实施日期或后续延长日期期满前 120 天提交，最不发达成员应不迟于 90 天提交。

5. B 类和 C 类条款实施困难的处理

（1）通知实施的困难。如一发展中成员或最不发达成员，自我评估认为缺乏实施一 C 类条款的能力，则该成员应向委员会通知其无能力执行相关条款的情况。

（2）提出审查建议。委员会应立即设立一专家小组，无论如何不迟于委员会自相关发展中成员或最不发达成员收到通知后 60 天。专家小组将在组成后 120 天内，审查该事项并向委员会提出建议。

（3）专家小组的职能。专家小组应由 5 位在贸易便利化及能力建设援助和支持领域的资深独立人员组成。专家小组的组成应保证来自发展中成员和发达成员国民的平衡性。如涉及最不发达国家成员，则专家小组应至少包含一位来自最不发达成员的国民。如在专家小组设立后 20 天内无法就其组成达成一致，则总干事在与委员会主席磋商后，应依照本协定所列条款决定专家小组的组成。专家小组应考虑该成员关于缺乏能力的自我评估，并应向委员会提出建议。在审议专家小组有关一最不发达成员的建议时，委员会应酌情采取行动，以便利可持续的实施能力的获得。

6. B 类和 C 类条款之间的转换

（1）作出转换通知。已对 B 类和 C 类条款作出通知的发展中成员和最不发达成员，可通过向委员会提交通知在两类别之间对条款进行转换。如一成员提出将一条款自 B 类转换至 C 类，则该成员应提供关于能力建设所需的技术援助和支持的信息。

（2）转换额外时间的实施。如一条款自 B 类转换至 C 类而需要额外时间实施，则该成员可运用自动延期的机会或请求委员会审查该成员关于为实施该条款的额外时间请求，给予转换困难的最不发达成员需要能力建设援助和支持。

7.《关于争端解决规则与程序的谅解》（以下简称《争端解决谅解》）不适用与宽限期

1）《争端解决谅解》的不适用

自该发展中成员向委员会通知其无能力实施相关条款时起至委员会收到专家小组建议后的第一次会议时止，该成员在此事项上不受《争端解决谅解》诉讼的管辖。在第一次会议上，委员会应审议专家小组的建议。对于最不发达成员而言，自其向委员会通知其无能力实施相关条款时起至委员会就此事项作出决定或在委员会上述会议后 24 个月内，以较早者为准，《争端解决谅解》诉讼不适用于相关条款。

2）宽限期的确定

本协定生效后 2 年内，经《争端解决谅解》详述和适用的 GATT 1994 第 22 条和第 23 条的规定不得适用于针对最不发达成员的、涉及该成员指定列入 A 类条款的任何条款的争端解决。本协定生效后 6 年内，经《争端解决谅解》详述和适用的 GATT 1994 第 22 条和第 23 条的规定不得适用于针对最不发达成员的、涉及该成员指定列入 A 类条款的任何条款的争端解决。最不发达国家成员实施 B 类或 C 类条款后 8 年内，经《争端解决谅解》详述和适用的 GATT 1994 第 22 条和第 23 条的规定不得适用于针对最不发达成员的、涉及此类条款的争端解决。

尽管存在适用《关于争端解决规则与程序的谅解》的宽限期,但当最不发达成员提出磋商请求前及在争端解决程序各阶段,一成员应对最不发达成员的特殊情况给予特别考虑。各成员应保持适当的克制。

8. 能力建设援助的提供

1)成员同意提供能力建设援助

捐助成员同意依据共同议定的条款,通过双边或适当国际组织,便利向发展中成员和最不发达成员提供能力建设援助和支持。目的旨在援助发展中成员和最不发达成员实施本协定第一部分条款。

2)能力建设援助的原则

各成员应努力在提供实施本协定的能力建设援助和支持方面适用下列原则:考虑接受国和地区的整体发展框架及在相关和适当时,考虑正在开展的改革和技术援助项目;在相关和适当时,包括用以处理区域和次区域挑战并促进区域和次区域一体化的活动;保证将正在开展的私营部门贸易便利化改革活动纳入援助活动;促进各成员间及与包括区域经济共同体在内的其他相关机构之间的合作,以保证自援助中获得最大效益和结果。为此,主要在提供援助的对象国家和地区中开展的、在合作伙伴成员和援助方之间及在双边和多边援助方之间的协调,应旨在通过技术援助与能力建设干预的紧密协调,避免援助项目的重叠和重复及改革中的不一致性;对于最不发达成员,给予最不发达成员贸易相关援助的增强一体化框架应成为该协调过程的一部分;各成员在实施本协定和技术援助时,还应促进其在首都和日内瓦的贸易和发展官员之间的内部协调。鼓励使用现有的如圆桌会议和协商小组等国内和区域协调构架,以协调和监督实施活动;在可能的情况下,鼓励发展中成员向其他发展中成员和最不发达成员提供能力建设,并考虑支持此类活动。

(三)设立专门委员会

设立专门委员会,负责有关特殊和差别待遇规则的落实。

二、协定约束力与组织机构

(一)约束力

1. 协定全部条款对所有成员具有约束力

各成员自本协定生效之日起予以实施。选择使用第二部分规定的发展中成员和最不发达成员应依照该部分实施。在协定生效后接受本协定的成员应在实施其 B 类和 C 类承诺时计入协定生效之日起的时间。关税同盟或区域经济安排的成员可采用区域方式实施本协定项下的义务。

2. 对 WTO 已有协定不能违背

协定任何条款不得解释为减损各成员在 GATT 1994、《技术性贸易壁垒协议》和《实施卫生与植物卫生措施协议》项下的权利和义务。

协定任何条款不得解释为减损各成员在 GATT 1994 项下所有例外和免除责任。

经《关于争端解决规则与程序的谅解》详述和适用的 GATT 1994 第 22 条和第 23 条的规定应适用于协定项下的磋商和争端解决，除非本协定另有具体规定。

未经其他成员同意不可对协定的任何条款提出保留。

附在协定后面的发展中成员和最不发达成员的 A 类、B 类和 C 类承诺应成为协定的组成部分。

（二）组织机构

为负责实施与管理协定的执行，WTO 设立两个层次的贸易便利化委员会。

1. WTO 框架内的贸易便利化委员会

WTO 框架内的贸易便利化委员会向所有成员开放参加，并选举自己的主席。委员会应根据本协定有关条款的需要或设想举行会议，但每年不能少于一次，使成员有机会就有关本协定的运用或促进其目标实现的任何事项进行磋商。委员会应承担由本协定或成员赋予其的各项职责。委员会可制定自己的议事规则。其内容包括：按要求设立附属机构；制定供成员酌情分享相关信息和最佳做法的程序；与相关的国际组织，如世界海关组织，保持密切联系，以获得关于实施和管理本协定的最佳建议，并避免不必要的重复工作。为此，委员会可邀请此类组织或其附属机构的代表出席会议，并讨论与本协定实施相关的具体事项。

委员会自本协定生效起 4 年内和以后定期审议本协定的运用与实施情况；鼓励各成员向委员会提出与本协定实施的相关问题；鼓励和协助成员之间就本协定项下的特定问题进行专门讨论，以尽快达成双方满意的解决方案。

2. 设立国家贸易便利化委员会

每一成员应建立并/或设立一国家贸易便利化委员会或指定一个现有机制来促进国内协调和本协定条款的实施。

第四节　协定生效后的作用

一、拓宽了 WTO 多边贸易规则，影响深远

协定是 WTO 建立后达成的第一个多边贸易协定，是多哈回合谈判启动以来的重要突破，已赢得国际社会众多赞誉。

WTO 总干事阿泽维多认为：协定是 21 世纪全球贸易领域发生的最大变革。

联合国贸易和发展会议副总干事约阿基姆·赖特雷尔认为：这一协定在实现"更便宜、更方便和更快捷"的全球贸易路上向前迈进了一大步。

欧盟委员会主管贸易的委员塞西莉亚·马尔姆斯特伦（Cecilia Malmstroem）表示，更好更快的边境手续、更顺畅的贸易流动，将令全球贸焕发新活力，而中小企业将成为最大赢家。

联合国国际贸易中心执行主任阿兰查·冈萨雷斯（Arancha González）认为，协定将

使更多中小企业走出本地、本国市场限制，更好融入地区及国际价值链。

二、将给全球经贸带来可观的收益

据 OECD 测算，协定实施后，将使各类经济体贸易成本出现实质性下降，其中低收入经济体贸易成本可下降 14.5%，中低收入经济体贸易成本下降 15.5%，中高收入经济体贸易成本下降 13.2%。据彼得森经济研究所测算，协定将使全球贸易增加 1 万亿美元，其中发展中国家和发达国家分别增加 5 690 亿美元和 4 750 亿美元；可使全球 GDP 增长 9 600 亿美元，其中发展中国家 5 200 亿美元、发达国家 4 400 亿美元；给全球带来 2 100 万个新的就业岗位，其中发展中国家 1 800 万个、发达国家 300 万个。

据 WTO 估算，协定实施后，将使全球贸易成本减少约 14.3%，到 2030 年将令全球出口额外增加 2.7%，推动全球经济额外增长 0.5%。总干事阿泽维多强调说，协定实施后的贡献比取消全世界所有关税的意义还大。

相对于发达经济体，发展中经济体和最不发达经济体由于目前承担更高的贸易成本，所以将从协定实施中获益更多。

WTO 预计，协定实施后，发展中经济体和最不发达经济体的出口商品数量将分别增加 20% 和 35%；两者的海外市场规模将分别扩大 30% 和 60%，将有助于减少它们在面对外部经济动荡时的脆弱性。

三、协定有助于中国从贸易大国走向贸易强国

中国积极支持协定的达成和尽速的核准。2014 年 6 月 30 日，中国就向 WTO 通报协定的实施计划，除对单一窗口、公布平均放行时间、货物暂准出境加工以及海关合作要求一定的过渡期外，对于协定其余条款，均作出在协定生效后立即实施的承诺。中国在 2015 年 9 月 4 日向 WTO 提交批准书。

协定的实施，有助于中国从贸易大国走向贸易强国。

13-2 中国推动落实 TFA

首先，有助于中国口岸综合治理体系现代化，提高中国产品竞争力和改善吸引外资环境。

其次，加强贸易企业利用"申诉或审查程序"维护合法权益。中国经贸企业较少使用进口成员的申诉或司法审查机制，而更多地采取"找关系"的习俗做法来解决问题。在协定实施后，中国出口货物遭遇不合理的对待时，中国经贸企业若能主动运用申诉或审查法律手段，将有利于维护企业自身的合法权益。

再次，将普遍提高中国主要贸易伙伴特别是发展中成员的贸易便利化水平，减少中国产品出口障碍并营造便捷的通关环境，有利于"一带一路"倡议的落实和贸易畅通。

最后，将推动中国相关部门的深化改革。在货物通关、检验等方面提供更好的服务，减少中国口岸进口货物的程序，减少费用和缩短通关时间，为中国深入参与全球价值链和互联网时代新商业业态发展创造机遇，落实中国进一步深化改革，构建新型开放体系的目标。

本 章 小 结

（1）WTO建立后，关注WTO成员的贸易便利化，成为多哈回合的议题之一。但因多哈回合进展缓慢，决定以此议题为突破点。经过WTO成员共同努力，达成《贸易便利化协定》，受到国际社会的欢迎，有助于多哈回合谈判的进展。本协定已纳入WTO议定书。

（2）为促进WTO成员的贸易便利化，本协定作出的规定主要有：关于货物贸易法规透明度，其中包括：关于贸易法规透明度；贸易法规信息的提前公布、评论与磋商；预裁定的效力与撤销条件；"申诉或审查程序"；关于增强公正性等规定。关于进出口收费和手续，包括进出口收费的一般纪律；贸易法规信息的提前公布、评论与磋商；货物的放行与清关；进出口手续；过境自由与海关合作等。

（3）为帮助发展中成员尤其是最不发达成员实施本协定，对其作出特殊和差别待遇的规定，自主确定实施条款的类别。在实施中，对各种类的延长、困难处理、条款之间的转换、适用《关于争端解决规则与程序的谅解》的宽限期，能力建设援助的提供等，都作出具体规定。

（4）协定是WTO多边贸易协定，WTO成员都要接受和实施，不能背离已有的WTO协定。

（5）协定实施后将对WTO成员和中国产生重要的影响。具体表现为：拓宽了WTO多边贸易规则；给全球经贸带来可观的收益；有助于中国从贸易大国走向贸易强国。

思 考 题

1. 何谓贸易便利化？
2. 贸易便利化协定有哪些规定？
3. 贸易便利化协定有什么作用？
4. 贸易便利化对中国从贸易大国成为贸易强国有何意义？

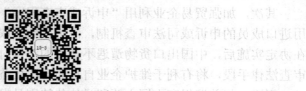

13-3 补充资料 离岸外包

第十四章

WTO 建立后的业绩

本章导读

1995年 WTO 建立后，成为新的多边贸易体制的组织和法律基础，取得许多业绩。其主要业绩包括：维护和加强了原关贸总协定建立起来的多边贸易体制；通过各种规则建立起有效机制；整合和促进成员经贸关系；促进发展中成员和新成员的发展与改革；落实和拓展了已有的贸易规则，发动多哈回合谈判，取得部分成果；与众多国际组织一起，参与全球经济治理。本章比较系统、全面地介绍了这些业绩。

学习目标

通过学习，应了解维护和加强多边贸易体制的措施，有效机制中规则的构建；知悉整合成员经贸关系的举措，促进发展中成员和新成员的发展与改革的手段；掌握多哈回合的进展和WTO参与全球经济治理的情况。

第一节 维护和加强多边贸易体制

一、WTO 成为代表多边贸易体制的常设机构

WTO 创建于1995年，源于 GATT 1947，成为国际法人，与国际货币基金组织（IMF）和世界银行（World Bank）并列为世界三大经济组织。其宗旨是：成员在处理它们在贸易和经济领域的关系时，"应以提高生活水平、保证充分就业、保证实际收入和有效需求的大幅稳定增长以及扩大货物和服务的生产和贸易为目的，同时应按照可持续发展的目标，考虑世界资源的最佳利用，寻求既保护和维护环境，又以与它们各自在不同经济发展水平的需要和关注相一致的方式，加强为此采取的措施。""保证发展中成员，特别是其中的最不发达成员，在国际贸易增长中获得与其经济发展需要相当的份额。"实现目标的途径是："达成互惠互利安排，实质性削减关税和其他贸易壁垒，消除国际贸易关系中的歧视待遇"和"建立一个完整的、更可行和持久的多边贸易体制"和"维护多边贸易体制的基本原则"。[①]

---

① 对外贸易经济合作部国际经贸关系司. WTO 乌拉圭回合多边贸易谈判结果法律文本[M]. 北京：法律出版社，2000：4.

作为多边贸易体制的常设机构的 WTO，主要在以下方面发挥作用：促进协定与协议的实施、管理和运行；为成员提供一个多边贸易谈判的论坛，为谈判结果的执行提供一个框架；管理 DSU；对成员进行贸易政策审议；与 IMF 和 WB 等积极合作；对发展中成员提供技术援助和培训。

二、WTO 成为成员协商一致进行决策的组织

WTO 的决策方式不同于其他两大国际组织 IMF 和 WB 的决策方式，所有主要的决定都是由全体成员作为一个整体作出的。而后者是将某些权利授权给董事会或组织负责人，根据多数或加权投票来进行决策。

在组织结构上，WTO 是一个更结构化、更为广泛的理事会和委员会体系。成员在其中能够共享信息、辩论议题并作出决定，从而使 WTO 政策范围扩大和更多成员的参与。

最高级别的会议是部长级会议，至少每两年召开一次。到 2017 年底，WTO 共召开了 11 届部长级会议。总理事会是部长会议休会期间的执行机构。它被授权监督 WTO 的所有机构，领导秘书处工作。

三、WTO 秘书处提供了精干高效的服务

WTO 秘书处有三大特点。

（1）它是 WTO 的常设机构，承担 WTO 的所有活动。其工作包括为各理事会、各委员会提供专业支持和建议；为发展中成员提供培训和技术援助；监测和分析世界贸易的发展情况，向公众和媒体提供信息，编制各种报告；筹备部长级会议；在争端解决程序中提供法律援助；编制与分析成员和世界贸易措施的数据；将收集的专家意见扩展到新的领域，如服务、知识产权、卫生和植物检验检疫（SPS）、贸易和环境等方面。

（2）秘书处的工作人员精干。2015 年秘书处工作人员为 634 人，IMF 工作人员为 2 600 人，WB 工作人员为 4 500 人。

（3）预算经费大大少于 IMF 和 WB。2015 年，WTO 预算开支 2.05 亿美元；同年 IMF 和 WB 的预算开支分别为 8.7 亿美元和 20 亿美元。

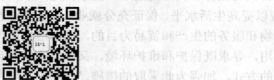

14-1　WTO 总干事对 WTO 业绩的总结　　14-2　WTO 如何抵制贸易保护主义

四、坚定反对贸易保护主义

WTO 建立后，尤其在 2008 年全球性危机后，贸易保护主义兴起，在各种国际会议上，WTO 官员坚持反对贸易保护主义的立场，通过各种措施反对和抑制贸易保护主义。

第二节 通过有效机制，整合成员经贸关系

一、审议贸易政策，提高政策透明度

（一）坚持贸易政策审议机制

1995年WTO成立后，贸易政策审议机制（TPRM）成为常规化。

（1）贸易政策审议由所有成员组成的贸易政策审议机构（TPRB）执行，在秘书处和被审议成员政府提交的两份报告基础上进行。

（2）贸易大国成为重点。审议频率由成员在全球货物和服务贸易中所占的比重决定。排名前四的成员（目前是美国、欧盟、中国和日本）每两年审议一次；第五至第二十位的成员每4年审议一次；其他成员每6年审议一次；对于最不发达成员，审议间隔可以更长。1989—2014年，TPRB共计对161个成员中的149个执行了405次审议。

（3）审议由集体审议发展到以组为单位的审议，审议结果要取得审议成员一致同意。

（二）督促成员履行通报义务

依据规定，所有WTO成员都要向WTO秘书处通报生效的法律、采取的新措施和协议承诺执行的进展。WTO建立后，TBT领域共有23 404份通报。涉及126个成员。通知数量从1995年的389份，增加到2012年的2 000份。

如果一项通报关注的问题不能在双边层次上得到解决，成员可以向SPS和TBT委员会提出，要求委员会主席组织开展磋商，寻求解决。

（三）审议内容扩及全球贸易政策

2008年国际金融危机后，WTO开始监督全球贸易政策变化，增强贸易政策发展的透明度，使WTO成员和观察员知悉贸易政策最新发展趋势。为此，WTO秘书处要编写两种审议报告：一是以总干事名义发布的报告，内容涵盖国际贸易环境的最新变化及其对多边贸易体制的影响。二是与经济合作与发展组织（OECD）和联合国贸易与发展会议（UNCTAD）共同编写的报告。内容是G20国家采取的贸易和投资措施。前者在贸易政策审议机构的会议上通过，后者要提交给G20领导人峰会。所有报告都是公开的和透明的。2009年以来，贸易政策审议机构共讨论了14份上述第一种报告，G20共收到12份来自WTO的报告。

（四）监督和记录区域贸易协议

2006年12月，WTO总理事会推进和调整了WTO监督区域贸易协议的程序，引入了更多加强透明度的要求和条件。如要求所有区域贸易协议在实施前必须通知WTO；其成员必须就协议执行后对现有协议的改变和影响发布通知。2007年1月后，WTO共计收到成员关于244个自由贸易协议和关税联盟的通知，98份即将开展的区域贸易协议谈判

和已签署但尚未执行的区域贸易协议的早期公告。为加强监督，2006 年 12 月后，秘书处共准备和发布了 194 份区域贸易协议通知的事实陈述，占到 WTO 收到的所有区域贸易协议通知的 48%。

二、基于规则和程序解决贸易争端

（一）建立一个以规则为基础的争端解决机制

为保证机制有效运行，WTO 采取了如下办法：优先选择双方一致同意的方案；自动使用"反向一致"原则；建立上诉机构进行终裁；监督败诉方落实专家组和上诉机构报告结果；不经授权，禁止单方面报复；约定程序环节日期。

（二）所有成员都能有效利用争端解决机制

截至 2015 年底，发展中成员总共发起 226 起争端，而发达成员总计发起 292 起。有些年份，发展中成员申诉案件数目甚至超过发达成员。例如，2010 年和 2012 年发展中成员提出上诉的案件占所有案件的 65% 和 63%。表明发展中成员对争端解决机构不断增长的信心。为维护发展中成员正当的申诉，上诉机构也主动给予各种法律援助和支持。

（三）办案效率名列前茅

WTO 建立后，已经受理 500 多起争端案件，发出 300 份的裁决报告。联合国原则裁决机构国际法庭司法部自成立以来的 68 年间，总共收到 161 起争端案件。国际海洋法法庭自 1966 年成立后总计受到 23 起申诉案件。

第三节 促进发展中成员和新成员的发展与改革

一、支持发展中成员的贸易能力建设

（一）日益关注对发展中成员的技术援助

WTO 建立后，重视对发展中成员的技术援助和官员培训，2002 年后 WTO 已经组织了 4 500 项技术援助，为发展中国家 46 000 名政府官员进行培训。

2013 年 7 月，WTO 完善了 2002 年以来启动的一系列广泛的最不发达成员工作计划，以为最不发达成员产品提供更多的市场准入机会。

1999 年后，WTO 通过"日内瓦周"为发展中成员特别是最不发达成员非常驻日内瓦代表团，提供更多与 WTO 秘书处和其他代表团扩大交流的机会。

（二）建立促贸援助体系

通过该促贸援助计划项下的技术援助、基础设施建设以及生产能力建设，促进发展中成员投资产业和部门实现出口多样化，降低成本，提高竞争能力。

根据 OECD 数据，2013 年促贸援助承诺达到 554 亿美元，比 2006—2008 年的平均水平增加 222 亿美元。

二、扩大新成员，并推动其改革与发展

（一）WTO 新成员不断扩大

截至 2016 年 7 月 31 日，WTO 成员从建立时的 128 个增加到 164 个，占世界贸易额的 98%以上。加入成员为 36 个，涵盖了从中国、俄罗斯等经济大国到瓦努阿图、塞舌尔和佛得角等小型岛国，占到 WTO 成员总数的 1/5。2014 年，它们约占全球贸易和全球 GDP 的 1/5，占全球人口的 1/4 以上。还有 8 个最不发达国家的其他 22 个国家正在进行入世谈判。

（二）促进了新成员的改革和发展

1. 通过入世谈判融入世界经济

通过入世谈判，加入成员接受全面整体的入世进程和组织规则的严格审查，接受 WTO 的原则和所有的多边贸易协定与协议，明确加入后的权利与义务。促进它们对外开放和融入世界经济。

2. 规则意识和法治建设得到加强与推动

入世除要接受涉及 WTO 已有 45 个核心领域规则，还要接受为取得 WTO 成员资格商定的 1 361 项额外条件。在有约必守原则约束下，加入成员的国际规则意识得到大大加强。

作为入世谈判的一部分，申请加入成员需要评估其国内与贸易相关的法律和实践与 WTO 规则的一致性。它们需要填写一份全面的立法行动计划，全面申报已经颁布的与 WTO 相关的法律，提供将要进行的与 WTO 相关的国内法律工作计划。在 36 个加入成员中，提交到 WTO 的，接受 WTO 成员审议的法律及其相关的实施细则超过 7 000 份。它们推动了新成员与 WTO 相一致的国内改革的法律进程，逐步构建起制度化的法律体系。

3. 降低壁垒和增加贸易机会

新成员加入后，关税和非关税贸易壁垒逐步降低，增加和扩大了贸易机会。它们的"约束税率"，几乎涵盖了所有农产品和非农产品；非关税逐步削减、取消和规范化，提高了它们贸易制度的确定性和可预见性。

4. 扩大了观念边境

新成员通过法律体系的规范化和制度化，加速了改革和开放的进程，增加了利用经济全球化的机遇，在贸易扩大的同时，加强了与国际社会的交流，提高了国民的相互学习和交流的机会，更新过时的理论和观念，开阔了视野，接受新的观念。

（三）发展中成员贸易地位迅速提高

发展中成员在全球货物贸易的比重从 1995 年的 27%提高到 2014 年的 43%，同时期内，服务贸易比重由 25%提升到 35%。

（四）WTO 成员的扩大增强了多边贸易体制

WTO 新成员以下述方式增强了多边贸易体制：第一，促进了多边贸易体制的边际范围；第二，丰富和加强了多边贸易体制的贸易规则；第三，推动生产网络的国际化，使经济全球化向纵深发展；第四，改善了地缘政治环境；第五，加强了多边贸易体制的权威性。

第四节 落实和拓展贸易规则

一、落实关税削减和关税化措施

（一）关税普遍下降，部分关税削减

发达成员和发展中成员的关税都在持续下降，使得全球平均实施关税在 2014 年已经低至 8%。

WTO 建立后，发达成员大举削减了一些其他健康产品的关税，其他成员的关税也显著下降。通过最惠国待遇，所有成员均可受益。

（二）农产品非关税措施关税化，改进配额使用

《农业协议》规定，农业非关税措施转化为关税，允许使用关税配额，2013 年 WTO 巴厘岛部长级会议上决定采取措施改进关税配额，如果一个配额持续地未被充分使用，则要逐步取消。

（三）信息技术产品削除关税

2015 年 6 月达成《信息技术协议》（ITA），取消技术产品关税。该协议成员达到 53 个。这些产品每年贸易额高达 1.3 万亿美元，约占世界贸易额的 7%。关税的取消促进 IT 部门的自由化，降低信息产品成本，促进信息产品的贸易畅通。

二、巩固和扩展非关税贸易措施规则

（一）完善 TBT 条款

WTO 建立后，通过 TBT 委员会的努力，TBT 协议的条款得到了发展和完善。建立国际标准发展、提出指引和建议的六大原则，强化了透明度、合规评估、标准、技术援助及特殊差别待遇，推动了协议的细化和实施。

（二）加强进口许可和海关估价方面的规则

通过进口许可程序委员会的努力，进口许可程序的多边规则得到了进一步加强。进口许可制度的透明度和可预测性方面有显著的改善，超 90% 的成员已向 WTO 通报其进口许可方面的立法和管理程序。

在《海关估价协议》委员会监督下，海关估价过程中的透明度和可预见性有显著改

进。超过 3/4 的成员已通报 WTO 其国内关于海关估价的法律制度。明确了软件进口海关估价的方式。

（三）促进农业补贴的削减

1995—2013 年，WTO 成员对出口补贴的使用显著减少。以金额计算，欧盟在 1995—2012 年间削减了 90%，日本削减了 82%。2000—2012 年间美国补贴下降了 60%。

（四）TRIPs 不断完善

TRIPs 理事会深入地了解了 130 多个国家的政府对不同政策的选择和使用。在此基础上，推动成员进行较全面、最广泛的知识产权法律的修改，提升它们的权威性。

（五）巩固和扩展服务贸易规则

在 GATS 实施中，成员就金融、电信、海运和模式继续谈判，电信和金融两个部门中有 70 多个成员的承诺得到加强。

WTO 为各类服务机构提供了一个论坛，供各国监管者分享与贸易有关的信息、最佳实践和监管经验，促进信息的传播，鼓励采用新的监管措施，明晰服务贸易概念，修订知识产权规则。

（六）《政府采购协议》扩展

WTO 的诸边《政府采购协议》推动该领域的市场开放。该协议的修订本于 2014 年 4 月生效。

（七）达成《贸易便利化协定》

2013 年 12 月巴厘岛部长级会上达成的《贸易便利化协定》是 WTO 成立之后达成的第一个多边贸易协定。该协定的实施将使贸易交易成本大幅降低，加速成员间商品流动，使所有成员受益，发展中成员和最不发达成员受益尤大。

第五节 发动多哈回合谈判

2001 年 11 月，WTO 启动多哈回合谈判。这是 1995 年 WTO 成立以来的首轮多边贸易谈判。本轮谈判不仅继承 GATT 1947 推动贸易自由化的追求，还首次以"发展"作为谈判核心，以建立更加公平透明的贸易环境，保证发展中成员，特别是最不发达成员与其他成员一道从贸易发展中受益，实现可持续发展，增加就业，消除贫困。谈判在艰难曲折中前进，使 WTO 经受历练，推动改革。

一、多哈发展回合启动、目标与计划

（一）多哈发展回合启动

2001 年 11 月，WTO 第四届部长会议在卡塔尔多哈通过《多哈部长宣言》，决定从

2002 年起，到 2005 年底以前举行多哈发展回合的多边贸易谈判。

(二) 基本目标

1. 推动贸易自由化进程，抵制贸易保护主义

鉴于 WTO 建立后，世界经济处于低迷状态，期望通过多哈回合谈判，推动成员贸易政策改革和自由化进程，以保证多边贸易体制在促进世界经济恢复、增长和发展方面发挥成分作用，以拒绝使用保护主义。

2. 促进发展中成员的贸易发展

WTO 成员绝大多数是发展中成员，通过多哈回合谈判，帮助发展中成员获得更多市场准入，得到技术援助，加强能力建设，以保证发展中成员特别是最不发达成员在世界贸易的增长中获得与它们经济发展需要相当的份额，促进它们的贸易发展，防止最不发达成员被边缘化。

3. 维护和改善多边贸易体制

鉴于区域贸易协定的迅猛发展和国际环境的变化，决定通过谈判，在维护多边贸易体制的前提下，承认区域贸易协定在促进贸易自由化、扩大贸易以及促进发展方面所发挥的重要作用。同时继续与布雷顿森林体系机构一起工作，处理成员间与贸易有关的问题。

4. 坚持可持续发展目标

通过多哈回合谈判，加强多边贸易体制与可持续发展之间的相互支持。根据 WTO 规则，不得阻止任何成员在其认为适当的水平上采取措施以保护人类、动物或植物的生命或健康及保护环境，但是要求这些措施不得以构成在情形相同的国家之间进行任意或不合理歧视的手段或以构成对国际贸易的变相限制的方式实施，并应在其他方面与 WTO 各协定的规定相一致。为此，要继续与联合国和其他政府间环境组织进行合作。

(三) 回合谈判计划与内容

《多哈部长宣言》列出了多哈回合谈判的工作计划。2003 年 5 月结束关于《关于争端解决规则和程序的谅解》的谈判，2003 年第五届部长级会议前结束关于地理标志注册的谈判，第五届部长级会议期间对多哈回合进行中期盘点，2005 年 1 月前全面结束多哈回合。

《多哈部长宣言》列出的谈判议题有 19 个，即与实施有关的问题和关注，农业，服务，非农产品市场准入，与贸易有关的知识产权，贸易与投资的关系，贸易与竞争政策的相互作用，政府采购透明度，贸易便利化，WTO 规则，《争端解决谅解》，贸易与环境，电子商务，小经济体，贸易、债务和财政，贸易与技术转让，技术合作和能力建设，最不发达国家，特殊和差别待遇，等等。有些议题所涉及的具体议题有很多，如与实施有关的问题和关注的议题，就包括 10 多个具体内容，即 GATT 1994 18 条、《农业协议》、《实施卫生与植物卫生措施协议》、《纺织品与服装协议》、《技术性贸易壁垒协议》、《与贸易有关的投资措施协议》、《反倾销协议》、《海关估价协议》、《原产地规则协议》、《补贴与反补贴措施协议》、《与贸易有关的知识产权协定》等。

(四) 多哈回合谈判原则和方式

1. 谈判原则

《多哈部长宣言》确定的谈判原则包括协商一致、一揽子方式、包容性、透明度、特殊和差别待遇。协商一致是指谈判中任何重要的决定均需要所有成员一致同意。一揽子方式是指将所有谈判领域打包一起完成，目的是确保谈判的整体平衡。同时，成员也留下"早期收获"的可能性。《多哈部长宣言》第47条指出，"早期达成的协议可在临时或最终基础上实施。早期协议应在评估谈判的总体平衡时予以考虑"。这为后来的巴厘部长级级会议取得成功奠定了基础。

2. 谈判执行机构

《多哈回合宣言》指出："谈判的全面进行将由在总理事会授权下的一个贸易谈判委员会负责监督。"贸易谈判委员会主席通常由WTO总干事担任，贸易谈判委员会可根据谈判的情况设立下设机构，监督并促进相应领域的谈判进展，下设机构的主席通常由常驻WTO的各成员大使担任。此外，每两年一次的部长级会议、不定期的小型部长级会议和每年数次的总理事会也是讨论和作出重大谈判决定的重要场所。

二、艰难曲折的谈判历程

（一）坎昆会议首次碰壁

多哈回合启动之后，各国的贸易官员在日内瓦很快投入密集谈判。然而，在核心问题上，成员并未能迅速找到出路，最初两年的谈判未形成一个能够凝聚共识的基础。

2003年9月，WTO第五届部长级会议在坎昆召开，本次会议旨在对多哈回合进行中期盘点，并推动谈判取得进展，为2年后全面结束多哈回合做好准备。然而，会议很快在三个核心议题上碰壁。首先，在农业议题中，美国和欧共体拿出一份对农业议题的方案，但遭到发展中成员的反对，这些反对提案的发展中成员随后组成了"二十国集团"（G20），在未来谈判中代表发展中成员的农业利益。其次是棉花补贴问题，这一问题最初并未单独纳入多哈谈判议程，但非洲国家高度关注，逐步成为讨论的核心。美国在会上提出补贴削减方案，但没能成功说服非洲"棉花四国"。最后，在"新加坡议题"上，《多哈部长宣言》中的建设性模糊引起成员激烈争论，南北双方对该议题授权的解读各抒己见，僵持不下，并最终导致会议的彻底破裂，为刚刚开始的多哈回合进程蒙上阴影。

（二）达成"7月框架"

2004年的总理事会上，WTO成员终于打破了谈判僵局，就农业和非农产品准入等议题取得一定进展，同时终止"新加坡议题"中的3个议题讨论，即贸易与投资、贸易与竞争政策、政府采购透明度，仅保留其中的贸易便利化议题继续谈判，形成上述内容为主的"七月框架"。然而，由于谈判进展大幅落后，谈判错过了原设定的2005年1月1日结束时间。

(三)香港会议令多哈回合再度起航

2005年12月,WTO第六届部长级会议在香港召开。这次会议以"七月框架"为基础,发布《香港部长宣言》,确立了多哈回合部分谈判框架。在发展中成员的推动下,欧共体在会上明确承诺取消出口补贴,美国在削减棉花补贴问题上作出让步,但同时指出,这些让步都取决于达成一个总体的农业协议。同时,成员就部分发展议题取得成果,发达成员和部分发展中成员承诺在2008年向最不发达国家所有产品提供免税、免配额的市场准入;发达成员2006年取消棉花出口补贴,2013年底前取消农产品出口补贴。2006年4月30日完成模式部分谈判,到2006年7月31日,成员将根据非农业和农业模式提交全面的减让表草案,并且提交服务的修改出价。

(四)2008年失之交臂

香港部长级会议后,WTO谈判再次陷入低谷,2006年和2007年缓慢进行。2007年WTO成员甚至破例选择不按期举行部长级会议。直到2008年7月,成员决定在日内瓦举办的小型部长级会议就达成协议再度尝试。这次会议共70个成员参加,但主要谈判是在更小范围内进行。由澳大利亚、巴西、中国、欧盟、印度、日本和美国组成的"七方"与总干事进行核心磋商。会议前,农业和非农业主席均对谈判模式案文召集讨论,并形成可以拿到小型部长级会议上讨论的基础。这次会议在最核心的农业问题上几乎要达成共识。WTO总干事拉米提出一页纸的建议,包含对农业所有核心问题的解答,并获得大部分成员的接受。但最终由于美国与印度在农产品特殊保障机制问题上的分歧,多哈回合在最接近成功的一刻功亏一篑。

(五)新兴经济体问题困扰谈判

2008年12月,各工作组主席更新了谈判案文,在非农业方面是第三版主席案文,而农业则是第四版主席案文。与此同时,金融危机开始席卷全球,多哈回合谈判在危机下依然没有明显起色。在金融危机中,金砖国家一枝独秀,保持了较快的经济发展速度。发达成员开始提出世界经济变化论、失衡论,要求新兴经济体承担更多义务和责任。

(六)取得"早期收获"

2011年12月,WTO第八届部长级会议在日内瓦召开,由于谈判依然缺乏基础,本次会议并未在谈判方面取得重大突破。然而,成员在这次会上就"早期收获"达成一致,同意在已有基础的议题上先行一步。在2012年12月11日举行的WTO总理事会上,有成员提出2013年将贸易便利化协定纳入"早期收获"范围。2013年9月,新上任的WTO总干事阿泽维多敦促成员展开密集谈判,并挑选了贸易便利化、农业和发展三个议题作为"早期收获"的目标,大力推动成员在这三个领域开展技术工作。

2013年12月,WTO第九届部长级会议在印度尼西亚巴厘岛召开。印度在粮食安全上的立场强硬,要求给予发展中成员作为公共储备项目补贴的灵活度,美印双方在WTO总干事及其他核心成员的斡旋下,最终达成一致。巴厘岛部长级会议成功达成了《巴厘岛一揽子协定》，包括贸易便利化、部分农业议题以及发展三个部分的 10 份决定。会议同时明确，在未来 12 个月内，对所有多哈未决议题，尤其是农业、发展中成员和最不发达成员关心的议题制订工作计划，在下一届部长级会议上全面结束多哈回合。

（七）实施《巴厘岛一揽子协定》和制订"后巴厘"工作计划

巴厘岛部长级会议的成功极大地鼓舞了 WTO 成员士气。WTO 成员立即着手两方面的工作：一方面，进一步落实巴厘岛成果，另一方面开始谈判"后巴厘"工作计划。

落实巴厘岛成果的重点在于《贸易便利化协定》。根据巴厘岛部长宣言，该协定需进一步通过法律审议，并在成员一致同意基础上，纳入 WTO 规则体系，最终经成员批准后正式生效实施。成员原定于 2014 年 7 月 31 日总理事会上通过《贸易便利化协定》议定书，并开始成员国内批准程序。但印度在会前最后一刻拒绝通过该议定书，要求 WTO 总理事会厘清巴厘岛有关粮食安全"和平条款"。"实际上把粮食安全问题和美国关切的《贸易便利化协定》挂钩"。

2014 年 11 月，按照印度的最初的要求，美国最终作出妥协。WTO 总理事会通过了三项决定：一是明确在找到永久解决办法前，《巴厘岛一揽子协定》中的粮食安全"和平条款"继续有效；二是通过《贸易便利化协定》的议定书；三是多哈回合谈判立即恢复，在 2015 年 7 月完成"后巴厘"工作计划。

在 2015 年 12 月 19 日通过的《内罗毕部长宣言》对前两个决定作出肯定，对第三个决定，作出以下表述："我们认识到许多成员愿重申多哈发展回合，以及在多哈及此后历届部长级会议通过的宣言和决定，并重申其充分承诺以此为基础结束多哈发展议程。而其他成员并未重申多哈授权，因其认为有必要采取新方式以便在多边贸易谈判中获得有意义的结果。成员间对如何处理谈判存在不同观点。我们承认本组织所拥有的强有力法律框架。尽管如此，所有成员均承诺继续推进关于多哈剩余议题的谈判……但需经全体成员同意。"以此可知，多哈回合剩余议题继续谈判，但需经全体成员同意，谈判方式将有变化。

2017 年 12 月 10 日至 13 日，WTO 第十一届部长级会议在阿根廷布宜诺斯艾利斯举行。达成渔业补贴部长决定，电子商务工作计划部长决定，小经济工作计划部长决定，知识产权非违反之诉和情景之诉部长决定，关于设立南苏丹加入工作组的部长决定；相当数量的成员共同发表了关于投资便利化和中小微企业的部长联合宣言，关于服务贸易国内规制的联合声明。

第六节　参与全球经济治理

一、全球经济的概念与治理内涵

（一）全球经济的概念、特点与失衡

全球经济一般是指世界贸易、生产、投资、金融、运输和信息整体的融合，构成全球性的世界市场。它既是实物、服务市场和金融业的全球化，也是国际生产关系的全球化。20 世纪 90 年代后，整体性的全球经济出现，经济全球化进入高潮。在 2008 年的世

界性金融危机冲击下，全球经济出现严重失衡。其主要表现是：虚拟经济脱离实体经济并冲击实体经济，国际金融贸易规则滞后于全球经济的发展，最不发达成员发展目标迟迟不能实现，危机后经济复苏缓慢。

出于本身和世界经济发展的需要，国际社会要求加强全球经济治理的呼声日益高涨。

（二）全球经济治理的内涵、目标和主体

全球经济治理是指对全球经济运行机制的调节和管理，是超越民族国家的国民经济更高层次宏观经济的调节和管理。其目标是协调国际经济关系，使全球经济在共识的秩序和规则基础上，做到可持续的良性发展，促进和提高世界人民生活的福祉，使世界稳定与和谐。

在全球经济治理中，世界三大经济组织——IMF、WB 和 WTO，既是全球经济形成的促进和推动者，也是全球经济治理的主要担当者。其中，WTO 成为重要角色之一。

二、WTO 在全球经济治理中的地位与作用

（一）WTO 具备承担全球经济治理中的基本条件

国际经济组织在全球经济治理中的地位和作用取决于以下基质，即建立的基础性、参与的全面性、决策的民主性、规则的渐进性、执行的有效性、广泛的协调性、利益的众多性。WTO 初步具备了参与全球经济治理的上述基质。

（1）国际法人。根据《维也纳条约法公约》，世界贸易组织是一个常设性和永久性存在的国际组织。

（2）整体性。WTO 负责实施管理的多边和诸边贸易协定与协议将近 30 个，涵盖国际货物贸易、服务贸易和知识产权。

（3）世界性。WTO 负责实施管理的贸易协定与协议都是 WTO 成员共同接受的国际规则。WTO 成员已达到 164 个，占世界贸易的 98%。

（4）均衡性。WTO 负责实施的贸易协定与协议，通过最惠国待遇和差别待遇原则维护各类成员尤其是发展中成员和最不发达成员的经贸权益。

（5）宪法性。WTO 以政策审议机制、贸易争端解决程序和国内规则与其一致的原则约束对已承诺规则的遵守。在 WTO 争端解决机制中，上诉机构报告的通过遵循反向协商一致规则，这就使报告不可能不通过。这使上诉机构的最终裁决具有宪法性效果。

（6）连续性。WTO 规则延续了 GATT 1947 中的精华理念和规则。WTO 运行后，对已有规则又不断深化和扩展。

（7）缘起性。20 世纪 60 年代和 70 年代，多边贸易体制重点规制反倾销税、反补贴税、自愿出口限制协议等。20 世纪 80 年代和 90 年代，开始纳入许多"新"议题，如服务贸易、知识产权保护，成员国内投资措施。自乌拉圭回合之后，开始关注环保问题和竞争政策问题。21 世纪以来国际社会关注的国际经贸问题多数都纳入 2001 年开始的多哈回合谈判议题中。

（8）合规性。现在双边和地区性贸易安排协定之间达成的地区性经贸规则只有纳入

WTO，才能具有国际性质。

（9）难替代性。WTO 的上述条件使其难以用别的国际经济组织替代。

（二）WTO 在全球经济治理中可以发挥的作用

1. 扭转虚拟经济的不当发展

2008 年全球金融危机的爆发，很大程度上是发达经济体，特别是美国的过度金融化、盲目的金融创新以及经济虚拟化所致。在金融危机后，各国加强金融管理的同时，普遍转向实体经济的发展。实体经济的发展，需要通过交换环节（国际贸易）来实现。而 WTO 通过各种贸易规则，促进贸易自由化，形成开放、公平和无扭曲竞争的贸易环境，消除过度依赖虚拟经济特别是金融业，忽视实体经济发展带来的恶果。

2. 搭建全球经济治理的合作平台

在 WTO 164 个成员中，涵容了不同经济发展水平、不同社会制度、不同宗教信仰的各类国家和地区，通过共同协商和遵守的贸易规则，使国内经济与世界经济融合，促进了成员的改革和良性市场体系的形成与运行。对最不发达成员给予各种特殊差别优惠待遇，促进其经济发展。为 WTO 成员提供贸易谈判的场所是 WTO 的重要职能之一。通过无条件最惠国待遇和国民待遇为 WTO 构建起平等的合作平台。

3. 参与全球经济治理的民主性

WTO 是"合约"性的国际组织，采取的决策方式首先是"协商一致"，如不能一致，则采取多数投票制进行表决，而投票是基于"一个成员一张票"的原则。在完成其职责的方式上，采取多边会议的方式，又以上述决策方式达成多边协议。其民主性高于由经贸实力获得"加权的"多数投票决策权的 IMF 和 WB。

4. 参与全球经济治理的渐进性

WTO 一方面负责实行和管理乌拉圭回合谈判达成的多边和诸边协议，同时组织谈判和发动多哈回合，使货物、服务、知识产权和与贸易有关的投资措施协议向纵深发展，以体现世界经济贸易发展的要求。

5. 参与全球经济治理的有效性

在 WTO 要求成员国内政策与多边贸易规则一致性基础上，通过政策审议制度、贸易争端解决机制，保证 WTO 成员充分享受权利，如实履行义务，维护正当贸易权益，促进经济发展，有力地抑制 2008 年金融危机导致的贸易保护主义兴起和泛滥。

6. 具有广泛的国际协调功能

WTO 在负责执行和制定国际贸易规则的同时，还注意与国际上相关的国际、区域、非政府组织合作。如被邀参加总理事会会议的观察员就有联合国、联合国贸易与发展会议、国际货币基金组织、世界银行、联合国粮农组织、世界知识产权组织、经济合作与发展组织、国际贸易中心、G20 等，与区域协定密切合作。

本 章 小 结

（1）1995 年 WTO 建立后，通过其宗旨和被赋予的五大职能，以货物贸易、服务贸易和知识产权协定中的规则为基础，加以高效率的秘书处，加强 WTO 的权威性和影响力，从而维护和加强了原关贸总协定建立起来的多边贸易体制。

（2）WTO建立后，通过政策审议机制，加强WTO成员贸易政策的透明度；通过争端解决机制妥善解决WTO成员之间的贸易争端，防止贸易战和抑制贸易保护主义，加强WTO成员之间的经贸整合和相互市场的融合，促进了相互的经贸发展。

（3）WTO建立后，在维护发达成员和创始成员的权益的同时，关注发展中成员尤其是最不发达成员的贸易发展和在世界贸易比重的提升。为此，给予发展中成员尤其是最不发达成员的各种特殊和差别待遇，通过援助帮助它们发展；此外，通过加入WTO谈判，国内规则与WTO规则的接轨和附加条款的接受与履行，促进新加入成员的改革与开放，发展了贸易，开阔了视野，更新了观念。

（4）WTO建立后，在管理和实施各种多边与诸边贸易规则的同时，还加深已有的规则和拓展新规则，整体丰富WTO负责实施的货物、服务和知识产权等方面的规则。

（5）为促进WTO宗旨进一步地实现，促进WTO成员整体的经贸发展，2001年WTO启动多哈发展回合多边贸易谈判。原定2005年底结束谈判，因受体内和体外各种因素的困扰，多哈回合谈判在艰难曲折中进行。经过成员共同努力和新任总干事的敦促，2013年12月在巴厘岛召开的第九届部长级会议上，达成《巴厘岛一揽子协定》。2017年2月22日，WTO总干事阿泽维多宣布，核准《贸易便利化协定》成员已达112个，超过WTO 164个成员的2/3，该协定正式生效。

（6）WTO建立后，积极参与全球经济治理，在全球经济治理中担任重要角色。WTO通过加强贸易规则制定、执行的一致性，强化与体外的沟通和合作，提高了WTO在全球经济治理的参与度和影响力。

思 考 题

1. WTO以何种方式强化了多边贸易体制？
2. WTO建立后，通过何种有效机制整合成员经贸关系？
3. WTO建立后，如何促进发展中成员和新成员的发展与改革？
4. WTO建立后，落实和拓展了哪些贸易规则？
5. 多哈回合启动后取得什么成就？
6. WTO如何参与全球经济治理？

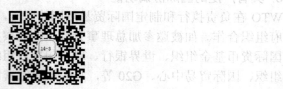

14-3　WTO的挑战与应对

第十五章

中国与 WTO

本章导读

在改革开放国策指引下，中国 1986 年提出恢复在 GATT 1947 缔约方地位的申请，1995 年世界贸易组织（WTO）建立后，接着申请加入 WTO，2001 年 12 月中国成为 WTO 成员。根据中国加入 WTO 法律文件，确定了中国的权利与义务，它们为中国的经济发展带来空前的机遇。到 2016 年，中国经济贸易发展取得显著成就，提高了中国的综合国力，也受到来自国内和国外的挑战。中国在应对和化解挑战的同时，积极履行承诺，恪守 WTO 规则，支持多边贸易体制，成为 WTO 的核心和有巨大影响力的成员。本章系统阐述了中国复关与入世的历程，谈判成果，权利与义务和入世后产生的诸多红利。

学习目标

通过本章学习，可以了解中国复关与入世的背景与历程；知悉中国入世后的权利与义务，产生红利的原因；掌握中国入世后维护红利和拓展红利的途径。

第一节 中国入世历程与法律文件的产生

中国是 GATT 1947 的 23 个创始缔约方之一。1950 年，国民党政府从中退出。1949 年中华人民共和国成立后到 1978 年改革开放前，没有与 GATT 1947 交往。1978 年后，随着改革开放成为国策，中国提出恢复在该协定缔约方地位的申请（以下简称"复关"），1995 年后，接着申请加入世界贸易组织（WTO）（以下简称"入世"），2001 年 12 月中国成为 WTO 第 143 个成员。中国从复关到入世长达 15 年，大致经历了以下四个阶段。

一、入世历程

第一阶段：准备复关（20 世纪 80 年代初—1986 年 7 月）

1971 年中国恢复在联合国的合法席位后，1978 年改革开放成为国策，1980 年成为国际货币基金组织和世界银行成员。20 世纪 80 年代初，中国开始与 GATT 1947 交往，1982 年 11 月，中国政府成为其观察员，并派代表团列席其第 36 届缔约方大会。

15-1 复关入世谈判与改革开放

1986 年 7 月 11 日，中国政府正式照会 GATT 1947 总干事，提出恢复中国在其中缔约国地位的申请。1986 年 9 月 15 日至 20 日，中国政府代表列席其缔约方全体会议，并全面参与其发动的乌拉圭回合谈判。

第二阶段：审议中国经贸体制（1987 年 2 月—1992 年 10 月）

1987 年 3 月 4 日，GATT 1947 理事会设立了关于恢复中国缔约方地位的中国工作组，该组由 36 个缔约方组成，对中国提交的《中国对外贸易制度备忘录》进行审议，中国派出代表团以口头和书面形式回答审议中提出的各种问题。在 1992 年 10 月第 11 次中国工作组会议上，正式结束了长达 6 年的审议。

第三阶段：议定书内容谈判（1992 年 10 月—2001 年 9 月）

1994 年 4 月 12 日至 15 日，GATT 1947 部长级会议在摩洛哥的马拉喀什举行，结束乌拉圭回合谈判，与会各方签署《乌拉圭回合谈判结果最后文件》和《建立 WTO 协定》。中国代表团参会并签署《乌拉圭回合谈判结果最后文件》。但复关谈判继续，因双方立场差距过大，到 1994 年底仍未达成协议。

1995 年 11 月，中国政府照会 WTO 总干事鲁杰罗，把中国复关工作组更名为中国入世工作组，中国复关谈判转为入世谈判。中方开始就中国加入议定书内容，与工作组的 WTO 37 个成员进行双边谈判。到 2001 年 9 月 30 日，双边谈判完成。其中，难度最大的是中美和中欧双边谈判。前者于 1999 年 11 月 15 日结束，后者于 2001 年 5 月 19 日结束。

第四阶段：完成入世手续（2001 年 9 月—2001 年 11 月）

双边谈判基本结束，开始起草入世的法律文件。法律文件包括：《中华人民共和国加入议定书》和《中国加入工作组报告书》。2001 年 9 月 17 日，WTO 中国工作组第 18 次会议通过上述文件。此后，中国入世工作组按照程序将它们交到 WTO 总理事会。

2001 年 11 月 9 日至 13 日在卡塔尔首都多哈举行的 WTO 第四届部长级会议上，就中国入世进行表决，获得一致通过。11 月 11 日，时任对外贸易经济合作部部长石广生代表中国政府在《中华人民共和国加入议定书》签字，并向 WTO 秘书处递交了由时任国家主席江泽民签署的中国入世批准书。2001 年 12 月 11 日，中国成为 WTO 第 143 个成员。

中国从复关到入世历时 15 年，创下多边贸易体制加入史上的漫长纪录。工作组前后共举行了 38 次会议。中美举行了 25 轮双边谈判，中欧进行了 15 轮双边谈判。在整个谈判过程中，中国代表团换了 4 任团长，美国和欧盟分别换了 5 位和 4 位首席谈判代表。中国作为最大的发展中成员入世，使 WTO 接近成为名副其实的全球性的贸易组织。

二、中国入世的法律文件

（一）中国入世法律文件的构成

中国入世的法律文件包括：《建立 WTO 协定》《中华人民共和国加入的决定》《中华人民共和国加入议定书》（以下简称为《议定书》）及其附件、《中国加入工作组报告书》（以下简称《报告书》）。

《议定书》是确定中国作为申请加入方权利与义务关系的法律文件，《报告书》则是对中国整个加入谈判情况的记录和说明（也包括部分承诺）。《报告书》在结构上与《议定书》有一定差异，但作为谈判过程的记录和对《议定书》有关条款的进一步细化和说明，与《议定书》具有内在的统一性，具有与《议定书》同等的法律效力。

中国入世的法律文件是双边谈判和多边谈判的结果。中国作为申请加入方与工作组WTO成员之间进行的准入市谈判是双边谈判，而《议定书》和《报告书》的谈判和起草过程是多边谈判。双边谈判的重点是解决市场准入问题，涉及包括关税逐步降低、进口限制逐步取消、服务市场逐步开放等内容。多边谈判重点是解决遵守WTO规则问题，涉及中国遵守WTO基本原则和要求，明确中国在WTO相关协定中享受的具体权利，WTO成员承诺逐步取消对中歧视性贸易限制和措施，中国根据WTO要求进一步改革外贸体制、与贸易有关的投资措施等内容。

作为WTO成员，中国的权利与义务不仅体现在《议定书》和《报告书》当中，也全面地反映在WTO现行的各项协定与协议中。

（二）《议定书》和《报告书》产生的基础

1. 谈判依据的基础文件

1986年，中国向GATT 1947提交《中国对外贸易制度备忘录》，工作组成员就该备忘录提出问题，中国主管机关对此所作答复，并提供相关的大量文件。

2. 谈判中双方的意愿

（1）中方。中国为复关和入世所作的一贯努力，符合其经过改革建立社会主义市场经济的目标及对外开放的国策。中国入世将促进其经济增长，并加强与WTO成员的经贸关系。

（2）工作组成员。欢迎中国入世，认为中国的加入将有助于多边贸易体制的加强，增加WTO的普遍性，为中国和其他WTO成员带来共同利益，保证世界经济的稳步发展。

3. 谈判中双方坚持的原则

（1）中国。虽然经济发展取得了重要成就，但是中国仍然是发展中国家，因此应有权根据《建立WTO协定》享受给予发展中成员的所有差别和更优惠待遇。

（2）工作组成员。由于中国经济的巨大规模、快速增长和过渡性质，在确定中国援用发展中成员可使用的过渡期和《建立WTO协定》中的其他特殊规定的需要方面，应采取务实的方式。应认真考虑和具体处理每个协定与中国的情况。在这方面要强调的是，需要对这种务实的方式进行调整，以便适应少数几个领域中国加入的特定情况。

（三）《议定书》和《报告书》的框架内容

1.《议定书》的框架

《议定书》由序言、3个部分18个条款构成。第一部分为总则，包括18个条款。第1条 总体情况，第2条 贸易制度的实施，第3条 非歧视，第4条 特殊贸易安排，第5条 贸易权，第6条 国营贸易，第7条 非关税措施，第8条 进出口许可程序，第9条 价格控制，第10条 补贴，第11条 对进出口产品征收的税费，第12条 农业，第13条 技术性贸易壁垒,第 14 条 卫生与植物卫生措施,第 15 条 确定补贴和倾销时的价格可比性,第 16 条 特定产品过渡性保障机制,第 17 条 WTO 成员的保留,第 18 条 过渡性审议机制。第二部分减让表。第三部分最后条款。此外,还有 9 个附件:附件 1A:中国在过渡性审议机制中提供的信息;附件 1B:总理事会依照《中国加入议定书》第 18 条第 2 款处理的问题;附件 2 A1:国营贸易产品(进口);附件 2 A2:国营贸易产品(出口);附件 2B:指定经营产品;附件 3:非关税措施取消时间表;附件 4:实行价格控制的产品和服务;附件 5A:根据《补贴与反补贴措施协定》第 25 条作出的通知;附件 5B:需要逐步取消的补贴;附件 6:实行出口税的产品;附件 7:WTO 成员的保留;附件 8:第 152 号减让表——中华人民共和国;附件 9:服务贸易具体承诺减让表。

2.《中国加入工作组报告书》的构成

《中国加入工作组报告书》由 8 个部分 342 段构成。

第一部分为导言,包括:提供的文件和介绍性说明。第二部分为经济政策,包括:非歧视(包括国民待遇),货币和财政政策,外汇和支付,国际收支措施,投资体制,国有企业和国家投资企业,定价政策和竞争政策。第三部分为政策制定和执行的框架,包括:政府的结构和权力,地方各级政府的职权,贸易制度的统一实施,司法审查。第四部分为影响货物贸易的政策,包括:贸易权,进口法规,出口法规,影响货物的国内政策。第五部分为与贸易有关的知识产权制度,包括:总体情况,保护的实体标准,包括获得和维持知识产权的程序,控制滥用知识产权的措施和执行。第六部分为影响服务贸易的政策,包括:许可,合资伙伴的选择,股权的调整,保险部门中设立商业机构的以往经验要求,检验服务,市场调查,法律服务,少数股持有者的权利和具体承诺减让表。第七部分为其他问题,包括:通知,特殊贸易安排,透明度和政府采购。第八部分为结论。

第二节 中国入世后的权利、义务与履行

一、基本权利

(1) 全面参与多边贸易体制。

入世后,中国充分享受正式成员的权利,其中包括:全面参与 WTO 各理事会和委员会的所有正式与非正式会议,维护中国的经济利益;全面参与贸易政策审议,对美国、欧盟、日本、加拿大等重要贸易伙伴的贸易政策进行质询和审议,敦促其他 WTO 成员履行多边义务;在其他 WTO 成员对中国采取反倾销、反补贴和保障措施时,可以在多边框架体制下进行双边磋商,增加解决问题的渠道;充分利用 WTO 争端解决机制解决双边贸易争端,避免某些双边贸易机制对中国的不利影响;全面参与新一轮多边贸易谈判,参与制定多边贸易规则,维护中国的经济利益;对于现在或将来与中国有重要贸易关系的申请加入方,将要求与其进行双边谈判,并通过多边谈判解决一些双边贸易中的问题,包括促其取消

15-2 中国与世界贸易组织——白皮书

对中国产品实施的不符合WTO规则的贸易限制措施，扩大中国出口产品和服务的市场准入机会，创造更为优惠的投资环境等，从而为中国产品和服务扩大出口创造更多的机会。

（2）享受非歧视待遇。

入世后，中国充分享受多边无条件的最惠国待遇和国民待遇，即非歧视待遇。入世前双边贸易中受到的一些不公正的待遇将会被取消或逐步取消。其中包括：美国国会通过永久正常贸易关系（PNTR）法案，结束对华正常贸易关系的年度审议；根据《中华人民共和国加入议定书》附件7的规定，欧盟、阿根廷、匈牙利、墨西哥、波兰、斯洛伐克、土耳其等成员对中国出口产品实施的与WTO规则不符的数量限制、反倾销措施、保障措施等将在中国入世后5年至6年内取消；根据WTO《纺织品与服装协议》的规定，发达国家的纺织品配额将在2005年1月1日取消，中国将充分享受WTO纺织品一体化的成果；美国、欧盟等在反倾销问题上对中国使用的"替代国价格"条款将在入世15年之日取消。

（3）享受发展中成员大部分权利。

除一般WTO成员所能享受的权利外，中国作为发展中成员还将享受WTO各项协定规定的特殊和差别待遇。其中包括：对农业提供占农业生产总值8.5%"黄箱补贴"的权利，补贴的基期采用相关年份，而不是固定年份，使中国今后的农业国内支持有继续增长的空间；在保障措施方面享受10年保障措施使用期、在补贴方面享受发展中成员的微量允许标准（在该标准下其他成员得对中国采取反补贴措施）；在争端解决中，有权要求WTO秘书处提供法律援助；在采用技术性贸易壁垒采用国际标准方面，可以根据经济发展水平拥有一定的灵活性等。

（4）获得市场开放和法规修改的过渡期。

为了使中国相关产业在入世后获得调整和适应的时间与缓冲期，并对有关的法律和法规进行必要的调整，经过谈判，中国在市场开放和遵守规则方面获得了过渡期。例如，在放开贸易权的问题上，享有3年的过渡期；关税减让的实施期最长可到2008年；逐步取消400多项产品的数量限制，最迟可在2005年1月1日取消；服务贸易的市场开放在加入后1年至6年内逐步实施；在纠正一些与国民待遇不相符的措施方面，包括针对进口药品、酒类和化学晶体等的规定，将保留1年的过渡期，以修改相关法规；对于进口香烟实施特殊许可证方面，中国将有2年的过渡期修改相关法规，以实行国民待遇。

（5）保留国营贸易。

经过谈判，中国保留了粮食、棉花、植物油、食糖、原油、成品油、化肥和烟草八种关系国计民生的大宗产品的进口实行国营贸易管理的权利（由中国政府指定的少数公司专营）。保留了对茶、大米、玉米、大豆、钨及钨制品、煤炭、原油、成品油、丝、棉花等的出口实行国营贸易管理的权利。同时，根据中国入世时进出口情况，对非国营贸易企业进出口的比例作了规定。

（6）对国内产业提供必要的支持。

其中包括：地方预算提供给某些亏损国有企业的补贴；经济特区的优惠政策；经济

技术开发区的优惠政策；上海浦东经济特区的优惠政策；外资企业优惠政策；国家政策性银行贷款；用于扶贫的财政补贴；技术革新和研发基金；用于水利和防洪项目的基础设施基金；出口产品的关税和国内税退税；进口税减免；对特殊产业部门提供的低价投入物；对某些林业企业的补贴；高科技企业优惠所得税待遇；对废物利用企业优惠所得税待遇；贫困地区企业优惠所得税待遇；技术转让企业优惠所得税待遇；受灾企业优惠所得税待遇；为失业者提供就业机会的企业的优惠所得税待遇等补贴项目。

（7）维持国家定价。

保留了对重要产品及服务实行政府定价和政府指导价的权利。其中包括：对烟草、食盐、药品等产品，民用煤气、自来水、电力、热力、灌溉用水等公用事业，以及邮电、旅游景点门票、教育等服务保留政府定价的权利；对粮食、植物油、成品油、化肥、蚕茧、棉花等产品和运输、专业服务、服务代理、银行结算、清算和传输、住宅销售和租用、医疗服务等服务保留政府指导价的权利；在向 WTO 秘书处作出通报后，可增加政府定价和政府指导价的产品与服务。

（8）保留征收出口税的权利。

保留对鳗鱼苗、铅、锌、锑、锰铁、铬铁、铜、镍等共 84 个税号的资源性产品征收出口税的权利。

（9）保留对进出口商品进行法定检验的权利。

（10）有条件、有步骤地开放服务贸易领域并进行管理和审批。

二、基本义务

（一）遵守非歧视原则

中国承诺在进口货物、关税、国内税等方面，给予外国产品的待遇不低于给予国产同类产品的待遇，并对目前仍在实施的与国民待遇原则不符的做法和政策进行必要的修改与调整。

（二）贸易政策统一实施

承诺在整个中国关境内，包括民族自治地方、经济特区、沿海开放城市以及经济技术开发区等统一实施贸易政策。WTO 成员的个人和企业可以就贸易政策未统一实施的情况提请中国中央政府注意，有关情况将迅速反映给主管机关，如反映的问题属实，主管机关将依据中国法律可获得的补救，对此迅速予以处理，处理情况将书面通知有关当事人。

（三）确保贸易政策透明度

承诺公布所有涉外经贸法律和部门规章，未经公布的不予执行。入世后设立"WTO 咨询点"。在对外经贸法律、法规及其他措施实施前，提供草案，并允许提出意见。咨询点对有关成员咨询的答复应该完整，并代表中国政府的权威观点，对企业和个人也将提供准确、可靠的贸易政策信息。

（四）为当事人提供司法审议的机会

承诺在与中国行政诉讼法不冲突的情况下，在有关法律、法规、司法决定和行政决定方面，为当事人提供司法审查的机会。包括最初向行政机关提出上诉的当事人有向司法机关上诉的选择权。

（五）逐步放开外贸经营权

承诺在入世后3年内取消外贸经营审批权。在中国的所有企业在登记后都有权经营除国营贸易产品外的所有产品。同时中国还承诺，在入世后3年内，已享有部分进出口权的外资企业将逐步享有完全的贸易权。贸易权仅指货物贸易方面进口和出口的权利，不包括在国内市场的销售权，不同产品的国内市场销售权取决于中国在服务贸易作出的承诺。

（六）逐步取消非关税措施

承诺按照WTO的规定，将现在对400多项产品实施的非关税措施（配额、许可证、机电产品特定招标）在2005年1月1日之前取消，并承诺今后除非符合WTO规定，否则不再增加或实施任何新的非关税措施。

（七）不再实行出口补贴

承诺遵照WTO《补贴与反补贴措施协议》的规定，取消协议禁止的出口补贴，通知协议允许的其他补贴项目。

（八）实施《与贸易有关的投资措施协议》

承诺入世后实施《与贸易有关的投资措施协议》，取消贸易和外汇平衡要求、当地含量要求、技术转让要求等与贸易有关的投资措施。根据大多数WTO成员的通行做法，承诺在法律、法规和部门规章中不强制规定出口实绩要求和技术转让要求，由投资双方通过谈判议定。

（九）以折中方式处理反倾销反补贴条款可比价格

在中国入世后15年内，在采取可比价格时，如中国企业能明确证明该产品是在市场经济条件下生产的，可以该产品的国内价格作为依据，否则，将找替代价格作为可比价格。

（十）接受特殊保障条款

中国入世后12年内，如中国出口产品激增对WTO成员国内市场造成市场紊乱，双方应磋商解决，在磋商中，双方一致认为应采取必要行动时，中国应采取补救行动。如磋商未果，该WTO成员只能在补救冲击所必需的范围内，对中方撤销减让或限制进口。

（十一）接受过渡性审议

中国入世后 8 年内，WTO 相关委员会将对中国和成员履行 WTO 义务与实施入世谈判所作承诺的情况进行年度审议；然后在第 10 年完全终止审议。

三、基本承诺

（一）逐步降低关税

根据入世承诺，中国关税总水平从 2002 年 12%下降至 2005 年 10%左右。

（二）逐步开放服务市场

开放服务市场的承诺主要涉及电信、银行、保险、证券、音像、电影等部门，主要承诺如下。

1. 电信

承诺逐步允许外资进入，但在增值和寻呼方面，外方最终股比不超过 50%，不承诺外商拥有管理控制权；在基础电信中的固定电话和移动电话服务方面，外方最终股比不得超过 49%。

2. 银行

承诺在加入 2 年后允许外资银行在已开放的城市内向中国企业提供本币服务，加入 5 年后允许其向所有中国个人提供本币服务。

3. 保险

在寿险方面，承诺允许外资进入，但坚持外资股比不超过 50%，不承诺外资拥有管理控制权；承诺 3 年内逐步放开地域限制。

4. 证券

A 股和 B 股不合并，不开放 A 股市场（不开放资本市场）。

5. 音像

承诺开放录音和音像制品的分销，但不包括出版和制作，电影院的建设不允许外资控股，音像领域只允许根据中国的法律规定设立中外合作企业，同时音像制品的输入和分销必须按中国国内法律法规进行审查。

6. 电影

承诺加入后每年允许进口 20 部电影。

四、中国对入世承诺的恪守与践行

（一）中国政府领导人高度重视和支持 WTO

中国加入 WTO 后，党和国家领导人都坚决支持以 WTO 为组织和法律基础的多边贸易体制。2013 年，中国国家主席习近平在俄罗斯圣彼得堡会见 WTO 总干事阿泽维多时强调：以 WTO 为核心的多边贸易体制是贸易自由化便利化的基础，是任何区域贸易安排都无法替代的。一个开放、公正、透明的多边贸易体制，符合世界各国共同利益，中国是多边贸易体制坚定的支持者，将一如既往做负责任的 WTO 成员，积极参与多边贸易体制建设。

（二）清理、修改和新建法规，形成新的贸易体制

入世后，中国对现存法律、行政规章和部门规定进行了系统清理。共制定与颁布、修订或废除的全国性法律规章有 2 300 多件，地方性法规、规章和政策文件 19 万多件。还相继修订贸易法、进出口商品检验法、专利法、商标法、中外合资经营企业法、反倾销条例、反垄断法等。确保了中国贸易制度与 WTO 规则和中国入世承诺的一致性与新的法律规章体系的形成。中国对外经济贸易体制已经与 WTO 规则高度接轨。

（三）按期或超前履行减少贸易限制承诺

中国按期或提前完成了入世承诺的减少贸易限制措施。2005 年 1 月 1 日，全部取消进口配额、进口许可证，按承诺执行关税管理办法。2006 年 1 月 1 日，取消了所有植物油的关税配额，到 2010 年 1 月 1 日，中国按期完成了关税减让承诺的义务，平均关税总水平降至 9.8%。其中，农产品平均关税降至 15.2%，非农产品平均关税降至 8.9%。约束关税范围为中国税则税目的 100%。

在服务贸易的市场准入方面，中国不但履行了全部加入承诺，而且自主开放程度超越了承诺规定的义务。服务业开放达到 104 个，开放率达到 62.5%，大大高于主要发展中成员的开放度，接近美国、欧盟和日本 3 个发达成员平均开放度 70.21%的水平。

（四）加强知识产权保护制度

入世后，中国逐步建立起比较完备的保护知识产权法律体系，设立知识产权法院，加大刑事打击力度。中国国务院还专门成立了全国打击侵权假冒工作领导小组。加强修订反不正当竞争法、专利法、著作权法等法规。最高人民法院出台《最高人民法院关于审理侵犯专利权纠纷案件应用法律若干问题的解释（二）》等与知识产权保护相关的司法解释。2014 年在北京、上海、广州设立 3 个知识产权法院。

（五）坚持履行附加的条款

尽管这些超 WTO 条款对中国贸易发展有约束作用，但作为条款达成一方的中国毅然践行，没有食言。与此同时，对不恪守这些规则的成员进行投诉。如 2016 年 12 月 11 日后，中国将不按期终止"替代国"价格条款的美国、欧盟和日本投诉到 WTO 争端解决机制。

（六）不断提高经贸法规透明度

2015 年 3 月修订《中华人民共和国立法法》，明确立法公开的原则；商务部每年编发 80 期《中国对外经济贸易文告》；国务院办公厅通过《国务院办公厅关于做好与贸易相关部门规章英文翻译的通知》，强化法规语言翻译的规范；认真履行通报的义务，仅 2014—2015 年，中国向 WTO 通报 TBT 措施 160 项，SPS 措施 406 项。通报总数居 WTO 成员前列。

（七）通过争端解决机制，恪守规则

入世后，中国积极进行投诉和应诉的同时，还主动发起214起贸易救济调查。中国作为申诉方，在WTO争端解决机制起诉的案件已达10余起，均获得胜利；接受并执行WTO裁决。

（八）积极参与正常的政策审议

2006年，中国贸易地位上升到4位以上，政策审议从4年一次改为2年一次。到2016年，中国已接受6次贸易政策审议。与此同时，中国也积极参与对WTO主要成员美国、欧盟、日本和新兴经济成员的政策审议。

（九）中国在日内瓦设立驻WTO大使馆

中国加入WTO后，为践行入世后中国接受的WTO规则，商务部设立世贸司予以应对；在日内瓦WTO总部，设立中国大使馆，负责处理中国与WTO的事务。

（十）中国积极参与新协定的谈判与执行

中国积极参与新协定的谈判与执行，这些新协定包括《信息技术协议》和《贸易便利化协定》等。

入世后，中国在恪守和践行WTO规则方面得到赞扬，前WTO总干事帕斯思卡尔·拉米对中国履行入世承诺的表现，给出"A+"的评价。

第三节　中国恪守WTO规则获取诸多红利

入世后，中国恪守WTO规则，获取了众多红利，其中包括直接红利和间接红利；涉及经贸基础、上层建筑和国民价值观念等。

一、政府职能与整体法规建设取得长足进步

（一）调整中国政府经济职能

在中国履行承诺和恪守WTO规则中，中国政府逐渐构建出有效运行的基础框架；在开放、转轨与发展背景下进行宏观调控；将市场机制引入政府职能的实现过程中确立了新的定位。

（二）对WTO规则历练日臻成熟

入世以后，中国经历了抓紧学习与适应规则，到学有所成、尝试运用规则阶段，再到参与WTO新规则制定与引领等过程，积极参与WTO新规则的制定。

（三）增强规则意识，推动商务法治建设

入世后，中国政府部门、企业和个人真实地感受到了 WTO 规则的约束性和保障性，形成了倒逼效应；逐步享受到 WTO 规则带来的红利，从而提升了自觉遵守 WTO 规则、积极利用 WTO 规则、维护 WTO 规则的意识，推动了中国商务法治的建设和不断完善。

（四）以规则"锁定"改革开放成果

入世后建立和完善了符合 WTO 原则和市场经济总体要求的统一、公正、透明的经济法律体系，为中国特色社会主义市场经济体制不断完善和可持续发展提供了坚实的法律基础，锁定了改革开放的成果。

（五）改善国内外经贸法律环境

通过履行入世承诺，中国企业获得了非歧视待遇，得到 WTO 成员相互之间给予的永久性最惠国待遇；提高了中国经贸政策的可预见性、可预测性和贸易发展的稳定性，为外国企业进入中国市场和投资提供了法律保障；通过政策审议和争端解决机制的抑制，维护了境内外企业的合法权益。

二、政府企业运用 WTO 规则能力增强

（一）建立起"四体联动"应对诉讼机制

入世后，在商务部主导下，建立起"四体联动"的贸易争端诉讼机制。该机制以下述方式运作：第一，商务部条法司，作为应对贸易案件的核心团队，专门建立一个 WTO 法律处；第二，如果案件涉及发改委、工信部、财政部、海关、农业部等部门，这些部门都要派出熟悉各自领域政策和法规的代表参加案件的处理；第三，在处理案件和出庭辩论时，邀请专业律师和善于从事 WTO 案件的外国律师参加，他们组成一个应对的诉讼团队，分工合作。

（二）企业主动应诉和遵规意识提高

随着"四体联动"应对诉讼机制建立与发展，中国企业主动应诉的意识在提高，运用规则意识和能力在提升。

（三）律师队伍快速成长，执法水平接近世界

入世推动了中国律师行业的快速发展。到 2015 年底，中国律师已达到 29.8 万人，每年加入律师队伍的执业律师超过 1.5 万人。中国知识产权执法水平进入世界先列。

（四）谈判和运用规则的全面人才出现

入世后，中国高校有关 WTO 事务的院系专业增多，培养出一批具有 WTO 谈判经验、专业知识具备、外语熟练、身心健康的全面整体的 WTO 谈判人才，涌现出一批为

企业运用 WTO 规则投诉和抗诉的法律专家。

三、促进社会主义市场经济体制的建立和完善

WTO 规则实质上是市场经济体制规则在 WTO 成员范围内的运用和发展。中国经济体制改革的目标是建立和完善社会主义经济体制，其基本要求是充分发挥市场竞争机制的作用。

入世对中国特色社会主义市场体制产生四大效应。

（1）竞争和示范效应。对进出口企业竞争压力加大。迫使进出口企业按照市场需求调整产品结构，按照国际标准生产，按照国际营销规则交易，应对贸易争端。与此同时，外资企业竞争优势对国内企业提供示范效应，加快竞争性市场环境的形成。从而改变了中国整个经济的运方式，促进政府在经济运行中的地位和作用的改革。

（2）结构转化效应。入世后，中国单一的国有经济垄断局面被进一步冲破，民营经济得到发展机会，外资企业继续发展；随着经济高速发展和国民收入的提高，中国国民从温饱型的消费观念向享乐型的消费转变，促使产品生产从生产型向消费型转化。

（3）体制转换效应。体制转型主要是指中国经济体制的转型。在宏观上，所有制结构的改变使政府经济管理的对象发生了变化。在微观上，加快了企业经营机制的转换。加速中国企业从计划经济的约束转向现代市场经济的自我适应，劳动力就业从计划安排转向自主择业，促进了要素流动市场的形成和政府职能的改革。

（4）重视规制效应。入世后，社会对市场经济双重作用认识加深。为此要加强国内法治建设，抵制和化解市场经济的弱点与消极因素，以保证市场经济规律积极作用充分发挥。2003 年 10 月，党的十六届三中全会审议通过了《中共中央关于完善社会主义市场经济体制若干问题的决定》。会议强调，要建设统一开放、竞争有序的现代市场体系，完善宏观调控体系、行政管理体制和经济法律制度。

四、成为世界经贸大国，国际经济功能加大

（一）成为比较全面发展的大经贸国家

1. 第一大货物贸易国家

中国货物出口额从 2000 年的 2 500 亿美元增加到 2008 年的 1.43 万亿美元、2014 年的 2.43 万亿美元和 2015 年的 2.28 万亿美元。在世界贸易中的比重同期从 3.9%增加到 8.9%、12.3%和 13.8%，成为世界货物贸易第一大出口国家。

2. 服务贸易大国

对外服务贸易总额从 2001 年的 719 亿美元增长至 2008 年的 3 045 亿美元和 2015 年的 7518 亿美元，占全球服务贸易的比重为 8%，仅次于美国（13%），已成为世界第二服务贸易进口和第五大出口服务贸易国家。

3. 利用外资和对外投资大国

中国实际利用外资额从 2001 年的 468.7 亿美元提升到 2015 年的 1 262.7 亿美元。累计利用外资总额超过 1.2 万亿美元。中国对外投资从入世初期不足 10 亿美元提升到 2015

年的1 456.7亿美元。预计从2017年到2022年,中国将吸收6 000亿美元的外来投资。中国已成为对外投资大国。

4. 外汇储备大国

入世后,中国在经常项目(主要反映国际贸易情况)和资本金融项目(主要反映国际资本流动情况)持续出现顺差。使中国国际收支出现持续的双顺差格局,为中国积累了超过4万亿美元的外汇储备。

5. 成为世界专利大国

美国国家科学委员会发布的《2014年科学与工程指标》指出,2011年中国研发支出已占GDP的1.8%,占全球总量的15%,仅次于美国的30%。联合国教科文组织在《2015年科学报告:面向2030年》指出:2015年中国研发支出1.4万亿元,占GDP的2.1%,占全球比重的20%。高于欧盟,仅次于美国。

中国专利申请从2011年的52.6万件提升到2014年的56.1万件,约占全球专利申请总量的1/4。

(二)成为世界第二大经济体

中国经济规模(GDP)在1980年约为3 000亿美元,全球排名第8,仅为美国的1/10;人均310美元,仅为美国的1/40。2015年中国经济规模达到11万亿美元,仅次于美国,约为其60%;人均8 000美元,成为世界仅次于美国的第二大经济体。

(三)人民币"入篮"成为主要国际储备货币

特别提款权(special drawing rights,SDR)是国际货币基金组织于1969年创建的一种国际准备资产和记账单位,是会员国在国际货币基金组织普通提款权的补充。SDR是国际货币基金组织分配给会员国的一种潜在求偿权,必要时可向指定的其他会员国换取外汇以进行国际偿付。2015年11月30日,人民币确定"入篮"。一种货币被纳入篮子要达到两个标准,即在国际贸易中使用的规范性和"可自由兑换"。在2010年进行的评审中,人民币被认为符合第一个标准,但达不到第二个标准。在2015年的评审中,人民币被认定为"可自由使用货币"。2015年11月30日,人民币"入篮"确定。新的货币篮子在2016年10月1日生效。其中,人民币所占比重为10.92%,欧元下调至30.92%,英镑下调至8.09%,日元下降至8.33%,美元微降至41.73%。

人民币"入篮"有利于提高SDR作为国际储备资产的内在价值。对人民币来说,成为主要国际储备货币,有利于人民币国际化的顺利推进,扩大中国以本币进行贸易、投资等国际经贸活动,推动资本市场的开放,使中国经济的发展可获得渊源不断的外部资金支撑。

(四)国际经济辐射带动作用加大

1. 中国为世界提供巨大市场

中国入世后,在成为第一出口贸易大国的同时,成为第二大进口国家。从2001年到2015年,中国货物贸易进口额从0.24万亿美元增长到1.68万亿美元;同期在世界进口中的比重从 3.8% 上升至 10.1%。中国已成为 124 个国家的头号贸易伙伴。

2. 财富国际外溢效应加大

中国的财富国际外溢效应加大，主要表现在以下几方面：中国成为美国国债最大持有者；中国对外投资迅速增长，到 2014 年，中国境外机构和企业已近 3 万家，资产近 3 万亿美元；随着中国财富的剧增和国民收入的提高，中国居民海外旅游、购物和置业活动兴起；中国对世界经济增长贡献率不断加大，2015 年对世界经济增长的贡献率达到 30%。

3. 协助 WTO 成员摆脱金融危机

2008 年全球金融危机爆发后，中国大幅度增加对国际金融机构的出资，对其他发展中成员伸出援助之手，也购买了更多发达国家债券。中国尽力扩大从其他发展中成员进口，特别是最不发达成员的进口。中国自最不发达成员进口年平均增长 24%。

五、提升国际分工地位，拓展分工模式

在 WTO 规则基础上，中国充分享受权利，如实履行义务，为中国产业带来了良好的发展机遇，充分发挥比较优势，激活后发优势，国际分工地位提升，全面整体参与国际分工，拓展参与国际分工模式。

（一）开始深入参与国际分工阶段

2001 年，中国加入 WTO 后，中国进入对外开放新阶段，国内市场进一步开放，中国企业嵌入跨国公司全球价值链的程度进一步加深，部门内贸易、公司内部贸易和价值链不同环节间贸易迅速增长；2010 年后，中国以对外贸易、引进外资和对外投资三种并存的方式参与国际分工。中国在国际分工中的角色出现三大变化，即参与国际分工的方式出现多样化和多层次化；参与国际分工从部分引领变为全面涉及；从适应全球价值链和嵌入全球价值量变为自己构建价值链。

（二）通过中国产业全面发展，整体全面参加国际分工

入世后，中国实物经济、服务经济和知识产权、科技创新全面发展，利用外资和对外投资扩大，中国可以全面整体地参加世界分工。

中国已成为国际公认的工业最齐全的国家。中国几乎拥有各种制造工业，如造船、智能手机、笔记本电脑、平板电脑、芯片制造和封装、液晶面板、卫星导航、民航客机、航空发动机、智能手机芯片设计、通信设备、无人机、互联网等。此外、玩具、服装、家具、水泥、玻璃、纺织等产业也很发达，占了世界一半以上的份额。全球 500 种重要工业产品中，中国占据第一的有 220 种。

世界分工是世界贸易的发展基础，中国整体全面地参与世界分工，为中国大贸易的发展奠定了坚实的基础。

（三）通过各种形式，深度参与国际分工

第一，通过产业优化、新兴产业兴起，提高货物分工地位。第二，参与全球价值链从被"俘获型"转化为自主型。第三，结合产业能源需要，构建国际性的产能分工。截至 2015 年底，中国已同 20 多个国家签署产能合作协议，初步形成涵盖亚、非、拉、欧

四大洲的国际产能合作布局。第四，开拓"一带一路"沿线国家分工，加强区域性的国际分工。第五，通过进入国际金融领域加深国际分工。第六，开拓超大型产业分工。中国已出现6张超大型产业的"名片"，即中国航天、中国交通、中国桥梁、中国新能源、中国电商和中国超算。中国高铁已具备在各种复杂地质条件和气候环境下运营的能力，安全可靠，技术过硬，已成为中国自主参与国际分工为实现的"名片"。这些超大型产业的兴起，开拓了世界分工的新领域。

六、中国成为WTO核心成员

中国加入WTO时，正值WTO发动的多哈回合谈判启动。入世后，中国已从多哈回合启动之初蹒跚学步的新成员，成长为举足轻重、对各个谈判领域都能发挥影响的核心成员，逐步由适应WTO规则走向引领WTO规则制定。多哈回合启动以来，中国广泛参与了农业、非农、服务、规则等领域谈判，独立或联合提交了100多份提案，许多提案被成员接受，成为谈判前进的基础。在2008年小型部长级会议上，中国首次跻身由7个成员构成的谈判"核心圈"，并在多个领域提出关键意见。中国在多边贸易体制舞台中心的亮相给外界留下了深刻印象，时任欧盟贸易委员的曼德尔森称赞中方"作为新加入多边核心谈判圈的谈判者，实现了推动谈判强有力的决心"，中国已成为多边贸易体制"令人印象深刻的参与者"。

随后，中国以更加积极自信的姿态，深度参与了达成巴厘岛一揽子协定的过程。在粮食安全、贸易便利化和发展领域的磋商中，中国均提出了自己的方案，为形成最终部长决议作出重要贡献。在巴厘部长级会议最后僵持不下的时刻，中国发挥了协调作用，为谈判的最终达成铺平了道路，受到WTO总干事和其他成员的充分尊重与高度赞赏。

在实施巴厘岛谈判成果的过程中，2014年6月中国按期提交了《贸易便利化协定》通报，是第一批完成通报的成员。不仅如此，中国还主动承担了超过一倍发展中成员的承诺水平的义务。多数WTO成员认为中国此举为发展中成员起到了表率作用，通过自身推动了《贸易便利化协定》的实施。

七、对国际规则构建认识的不断提高

（一）WTO规则提供中国对外经贸交往的法律保障

随着经济全球化，世贸组织成员经济交往日益频繁，相互依赖和相互合作日益紧密，互相竞争也不断加强。由于社会制度不同，发展水平各异，有关当事国和当事人的利害得失也常有矛盾冲突，彼此之间的经济交往就迫切需要借助WTO规则统一、规范、调整和约束，做到权利与义务平衡，促进相互的经贸发展。在中国特色社会主义建设中，只有坚定履约和恪守WTO规则，以规则的比较稳定性应对成员的经济、政治、社会等的变化，为中国对外经济交往合作保驾护航。

（二）本国国内经贸法规要与WTO规则适度合规

中国特色社会主义的本质决定中国国内要不断改革，对外加大开放，两者相辅相成。一方面，中国欢迎外商来中国投资，对于外商在中国的投资、贸易活动给予法定优惠，对其合法权益给予法律保护；同时要求他们遵守中国的法律，接受中国的法律管理。所有这些涉外法规既要从中国的国情出发，又要与接受的 WTO 规则保持合规和基本一致。适时修改和废止与其不相适应的法规，加快立法步伐，在立法中不背离 WTO 规则，为社会主义市场经济体制提供日益完善的法律环境。

（三）以 WTO 规则维护中国经贸的正当权利

中国入世后，对外经贸的对象既有发达国家，也有新兴经济体、一般发展中国家和最不发达国家。在相互合作的同时，彼此之间会发生经贸摩擦和矛盾。中国在对外经贸交往中，要真正做到独立自主、平等互利，不会一帆风顺、轻而易举，借助 WTO 的各种规则，在履行义务的同时，享受权利，运用 WTO 规则，进行投诉和抗诉，维护中国经贸企业的正当权利，为振兴中华，实现中国梦效力。

（四）以 WTO 规则参与全球经济治理

WTO 是中国参与全球经济治理的理想平台。首先，WTO 成为中国积极参与全球经济治理的理想平台。中国积极参与全球经济治理的目标是："推动国际经济治理体系改革完善，积极引导全球经济发展，维护和加强多边贸易体制，促进国际经济秩序朝着平等公正、合作共赢的方向发展，共同应对全球性挑战。"其次，WTO 居于中国积极参与全球经济治理的主渠道地位。最后，WTO 提供了中国积极参与全球经济治理的可靠机制。由于 WTO 居于国际法人地位，已构建起相对完善的法治规则体系，可以保证 WTO 成员权利与义务的平衡和维护正当权利的争端解决机制，成为国际法治的典范。它为中国参与全球经济治理，承担国际责任和义务奠定了坚实基础，为中国参与其他国际经济组织治理提供了重要借鉴。

八、国民、社会和企业出现新意识

以对外开放观念取代闭关自守意识，形成规则意识、包容意识，共赢意识、义利并重和分享等意识，在社会主义核心价值观中把这些意识与观念合并为"富强 民主 文明 和谐 自由 平等 公正 法治 爱国 敬业 诚信 友善"。中国整个社会诚信体系从 1.0 向 2.0 跨进。所谓诚信 1.0，是指传统的以道德号召、舆论谴责为主维系社会诚信的模式。诚信 2.0 与此有所不同，在道德号召、舆论谴责继续存在的前提下，开始确立更多依靠一套更规范、更严密的制度的社会诚信体系。其中政府诚信、企业诚信、个人诚信体系成为主体，出现"人无信不立、业无信不兴、国无信则衰"的理念。

入世后，中国企业家逐渐形成如下精神：他们具有敏锐的市场嗅觉，往往能先人一步，发现商机于未萌；富于创新精神，敢于承担风险，第一个吃"螃蟹"，时时刻刻求新、求异、求变；具备超前的毅力和耐力，不怕吃苦，坐得住冷板凳；专注品质，追求卓越，有把一件事做到极致的理想情怀和执着匠心；讲责任，重声誉，坚守诚信的金字招牌，"义利兼顾、以义为先、尽己所能"，回馈社会。

九、为新型开放型经济体系奠定基础

新型开放型经济体制的确立为中国开启了第二次对外开放。第一次对外开放是指以加入 WTO 为标志的进入多边贸易体制的规则开放。第二次对外开放是在以 WTO 为组织和法律基础上的深化开放。这次开放与加入 WTO 的开放有所不同。

（1）开放的基点转化。加入 WTO 的开放主要是中国市场本身的对外开放,从而享受国外市场对中国的开放。第二次对外开放是基于国内市场开放的基础上主动拓展国外市场的开放。

（2）开放的领域扩大。入世开放的领域是在经贸领域。第二次对外开放是更深层次、更广范围、更高水平的开放。

（3）开放的目标提高。入世开放的目标是利用经济全球化机遇,加速中国的现代化,成为世界工厂,提升中国的综合国力,提高人民生活水平;第二次对外开放是理顺、推动和引领经济全球化,构建起包容的、联动的、合作的、共赢的国际合作。

（4）开放的规则优化和升华。入世的对外开放是以中国接受 WTO 规则、运用 WTO,参与 WTO 新规则的制定。第二次开放规则是以多边贸易体制规则为基础,扩大、深化、加强中国对新规则的引领和创新。

中国第二次对外开放将促进世界经济的增长,为深化地区合作打造更坚实的发展基础,创造更便利的市场融合条件,发挥经济全球化的长处,抑制经济全球化的不足,更好地造福于世界和各国人民。

第四节　中国维护和拓展入世红利的途径

一、从战略高度重视 WTO 对中国进一步发展的作用

入世成为中国对外开放的里程碑,在中国改革开放中起了重要作用。它使中国获得经贸发展外部环境的改善;促进外经贸及相关法规和政策的调整与完善;促进社会主义市场经济体制的建立和完善;为充分参与经济全球化、获取红利提供契机;中国对世界经济发展治理贡献加大;提出构建人类命运共同体全球治理方略;提高和升华开放理念、理论;国民、企业观念和国际视野不断更新;为第二次深化对外开放奠定基础;启示中国对外开放中的忧患意识。

15-3　入世与改革开放

当前,中国改革进入攻坚期和深水区,发展处于转型期和换挡期。改革开放面临国际环境日趋复杂、国内利益格局固化等诸多挑战。

国际挑战：与发达国家优势的转化与经贸失衡;美国对 WTO 规则实用主义增加;WTO 成员国（地区）内问题的加重与再工业化;国经贸高速发展引来竞争的加强;WTO 规则存在漏洞和不足,发达成员故意模糊条款涵容,为不履行规则制造借口;要中国多承担义务的压力加重;一些新兴经济体对中国竞争的增加;经济全球化的负面影响;等等。

国内挑战：贸易风险、金融风险和运用外资风险加大；出台经贸法规与WTO规则合意有所淡化；恪守规范意识尚不扎实，甚至出现抵触情绪；市场经济秩序失守；某些法规滞后；企业对贸易争端的抗诉主动性不强；WTO规则研究、评价与对应不足，缺乏统筹协调；等等。

中国自当珍惜履行承诺恪守WTO规则带来的巨大红利，把面临的众多挑战化为进一步发展的机遇。如此，将推动中国进一步完善社会主义市场经济体制，冲破思想观念的束缚，突破利益固化的藩篱，使市场在资源配置中真正起到决定性作用；将强化中国负责守信大国的良好形象，增强国际社会对中国的信任，提升在WTO规则的话语权；将完善社会主义市场经济体制，激发所有企业的活力，引发经济发展的内生动力，加大与国际资本的合作与竞争，提升中国在全球价值量和世界分工的地位；将促进中国政治、经济、社会的全面发展，提升中国国民的福祉和素质，抑制国际社会对中国的负传递；加大中国对国际社会的正传递和贡献，显示中国特色社会主义制度的优越性。

二、中国维护和拓展红利应采取的措施

（一）支持以WTO为基础的多边贸易体制

坚定支持以WTO为基础的多边贸易体制，加大在WTO中的作用，重视对WTO规则深化和拓展的参与和引领。

（二）强化落实国务院办公厅《国务院办公厅关于进一步加强贸易政策合规工作的通知》

为了纠正和加强中共中央与地方政府出现的与WTO规则的违规苗头和重谈轻施的旧习，2014年6月，国务院办公厅印发了《国务院办公厅关于进一步加强贸易政策合规工作的通知》，要求国务院各部门、地方各级人民政府及其部门制定的贸易政策，应当符合WTO规则和中国加入WTO的有关承诺。

在强化落实该通知中，应在四个方面予以加强：第一，建立权威性领导机构；第二，强化契约意识；第三，定期有针对性地掌握WTO规则；第四，加强人才和专家支持体系。

（三）充分激励企业运用WTO规则的能力

对中国来说，本土企业的崛起和国际化中，中国企业将与WTO成员企业在合作和竞争上向纵深发展，中国企业与WTO规则的关系将出现几个变化：第一，从被动接受走向主动适应和运用。第二，从局部走向全面。主动适应的WTO规则从货物向服务向与贸易有关的知识产权延伸。第三，运用WTO规则日益细化和宏观，并结合运用。第四，随着中国企业创新能力的提高，标准认定和知识产权保护需要加强。第五，日益关注WTO成员境内规则与WTO规则的合规。第六，从WTO成员层面向区域贸易安排内部的规则延伸。

为此，中国政府在WTO规则恪守中，要加强与企业和中介组织的沟通，加强从下

而上和从上而下相互结合的谈判决策；在出台国家部门规章制度、规范性文件时，给予更多时间听取企业评论和意见，进而修改，再实施。

（四）推广经验，吸取教训，坚持有效的应对机制

坚持和完善我国已经建立起来的"四体联动"应对诉讼机制。充分发挥行业协会、商会在协助企业掌握和运用 WTO 规则的作用。鼓励行业协会、商会制定发布产品和服务标准、参与制定国家标准、行业规则和政策法规；支持有关企业投诉和应诉。明晰中国贸易争端案件败诉或被驳回的原因，杜绝本身引发贸易争端的原因。

（五）认真评估入世后的经济效应

中国入世后，由于恪守 WTO 规则，充分享受权利，如实履行义务，中国经济开发度得以提高，协调国内和国际市场，进行比较有效的资源配置，促进了中国市场经济体制的完善和整体竞争力的提高。虽然入世在我国总体上的影响是积极的，出现众多红利，但也会产生赢家和输家，因为总体效率收益总是伴随着国民收入的分配效应。

中国入世影响需要在一个整体的宏观经济框架下进行评估。这个框架应包括一个基于储蓄投资差额的简单会计框架和基于经常账户基础变量的行为框架。

（六）通过自贸区的发展，加深 WTO 规则的延伸

WTO 与兴起的区域贸易安排（当前主要是自贸区）的关系是 WTO 允许在不违背 WTO 基本原则下建立自贸区，并把它们作为 WTO 规则向纵深发展的试验区。中国已把"形成面向全球的高标准自贸区网络"作为战略目标，坚持恪守 WTO 规则的中国，在实施这个战略中，坚持自贸区不能背离 WTO 的规则，与多边贸易体制的立场殊途同归。

（七）尽速推动与 WTO 规则相关国际协定的达成

尽快推动与 WTO 规则相关国际协定的达成，这些协定包括出口信贷国际规则和多边国际投资协定；引领电子商务多边规则的达成。我国在国际电子商务发展方面已具优势。预计跨境电子商务占国际贸易的比重将达 70%，2016—2020 年，中国每年跨境电子商务增速将在 30%以上。我国应大力推动 WTO 有关电子商务协议的多边贸易谈判，掌握主导权和主动权。

（八）加强规则运用，促进人才培养与宣传

1. 对已有规则深度的掌握与运用

当今世界贸易进入规则为基础的时代，忽视对 WTO 规则的深度掌握与运用，将影响中国利用机遇的能力和应对化解诸多挑战的能力。

中国从贸易大国走向贸易强国，与 WTO 成员在规则基础上的合作与竞争向纵深发展。规则作用从局部走向整体，从宏观走向微观，从宽泛走向细微，加大灰区的利用与争议。

WTO 规则体系博大精深，不易掌握。而且规则在向深化和广化发展，新成员加入议

定书也成为 WTO 的重要部分。加入成员已占 WTO 成员总数的 20%，其具体承诺达到 1 361 个，都是中国的贸易对象。

2. 研究已有规则运用策略

对 WTO 规则的运用策略应包括主动发起策略、受诉应对策略、协调和构建规则的谋划等。

3. 加强规则高端法规人才的培养

中国迫切需要一大批通晓国际和世贸组织规则、善于处理涉外法律业务的律师和人才。就律师来说，目前能够熟练从事涉外业务的律师不到 3 000 名，能够办理"双反双保"（反倾销、反补贴、保障措施和特定产品保障措施）业务的律师不到 50 名，能够在 WTO 上诉机构独立办理业务的律师只有数名。因此，亟须加速高端法规人才的培养。

4. 关注媒体宣传

媒体宣传事关国人对 WTO 规则的认知和支持，企业对 WTO 规则的掌握和运用经验的推广，防止对 WTO 规则和贸易争端的误解与曲解。亟须加强对媒体人员的培训与提高，强化政府、中介组织与媒体的合作。

本 章 小 结

（1）中国从复关到入世谈判历时 15 年。经过漫长而艰巨的谈判，在中国与谈判方的共同努力下，最终达成入世协议，中国于 2001 年 12 月 11 日成为 WTO 第 143 个成员，使中国对外开放进入新阶段。

（2）中国加入 WTO 的法律文件包括：《建立 WTO 协定》、《中华人民共和国加入的决定》、《中华人民共和国加入议定书》及其附件、《中国加入工作组报告书》。它们都成为 WTO 文件的组成部分。这些文件确定了中国入世后的权利与义务。权利与义务给中国带来空前的机遇和挑战。

（3）中国入世后，在享受权利的同时，积极认真履行义务，废除和修订相关法规，接受政策审议，社会主义市场经济体制不断完善，使国内外经济贸易环境不断改善。其结果，使中国的比较优势和竞争能力得到充分发挥，对外贸易高速发展，成为世界贸易大国，利用外资增加，外汇储备加多，综合国力提高，对世界经济贸易影响力和贡献率加大。

（4）中国入世后履行义务的良好表现，积极支持 WTO 多哈回合谈判的各种举动受到 WTO 和成员赞誉。中国的社会制度，经济贸易实力和经济发展方式使中国成为 WTO 中具有独特影响力的成员。从 WTO 发展的大局出发，根据中国对外开放的深化，中国在充分享受权利、认真履行义务的同时，加大在 WTO 中的作用，推动 WTO 改革，完善和加强多边贸易体制，在世界贸易的发展中起到更大的促进作用。

（5）中国入世后，在获得众多红利的同时，也面临国际和国内的众多挑战。为应对和化解这些挑战，并把它变成发展的机遇，中国应珍惜和敬畏 WTO 规则，一如既往地履行承诺和恪守 WTO 规则，深度掌握和运用 WTO 规则，提高各级政府的规则意识，出台法规的合规意识，加大对 WTO 人才的培养。

思 考 题

1. 中国从复关到入世的历程为何漫长？
2. 中国入世法律文件是什么？
3. 中国入世后享受什么样的权利？应尽什么义务？
4. 入世给中国经济带来什么样的红利？
5. 入世后中国的红利给 WTO 成员带来什么好处？
6. 中国如何维护和发展红利？

15-4　易小准大使演说后的提问、回答与评论

参考文献

[1] 石广生. 中国加入世贸组织谈判历程[R].北京：商务部世界贸易组织司，2011.

[2] 对外贸易经济合作部世界贸易组织司. 中国加入世界贸易组织法律文件[M]. 北京：法律出版社，2002.

[3] 中国 WTO 研究会. WTO20 年与中国[M]. 北京：商务出版社，2016.

[4] 薛荣久. 世界贸易组织教程[M]. 北京：对外经济贸易大学出版社，2009.

[5] 薛荣久.《关贸总协定/世贸组织卷》文集（耕耘第二卷）[M]. 北京：对外经济贸易大学出版社，2011.

[6] 薛荣久. 中国恪守 WTO 规则与求进[M]. 北京：商务出版社，2017.

[7] 屠新泉. 世界贸易组织发展报告[M]. 北京：高等教育出版社，2016.

[8] [法]尤里•达杜什.加入世界贸易组织和多边主义——世界贸易组织成立 20 年来的案例研究和经验总结[M]. 北京：对外经济贸易大学出版社，2016.

[9] Ricardo Melender-Ortiz Ricard Samans. 加强 21 世纪的全球贸易和投资体系（中译本）[EB/OL]. http://www.weforum.org/.

[10] WTO. The WTO at Twenty: Challenges and achievements[EB/OL]. https://www.wto.ogr/english/res_e/publications_e/wto_at_twenty_e.htm.

附录

感谢您选用清华大学出版社的教材。为了更好地服务教学,我们为授课教师提供本书的教案等相关教学资源。教师扫码获取本学科重点教材信息,请您及时获取。

附录

> 教辅获取

本书教辅资源,授课教师扫码获取。

> 样书赠送

国际经济与贸易类重点教材,教师扫码获取样书。

清华大学出版社

E-mail: tupfuwu@163.com
电话: 010-83470332 / 83470142
地址: 北京市海淀区双清路学研大厦B座509
邮编: 100084
传真: 8610-83470107
网址: http://www.tup.com.cn/

教师服务

感谢您选用清华大学出版社的教材！为了更好地服务教学，我们为授课教师提供本书的教学辅助资源，以及本学科重点教材信息。请您扫码获取。

❯❯ 教辅获取

本书教辅资源，授课教师扫码获取

❯❯ 样书赠送

国际经济与贸易类重点教材，教师扫码获取样书

 清华大学出版社

E-mail: tupfuwu@163.com
电话: 010-83470332 / 83470142
地址: 北京市海淀区双清路学研大厦 B 座 509

网址: http://www.tup.com.cn/
传真: 8610-83470107
邮编: 100084